DO THE BEST SECRETARY

做最好的秘书

刘翠◎编著

中国社会出版社
国家一级出版社★全国百佳图书出版单位

图书在版编目（CIP）数据

做最好的秘书／刘翠编著．—北京：中国社会出版社，2013.5

ISBN 978－7－5087－4418－6

Ⅰ.①做…　Ⅱ.①刘…　Ⅲ.①秘书学　Ⅳ.①C931.46

中国版本图书馆 CIP 数据核字（2013）第 073906 号

书　　名： 做最好的秘书

编 著 者： 刘　翠

责任编辑： 薛丽仙

出版发行： 中国社会出版社　邮政编码：100032

通联方法： 北京市西城区二龙路甲 33 号新龙大厦

电　　话： 编辑部：（010）66082098

邮购部：（010）66081078

销售部：（010）66080300　（010）66085300

（010）66083600　（010）66080880

传　真：（010）66051713　（010）66080880

网　　址： www. shcbs. com. cn

经　　销： 各地新华书店

印刷装订： 中国电影出版社印刷厂

开　　本： 170mm×240mm　1/16

印　　张： 16.25

字　　数： 250 千字

版　　次： 2013 年 7 月第 1 版

印　　次： 2013 年 7 月第 1 次印刷

定　　价： 33.00 元

前言

FOREWORD

在现代社会中，只要有领导和组织的地方，就少不了这样一种职业——秘书。有人认为秘书不过是领导身边的“花瓶”，她们的工作不过是发发文件、接接电话而已，是吃“青春饭”的。实际上，这种看法是错误的。

现代秘书的角色已经发生了根本的转变，如今的秘书已经不是传统意义上负责抄抄写写、端茶倒水的小人物，而被赋予更多的职能：主管的左右手、沟通的桥梁、公司的门面……

在欧美国家，秘书是一种职业。大公司里很难看到年轻的女秘书，大多数秘书的年龄在40岁以上，她们像一个公司里的大嫂，把一切都安排得井井有条。访问期间的日程表精确到分钟，从起床、早餐、集合、到达、会见，访问者就像被关在一座钟里，不知不觉中便顺着这个安排好的计划走到最后结束。要知道，这一切都操纵在秘书手中。高级总裁或是高级部门的秘书职位，大都是一些40多岁、有教养、有经验的职业女性在担任，她们的特殊地位，足以令部门经理和公司其他员工尊而敬之。除了一般的文字、外语、计算机技能之外，她们的沟通、协调、预见和判断力都必须要很强，在公司顶层能站住脚，需要付出极大的努力。需要注意的是，这些女性也是从吃“青春饭”开始的，是一步步走上来的。

所以说，秘书并不是一个吃青春饭的职业，而是一份使人受益终身的事业。

有许多著名企业的高级管理人员，就是从秘书做起，一步步发展和完善自我，最后取得事业的辉煌。比如，美国惠普公司前首席执行官卡莉·菲奥莉娜就是从秘书工作开始其职业生涯的；还有国内著名的女强人吴士宏，她在 IBM 工作的最早的日子里，也只是一名文秘。

现实工作需要秘书既要成为领导的好帮手，又要为领导出谋划策；既要懂得维系人际关系，又要善于解决各种复杂的人际矛盾；既是办事的顶尖高手，能将各种棘手的事情处理得圆满，又能在不越权的情况下把握好办事的分寸；既能掌握精湛的办公技能，又具有扎实的文字功底，拥有生花妙笔……

为什么面对一样的工作机遇，一样的发展平台，有的秘书在很短的时间内平步青云，成为老板眼前的红人，进入团队的领导层；而有的秘书虽然付出很多，却依然得不到领导的青睐，甚至还沦为公司裁员的对象？

显然，如何做一个好秘书，这里面的学问可谓博大精深，既包括处世的哲学，又包括为人的技巧，还包括知识、能力的内容；这门学问深奥、晦涩，既难以把握，又至关重要。它是一位有进取心的秘书搞好工作、处理好关系的必修课，是一位渴望晋升的秘书不能不掌握的人生玄机。

《做最好的秘书》将给你全面的、系统的指导和帮助！本书是当代秘书走向成功的指南，是优秀秘书获取高薪和地位的必备书。

CONTENTS 目录

●第一章　形象管理，好秘书要有好形象

形象美是心灵美的外在表现，心灵美是一种内在的美、本质的美。形象对秘书来讲，也是至关重要的。秘书人员的外在形象美主要是仪表美、气质美，秘书应该保持一个较为完美的外在形象，给公众以良好的令人喜爱的感觉。

打造秘书的黄金形象 …………………………………………… (3)

秘书的着装有讲究 ……………………………………………… (6)

秘书的化妆要得体适度 ………………………………………… (10)

秘书的举止要优雅 ……………………………………………… (13)

掌握同事之间相处的礼仪 ……………………………………… (16)

握手的礼仪 ……………………………………………………… (19)

秘书必知的接待礼仪 …………………………………………… (21)

接听电话的礼仪和技巧 ………………………………………… (24)

在工作中保持微笑 ……………………………………………… (28)

●第二章　职业素质，以最好的素养赢取人心

秘书是领导强有力的“左右手”，秘书的工作内容包罗万象，并具有多元性、复合性、繁杂性的特点。秘书对内是领导的左膀右臂，对外是单位的脸面喉舌；既要运筹帷幄，又要捉刀代笔……这一特殊地位决定了一个合格的秘书必须具备良好的职业道德。

秘书必备的职业道德 …………………………………………… (33)

秘书必须具备的能力 …………………………………………… (35)

秘书必备的良好性格 …………………………………………… (39)

秘书必备的时间管理能力 ……………………………………… (42)

秘书必须掌握的知识体系 …………………………………… (48)
秘书应树立的职业观念 ……………………………………… (52)
秘书必备的基本功底 ………………………………………… (55)
领导最欣赏的 10 种秘书 …………………………………… (57)

●第三章　实务技能，做一个训练有素的好秘书

秘书工作的重要性是不言而喻的，也是非常繁杂而琐碎的。因此，要做好每一项工作，都必须有一套工作实务技能规范，也只有掌握了这些实务技能，才能成为一个训练有素的好秘书。

办公室管理实务 ……………………………………………… (63)
文件档案管理实务 …………………………………………… (69)
印信工作管理实务 …………………………………………… (73)
保密工作实务 ………………………………………………… (76)
会议筹划与管理实务 ………………………………………… (82)
日常接待工作实务 …………………………………………… (85)
信息的收集与管理实务 ……………………………………… (92)

●第四章　沟通艺术，做优秀秘书必备的能力

秘书的许多日常工作都是与沟通紧密相连的，而一个人如果能够与他人进行良好的沟通，事情就成功了一半。所以，沟通是工作的关键，对于起着承上启下功能的秘书来说，更是关键中的关键。

秘书一定要协调好人际关系………………………………… (99)
巧妙化解矛盾和冲突 ……………………………………… (103)
不同的领导，不同的交往方式 …………………………… (107)
如何面对难相处的同事…………………………………… (111)
诚恳主动道歉 ……………………………………………… (119)
掌握赞美领导的艺术……………………………………… (122)
给领导提意见要注意方式 ………………………………… (124)
秘书要懂得拒绝的艺术…………………………………… (127)

●第五章　文书写作，练好自己的“笔杆子”

文书写作功底是秘书职业能力、素质的基础，是秘书的“看家”本领，同样也是衡量一个秘书是否合格的必备标准之一。秘书平时要勤学多练，不断积累写作经验，探索写作技巧，只有这样才能做到厚积薄发、下笔成章。

如何写规范性文书……………………………………………………（133）
如何写指导性文书……………………………………………………（140）
如何写报请性文书……………………………………………………（146）
如何写告启性文书……………………………………………………（154）
如何写会议性文书……………………………………………………（158）
如何写凭证性文书……………………………………………………（172）
如何写生活性文书……………………………………………………（174）

●第六章　公关能力，好秘书离不开交际应酬

任何企业的发展都离不开具有良好公关能力的秘书，更何况现代的秘书不再是简单的打打字，接接电话，整整材料了，秘书必须经常增强自身的基本素质、拥有较强的业务能力、较强的文化素质以及要注意一些社交礼仪的禁忌。

建立良好的人脉网络…………………………………………………（181）
学会倾听的艺术………………………………………………………（184）
秘书要有一定的演说能力……………………………………………（186）
秘书要掌握送礼的艺术………………………………………………（189）
提高谈判的语言能力…………………………………………………（195）
提高说服力的七大窍门………………………………………………（202）

●第七章　办公自动化，秘书不可缺少的工具

由于科技的进步和互联网的渗透，办公自动化程度已经越来越高；办公自动化设备大大提高了工作效率，并将秘书从大量重复性的劳动中解脱出来。如过去没有计算机、打印机和复印机，领导的日程安排只要出现一点变化，秘书就得重新制表，之后再用复写纸写多份分发，这样一来不仅工作量大，而且非常耗时间；现在有了

计算机、打印机和复印机，修改日程表就变得非常容易，而且可以通过在线办公把修改的情况及时通知领导及有关人员。办公自动化设备对秘书来说已经是不可缺少的工具，可以说它们是秘书的笔和笔记本的延伸。如何有效运用办公自动化设备为领导的决策服务，实际上反映了秘书自身工作能力的强弱。

打印机的使用与维护 ……………………………………………… (207)
复印机的使用与维护 ……………………………………………… (210)
传真机的使用与维护 ……………………………………………… (213)
扫描仪的使用与维护 ……………………………………………… (216)
数码相机的使用与维护 …………………………………………… (219)
数码摄像机的使用与维护 ………………………………………… (222)
碎纸机的使用与维护 ……………………………………………… (224)

●第八章　职业习惯，高效率地开展工作

具有良好的职业习惯对每一个职场人士来说都至关重要，因为它是支配人生的一种力量，甚至可以主宰你的一生，决定你的命运。秘书应在工作中有意识地培养一些良好的职业习惯，从而达到事半功倍的效果。

把敬业当成一种习惯 ……………………………………………… (229)
工作面前无小事 …………………………………………………… (233)
秘书不要陷入网络泥潭 …………………………………………… (236)
科学有效地利用时间 ……………………………………………… (238)
今日事，今日毕 …………………………………………………… (240)
视诚信如生命 ……………………………………………………… (243)
秘书要注重细节 …………………………………………………… (245)
虚心向身边的人学习 ……………………………………………… (248)
要事第一，分清主次 ……………………………………………… (250)

第一章

形象管理，好秘书要有好形象

形象美是心灵美的外在表现，心灵美是一种内在的美、本质的美。形象对秘书来讲，也是至关重要的。秘书人员的外在形象美主要是仪表美、气质美，秘书应该保持一个较为完美的外在形象，给公众以良好的令人喜爱的感觉。

打造秘书的黄金形象

优秀的秘书首先应从形象做起。穿着打扮是秘书建立最佳形象的关键因素之一，一个秘书拥有较好的气质与形象，离不开个人的文化素质与修养，更重要的是秘书还应有精明强干的办事作风，并掌握与工作密切相关的专业知识和技能。这样，你就打造出了作为秘书的黄金形象。

东华公司办公室秘书小沈能讲一口流利的法语，也很喜欢打扮。公司明天要与法国某公司谈判，古总经理叮嘱担任翻译工作的秘书小沈要好好准备。小沈除了在文本、资料方面做了准备，还花了一番工夫进行打扮。

正式会谈这天，只见坐在古总经理一旁的小沈衣着光鲜，浓妆艳抹，金耳环、大颗宝石钻戒闪闪发光，使得古总身上那套价值千元的名牌西装也黯然失色。

古总经理和法国客商在接待室内寒暄时，秘书小沈拿来了托盘准备茶水，只见她花枝招展，一对大耳环晃来晃去，五颜六色的手镯碰桌有声，高跟鞋叮当作响，她从茶叶桶中拈了一小撮茶叶放入杯中……这一切引起了古总经理和客商的不同反应。客商面带不悦之色，把自己的茶杯推得远远的，古总经理也觉得非常尴尬。谈判中讨价还价时，古总一时兴起，双方争执起来，小沈站在古总一边，指责客商，客商拂袖而去。古总望着客商远去的背影，冲着小沈：“托你的福，好端端一桩生意，让你给毁掉了！”

小沈愣愣地站在那儿，她并不知道自己有什么过错，还为自己辩解说：“我，我怎么啦？客商是你自己得罪的，与我有什么关系？”

秘书的工作场合和工作性质，决定了其专业形象的特点是：整洁、端庄、成熟、能干。塑造职业形象，除了内心修炼外，外形的精心安排也很重要，我们通常把这种外形的改变称之为形象塑造，这是因为外形的直观效果会直接影响人的判断。

（1）发型设计规范

头发好了，感觉也会好，好心情从头开始。发型对一个人的形象来说，比化妆和服饰更为重要。化妆可以洗掉，服饰可以改变，但发型一旦处理不好，有可能就需要花很长时间才能让它再长到合适的长度，而在这段等待的日子里，你完全会因为不满意自己的发型而心情很糟。任何一种发型都可以是最时尚的，但是它如果与你本人不合，只怕总会感到“什么地方怪怪的”。圆脸或四方脸，鹅蛋脸或尖脸——不同的脸型也决定哪一款发型适合你，当然还是要看你自己属于哪种气质倾向：古典式、浪漫式还是运动休闲式。

一般说来，秘书的发型应以自然、轻松、垂荡、不夸张为主。脸型长的女性不适合用中分，可用中短发和外翻式发型。如果是长发，则可以用大波浪，或将两边的头发扭转向后束起，或者盘成发髻，但发髻只适合在脑后，如果放在头顶会太显眼。圆脸的女性不宜用三七分，可用中分式的齐耳和齐肩的中长直发，不留刘海儿。方脸的女性，短发可选用带高位侧分式和斜长刘海儿型，长发则采用中分的清汤挂面式垂下，这样做可遮掩过于鲜明的方形轮廓。瓜子脸型的女性适合各类发型，如侧剪成羽状的短发；又如单侧的蓬松之发束起在耳边，都会使瓜子脸型显得俏丽好看。

（2）眼睛

俗话说：“眼睛是心灵的窗户。”一双清晰、明亮、传神的眼睛是秘书整体形象的关键。东方女性的眼睛类型主要为单眼皮的凤眼和双眼皮的杏眼，前者需要线条的修饰，后者需要颜色的强调。要达到清晰明亮的效果，眼影用色不能多，线条不能浓，可以用单色眼影给眼睛营造一种气氛和一种感觉，如与肤色相协调的浅棕色就比较自然大方。眼线可用黑色或深咖啡色系，以自然描画为主，勾勒时不能夸张；否则会适得其反。眼睫毛可选用清爽型睫毛液，使睫毛稍稍上翘和浓密，使眼神更有神，但千万不要用睫毛夹子夹卷睫毛或者用假睫毛，这会显得十分做作，不真实。

（3）鼻子

鼻子在五官中起立体的作用。理想的鼻型可以影响整张脸的感觉。又直又高又挺的鼻子给人正直、西化的感觉；而鼻梁挺直、鼻头调皮地高翘着又给人以活泼、可爱的感觉；而像古希腊人似的鼻子会给人古典又秀气的感觉。塑造鼻型，主要靠鼻侧阴影的营造，阴影色选用咖啡色最为理想，而鼻部皮肤的好坏又会直接影响到整个妆容的干净和漂亮。解决鼻部容易出油和清洁鼻部毛孔的问题是首要问题，否则会给人不洁之感。

（4）嘴唇

嘴唇在面部的地位仅次于眼睛，也是人们视觉的重点，并且很有个性。想拥有一张健康的唇，没有干裂、脱皮的现象，平时需注意护理，用局部蒸汽法清洁嘴唇之后再擦上唇油。嘴唇是比较平面的，根据其他五官大小比例来确定唇的大小、厚薄。唇型丰厚、唇峰分开给人大方而稳重的信息；丽薄而小的唇型，给人精明、干练的信息；唇角上翘、唇峰圆润则给人亲切、柔和的信息。唇的修饰在于口红的描画，最好选用粉红色系列和咖啡红系列的色系。利用唇刷进行描圆，则会有色泽饱满、滋润的唇妆。

（5）眉毛

眉毛的引人注目是因为它与眼睛是一体的，如果少了眉毛的帮衬与配合，眼中的神采也就难以飞扬，这就是眉飞色舞的道理。眉型设计应根据眉型和脸型以及五官搭配来决定，各种眉型表现出的表情语言是不同的：弯弯的柳叶眉是传统古典的表现；粗粗的分型眉是豪爽能干的象征；眉细而眉毛高翘的桃眉，给人时尚艳丽的感觉；平和的一字眉，则有少女的清纯秀气。眉的修饰在于自然，修去一些杂毛，显出完整眉型后，可用深咖啡色和黑色眉笔进行描画，增加眉的立体感和层次感。当然，原本就是浓眉大眼的，只要眼睛有神，不一定非得把眉毛修得像卧蚕似的，太有人工修剪痕迹的眉，反而会破了面相。秘书最适合的眉型，是不过分弯曲的平眉，会有大方、清秀、端庄的效果。

秘书的着装有讲究

秘书的着装打扮是一个很重要的问题，因为它不仅关系着秘书的形象，也影响着秘书的工作。

美国的一个考察团来到北方某中型公司考察投资事宜。公司领导高度重视，为了确保考察顺利进行，使外商乐于投资，亲自挑选了公司最靓丽的三位女秘书负责接待工作。领导特别叮嘱她们，对方是外国人，着装要考虑他们的国情，以示对外商的重视。几位秘书连忙商量穿什么衣服，最后一致决定统一着装，穿紧身上衣、黑色皮裙、黑色皮靴……

考察团到来之后，三位女秘书非常热情，倒茶递水，殷勤有加，笑容可掬。但不知什么原因，还没有座谈，外商就找借口匆匆走了，而且是一去不复返。后来通过与考察团比较熟悉的一个人了解到，美国考察团认为，这是个工作及管理制度极不严谨的公司，完全没有合作的必要。他们特意强调，这种印象在一进公司，通过接待人员的着装就感觉出来了。

原来，三位女秘书在着装上犯了大忌。根据着装礼仪的要求，工作场合女性穿着过紧、过薄的服装是对工作极度不严谨的表现；黑色皮裙则更不适合职业女性穿着。

在商务活动中，秘书给人留下什么印象不是自己个人的事，它关系到组织的形象和利益。不同的场合对秘书的形象有不同的要求，秘书应该根据不同的场合随时调整自己的形象，使自己适合相应的角色和身份。

林明花是今年刚毕业的大学生，她是农村出来的孩子，家里经济不富裕，所以整个大学生活，她学习都很努力。因为成绩突出，她顺利应聘到一家公司担任总经理助理。小林很朴素、人很实在，做事不偷懒，文字功底也不错，交给她的文案，她都能保质保量地完成。总经理对她的工作能力和工作表现都很满意，在同事中的口碑也不错。美中不足的就是有点“土”，不会打扮。林明花不以为然，她认为那是朴实，是她的本色。其实林明花长得还是不错的，同事们都戏称她为“璞玉”。

有一次，总经理受邀出席一家外资企业的年会，为了要林助理见见世面，总经理要求林助理第二天下午陪同他一起前往，并特地嘱咐让她好好地打扮一下，特许她明天上午可以晚来一会儿。林明花嘴里答应着，心想打扮什么，穿着整齐干净就行了。

第二天一早，林助理照常准时上班，仍旧穿着她那身不怎么漂亮的职业装，洗得倒挺干净的，脸上也没化妆。要说与平常有什么不同的话，就是换了一双新皮鞋。同事们一见她的样子就说：“你这就叫‘打扮’？这样肯定不行的，你快回去换件漂亮的衣服，化化妆吧。”林助理听了之后只是笑笑，任凭同事们怎么说，就是不为所动，继续做她的工作。

上午9：30，总经理来到公司，见到她这个样子，马上不高兴了，很严肃地批评道：

“人应该朴实，但也要讲究场合。你是我的助理，代表的也是公司的形象，所以把自己的外表收拾得干净漂亮去出席公务活动也是你的工作内容之一。”说完，马上把公司里公认的穿着打扮最有品位、最时髦的王秘书叫过来，交给她一个任务，就是陪小林去打扮，并特批费用从公司的置装费里出，一定要保证在中午吃饭前完成任务，小王欣然领命。随后王秘书带林助理去商场挑衣服，去美容院化妆和美发。经过一番专业的包装，最后出现在大家面前的林助理完全像换了一个人，既端庄又大方，总经理很满意。同事小张说：“咱们的‘璞玉’被雕琢成一个美人了。”

听到大家对自己新形象的赞赏，小林自己感觉也非常不错，心想总经理说得对，以后我得多学习学习这方面的知识了。

小林作为总经理助理，诚如总经理所说的那样，她代表的是公司的形象。出席外资企业的年会，要跟很多商务人士打交道，不适当的装扮会给公司带来负面影响，降低公司的美誉度。再者，一个职业秘书把自己打扮得漂亮得体，有助于在职业生活中树立良好的形象，自己的心情也会很舒畅。因此，秘书应该学习一些化妆和着装方面的知识和技巧。

1. 要注意外在形象的穿着

大多数领导对自己的形象是很注重的，他们对自己秘书的穿着也有一定的要求。没有一个领导会希望自己的秘书是一个蓬头垢面、形象龌龊的人。因此，秘书必须讲究自己的穿着打扮，穿衣不可太随便。

① 要注意衣服的面料，不能低档。

② 要合体，不能太牵强。

③ 要体现工作特点，不能花哨，也不能太没品位。

2. 保持大众化

秘书穿着要有档次，但又要大众化。大多数时装都是很美的，它们是现代物质文明进步的表现。但是，秘书不能赶时髦，也不能把自己弄得太洋气，尤其是女秘书不能弄得自己浑身珠光宝气。

保持大众化是秘书工作本身的要求。秘书大部分时间是与领导打交道。一般来说，领导的年龄偏高，他们在服装观念上的更新不如年轻人快。所以，秘书在穿着上注意大众化，在形象上更易获得领导的心理认同。

评价一个人长得美还是长得丑，都是相对的，因为客观上没有统一的标准，每个人都有自己的主观审美意识。但是，美有一条原则，那就是必须合乎自然，如果过分打扮，显得鹤立鸡群，这与秘书工作的从属性不相符合。因此，大众化的打扮能显得更加自然。

秘书的穿着打扮不仅要与自己的体形、性格相称，而且要与工作环境所需要的气氛相协调。

3. 切忌标新立异

在穿着打扮上，优秀秘书还要注意不能标新立异。秘书可以穿一些时兴的衣服，但不能显得很特别，穿得太显眼，让人觉得与工作所需的宁静气氛不协调。尤其是在党政机关，这是秘书穿着的大忌。

在公司里，有专门适应科室工作的统一制服，秘书最好穿制服。女秘书可再略微化妆。

许多女秘书喜欢穿各种时兴的服装上班，这样虽能给她们的妩媚增添了一种现代的潇洒，但是，必须适可而止。

4. 保持清洁与健康

对于一个优秀的秘书来说，在穿着上，必须注意清洁卫生，保持健康外形。秘书要勤洗澡，勤换衣服，保养好自己的皮肤和头发。

要保持健康，秘书平时要注意以下四点：

① 不偏食，营养均衡。这是健康的基础。

② 经常锻炼。这是健康的保证。

③ 劳逸结合。这是健康的保持方式。

④ 精神愉快。这是保持健康最有效、最重要的方面。

5. 不要戴首饰

女秘书最好不要戴首饰。因为像耳环、戒指、手镯类东西太显眼，在接待客人时，容易分散客人的注意力，与会见客人所需的宁静气氛不和谐。

另外，在给客人送茶时，客人听到秘书的手镯叮当地响，肯定会感觉不好。

男秘书戴首饰更显得不庄重。

6. 要注意“配套”

一般人在打扮时，往往把注意力集中在上半身，特别是把注意力集中在脸上，但是忽视全身打扮的“配套”。

比如，一些女秘书对今天该穿什么样的外套，眉毛描得如何，可能会很讲究，但对于该穿什么样的鞋袜，则可能显得漫不经心。

根据对一些交际观察的结果，在引起别人的注意之后，人家首先观察的是对方的脸，紧接下来就是对方的脚。所以，秘书不能忽视全身衣着的“配套”作用。

假如一位秘书的化妆浓淡适宜，衣服也挺合身，但鞋袜很随便，这同样会让大家感到不得体。

在过去，只有雨天才穿长靴，而且进屋后要把长靴脱下来放在门口。现在，冬天喜欢穿长筒靴上班的人越来越多，似乎已成了一种时髦。作为秘书，最好不要穿长筒靴上班，而穿那些鞋跟不太高的轻便鞋。特别是对于女性来说，鞋跟又高又细的话，容易崴脚，这方面更要小心注意。

还有一点要注意的是，不论男女秘书，都不要穿拖鞋上班。

秘书的化妆要得体适度

未来发远机械制造公司最近来了一个秘书叫李兰，在工作方面没有什么问题，也非常勤快，可在形象上，就是给人不太得体的感觉。有一天，李兰气喘吁吁地从外面办事回到公司，满头大汗。她没有擦汗，就像个假小子一样开始给客户打电话。同事见她头发粘在眼角边，便说："小李，看你出了那么多汗，去补个妆吧。"

"没什么的。"小李有些不在意，继续埋头干活。

过了不久，李兰又将一副新面孔展现给公司的同事，她脸上的粉擦得很厚，整个一戏台上的媒婆，差点儿吓了同事一跳。

可能是性格的缘故，李兰对自己的外在形象是不怎么太在意，或者即使在意也处理不当，这也许是她的一大缺点。

作为秘书，能够给你的上司或者同事营造一种赏心悦目的印象是非常重要的。而如何对自己的装扮作出适当的选择便有很大讲究，得体适度的化妆，既是自尊自信的表现，又体现了对他人的尊重。

1. 化妆浓淡要适宜

作为秘书，化妆的浓淡要视时间、场合而定。工作的时间，一般以化淡妆为宜。如果白天也浓妆艳抹，香气四溢，难免给人的印象欠佳。但在夜晚的休闲时间，不论浓汝还是淡抹，都是比较适宜的。化妆的浓淡还应当考虑到场合问题。秘书们在节假日大多也是要化妆的，但是在外出旅游或参加娱乐活动时，最好不要化浓妆。

2. 化妆要注意场合

一般情况下，秘书不要在公共场所化妆。但有些秘书对自己的装饰和形象十分在意。不论是在什么时候，一旦有了空闲，就抓紧时机补妆。殊不知在众目睽睽之下修饰面容是没有教养的行为，是十分失礼的，既有碍于人，也不尊重自己。如真有必要化妆或补妆，一定要到洗手间去或化妆间，切莫当众化妆。

3. 不要评论他人的妆容

由于民族、肤色的差异，每个人的妆容都不尽相同。因此，不要非议他人的妆容，更不要以为自己的妆容才是最好的。对外宾的妆容不要指指点点，也不要同外宾切磋化妆技巧。

4. 不要借用他人的化妆品

秘书平时不要去借用他人的化妆品，这样既不卫生又不礼貌。除非有时忘了带化妆盒，却不得不需要化妆，在这种情况下，在他人自愿为你提供方便的前提下，才可以借用他人的化妆品。

5. 给皮肤做好基础的保养

众所周知，任何化妆品都有一定量的化学物质，这些化学物质对皮肤多少都会有不良的刺激。面部的皮肤是很娇嫩的，任何不科学的外部刺激都会使它受到不同程度的损伤。所以职业女性还应该懂得一些基本皮肤护理知识，给皮肤做好基础保养。

职业女性在上班前淡淡地化一下妆，不仅使生活增添光彩，而且能使自己充满活力和信心。当然化妆的效果要与办公室的工作环境相称，给人理智明快的印象。办公室的女性，要求仪容大方得体，衣着打扮、妆容、发型，无论色彩还是式样，都不应显得过于活跃，应与性格、修养、气质和工作环境相统一。另外，女性最好不要使用大量浓香型的香水和香粉，把自己搞得香气四溢，这样会让他人在电梯和会议室等通风不良的地方感到难受、憋气。

作为秘书，脸部化妆不仅要突出面部五官最美的部分，使其更加美丽，还要掩盖或矫正有缺陷或不足的部分。

1. 圆形脸

对于圆形脸，化妆品的涂抹可从颧骨起涂至下颌部。嘴唇可用唇膏涂成浅浅的弓形。脸部可用暗色调粉底，沿额头靠近发际处起向下窄窄地涂抹，至颧骨部下可加宽涂抹的面积，造成脸部亮度自颧骨以下逐步集中于鼻子、嘴唇、下巴附近部位。眉毛可修成自然的弧形，可做少许弯曲。

2. 椭圆形脸

对于椭圆形脸，化妆时宜注意保持其自然形状。胭脂应涂在脸颊部颧骨的最高处，然后向上向外揉化开。唇膏应尽量按自然唇型涂抹，眉毛可顺着眼睛的轮廓修成弧形，眉头应以内眼角为齐，眉尾可稍长于外眼角。

3. 方形脸

胭脂的涂抹宜与眼部平行，不要涂在颧骨最突出处。可用暗色调粉底在颧骨最宽处制造阴影的效果。下腭部宜用大面积的暗色调粉底制造阴影，从而改变面部轮廓。唇膏可涂丰满一些，增加柔和感。眉毛宜修得稍宽一些，眉形可稍带弯曲，不宜有角。

4. 长形脸

化妆品的涂抹应注意离鼻子稍远些，从而可以在视觉上拉宽面部。涂抹时，可沿颧骨的最高处与太阳穴下方所构成的曲线部位，向外、向上抹开。双颊下陷或者额部窄小者，应在双颊和额部涂以浅色调的粉底，造成光影效果，使之看起来丰满一些。在修整眉毛时应令其呈弧形。

5. 倒三角形脸

胭脂的涂抹应在颧骨最突出处，而后向上、向外揉开。可用较深色调的粉底涂在过宽的额头两侧，而用较浅的粉底涂抹在两腮及下巴处，造成掩饰上部、突出下部的效果。宜用稍亮些的唇膏来加强柔和感，唇型的涂抹宜稍宽厚些。眉毛应顺着眼部轮廓修成自然的眉型，眉尾不可上翘，描画时从眉心到眉尾宜由深渐浅。

6. 三角形脸

化妆品的涂抹可由外眼角处起始，向下抹涂，令脸部上半部分稍做拉宽。可用较深色调的粉底在两腮部位涂抹、掩饰。眉毛宜保持自然状态，不可太平直或太弯曲。

秘书的举止要优雅

举止是一个人自身修养在生活和行为方面的反映，是映现一个人内涵的镜子。没有优雅的举止，就没有优雅的风度。作为秘书，优雅的举止、高雅的谈吐等内在涵养的表现，会给人留下良好而深刻的印象。

1. 站姿要有风度，要得体

在生活中，由于每个人的生活条件、个人习惯、职业特点的不同，久而久之，形成了各自的站立姿态。秘书的站姿要有风度，要得体。

为此，秘书应克服下列一些不良的站立行为。

① 头部不正，出现习惯性的前伸、侧歪。

② 缺少脊柱至头顶的上伸悬项感，身体显得松散下坠，形成凹胸弓背撅臀。

③ 胸部未能自然地向前上方挺起，造成身体不够舒展。

④ 脊柱侧歪，造成一肩高、一肩低，或身体左右倾斜。

⑤ 肩部紧张，形成端肩缩脖。

⑥ 重心落在脚跟上，形成了挺腹。这样不仅站立姿势不美，也是不能持久、稳固站立的主要原因。

⑦ 站立时，习惯性地双手叉腰，双臂抱在胸前，两手插入裤袋或身体倚靠其他物体。

这些形态看上去都是不美的，影响秘书的举止风度。

2. 坐姿要端庄大方

走路、站立的姿势，对一个秘书来说很重要。然而，坐的姿势也不容忽视。秘书坐姿的要求是端庄大方。

在落座时，首先要注意自己的身高与桌子和椅子的配合是否协调。要保持脊柱正直姿势的习惯，让自己的精神始终保持振作。

在坐下时，秘书应注意：

（1）坐时注意不要把椅面坐满，但也不要为了表示谦虚，故意坐在边沿上

① 正确坐姿的深浅，应根据腿的长短和椅子的高矮来决定，一般应坐满椅面的2/3。

② 最适当的位置，是两脚着地，膝盖成直角。

③ 与人交谈时，身子要适当前倾，不要一坐下来就全身靠在椅背上，显得体态松弛。

④ 坐沙发时，因座位较低，要注意两只脚摆放的姿势。双脚侧放或稍加叠放较为合适。不要一直前伸，要控制住自己的身体；否则身子下滑形成斜身躺埋在沙发里，显得懒散。更不宜把头仰到沙发背后去，把小腹挺起来。

（2）入座时，要走到座位前再转身，转身后右脚向后退半步，然后轻稳地坐下

就座时，男秘书不可跷起二郎腿，女秘书不可将双腿叉开。入坐时，不可以将大腿并拢，小腿分开，或双手放在臀下，腿脚不停地抖动，脚尖相对，女士足尖翘起或把衬裙露出，易招人议论。这是最不雅观和缺乏教养的坐姿，有失风度。因此，当刚坐时就要注意先把双脚的脚跟合拢。

女子入座时，若穿裙装，应把裙子下摆稍稍向前收拢一下，不要坐定后再起来整理衣服。

起立时，右脚先向后收半步，然后站起。

（3）坐下后，背部要挺直，不要像骆驼一样，弯胸曲背

① 椅子如有两个扶手时，不要把双手平放在椅子的扶手上，好像老太婆般安详地坐着，显出老气横秋的样子。

② 在与人交谈时，不要将脚跨在椅子或沙发扶手上或架在茶几上。女秘书不能以手掌支撑着下巴。

③ 忌不拘小节。坐在写字台或椅背上与人交谈，以为只有这样才能与人拉近距离，其实这会毁掉你温文尔雅的风度。

坐在椅子上同左方或右方客人谈话时，不要只扭头，这时可以侧坐，上体与腿同时协调地转向客人一侧。

（4）端坐时间过长，会使人感觉疲劳，这时可变换为左侧坐或右侧坐

无论是哪一种坐法，都应娴雅自如，达到尊重宾客的目的，给宾客以美的视觉感觉。

（5）正确的坐姿

正确的坐姿对坐的要求是“坐如钟”，即坐相要像钟那样端正。除此还要注意坐姿的娴雅自如。

坐姿的基本要领：上体自然坐直，两腿自然弯曲。正放或侧放。双脚平落地上并拢或交叠，双膝自然收拢。臀部坐在椅面的中央，两手分别放在膝上（女士双手叠放在左膝或右膝上），双目平视，下颌微收，面带微笑。

3. 走姿要洒脱

有些秘书不重视步态美，或者由于先天性生理不足，后天性的不良习惯造成不良走姿，而且又不肯下决心矫正，任其自然，逐渐形成一些丑陋的步态。这往往影响秘书的外在形象。

有的秘书走路，总是摇头晃肩、左右摆动，给人以轻浮的印象；有的弯腰弓背、低头无神、步履蹒跚，给人以压抑、疲倦、老态龙钟的感觉；还有的人摇着八字脚、晃着“鸭子”步，这些步态都十分难看，与秘书身份不相符合。

秘书走姿的基本要领是：

① 行走时双肩平稳，目光平视，下颌微收，面带微笑。

② 手臂伸直放松，手指自然弯屈。胳膊摆动时，以肩关节为轴，上臂带动前臂，双臂前后自然摆动，摆幅以30°~35°为宜。肘关节略弯屈，前臂不要向上甩动。

③ 上体微前倾，提胯屈大腿带动小腿向前迈。脚尖略抬，脚跟先接触地面，依靠后腿将身体重心推送到前脚脚掌，使身体前移。

④ 步幅适当。

一般应该是前脚的脚跟与后腿的脚尖相距为一脚长：行走速度，一般男秘书每分钟108~110步；女秘书每分钟118~120步。

男秘书着西装的走姿，在仪态举止方面要体现出挺拔、优雅的风度，要注意保持后背平正。

① 男秘书在行走时不要晃肩。

② 要轻快、敏捷，给人以精明能干的印象。

女秘书在行走时，胯部不要左右摆动。

① 穿高跟皮鞋，应注意保持身体的平衡。

由于脚跟的提高，身体的重心前移，应避免膝关节前屈、臀部向后撅的不雅姿态。

② 行走时步幅不宜过大。

不强调脚跟到脚掌的推送过程，要走柳叶步，即两脚跟前后踩在一条直线上，脚尖略外开，走出来的脚印，像柳叶一样。

③ 穿长裙行走时要平稳，步幅可稍大一些。

转动时，要注意头和身体协调配合，注意调整头、胸、胯三轴的角度，强调整体造型美。

④ 穿着短裙，要表现出轻盈、敏捷、活泼、洒脱的风度。

短裙指裙长至膝盖以上的裙子。行走时，女秘书步幅不宜大，脚步的频率可稍快些，保持活泼灵巧的风格。

4. 蹲姿要优雅

女秘书在公共场所拿取低处的物品，或拾起掉落在地上的东西时，不妨使用下蹲和屈膝动作，可以避免弯下身和翘臀部：特别是穿裙子时，如不注意背后的上衣会自然上提，露出腰部或内衣很不雅观。即使穿着长裤，两腿张开平衡下蹲，撅起臀部的姿态也不美观。

掌握同事之间相处的礼仪

同事间的相处是一门学问。与同事相处，太远了当然不好，人家会认为你不合群、孤僻、不易交往；太近了也不好，容易让别人说闲话，而且也容易令上司误解，认定你是在搞小圈子。与同事相处得如何，直接关系到自己的工作、事业的进步与发展。

小红是今年刚毕业的大学生，经过几轮的笔试和面试，可说是“过五关斩六将”，最终以较好的成绩如愿地被一家规模颇大的合资企业录取，做了前台秘书。

年轻漂亮的小红意气风发，刚参加工作就想好好表现，以得到公司的认可。到单位上班后，整天笑容满面，礼貌热情，抢着接待客人，对公司的其他部门的同事也是嘘寒问暖，大家都夸奖她伶俐能干。

可她发现前台的其他四个同事对她却很冷淡。其中，赵姐的资格最老，已经来公司三年了，另三位来的时间也不短了。小红在工作过程中明显地感觉到赵姐对她的敌意很深，问她什么事都爱答不理的，而另三位同事唯赵姐马首是瞻，对她也是冷冷淡淡。刚开始，小红没有太在意，心想我做好自己的工作就行了。但后来发现这很困难，因为她们前台接待的客人很多，工作头绪又多，她虽然受过培训，但毕竟初来乍到，还有很多业务不是很熟，公司的方方面面的情况还不是很清楚，需要同事们的指点和帮助，同时，前台工作的性质本来也需要大家的配合和协助。

认识到这一点，小红开始反省自己，是不是自己哪些方面做得不好，使得同事讨厌自己。她决心改变做法，让同事喜欢自己。所以，接下来的日子，小红经常为同事们打水、打饭、跑腿，脏活、累活抢着干，天天赵姐长赵姐短，虚心向赵姐等四位同事学习。人力资源部经理过来问她：“工作怎么样？和同事们处得怎么样？”小红也当着赵姐她们的面回答说：“经理不用担心，赵姐她们经验丰富，经常教给我很多东西，也经常帮助我把工作做好。”经理满意地走了。慢慢地，小红发现赵姐她们对待她的态度变了，不再那么冷淡了。通过小红坚持不懈，终于有一天，赵姐对她说：“小红，今天跟我们一起吃饭吧。这段时间你也辛苦了，以后我们一起好好相处，把工作做好。”小红欣慰地笑了。

小红的问题在于刚到单位，还摸不清状况就急于表现自己的能力，急于表现自己的出类拔萃，不注意与自己部门的同事搞好关系，打成一片。这样，就使得部门其他同事很难接受她，使她的工作陷入被动。因此，秘书在到岗后，应该先熟悉组织内部、外部的人际环境，再决定自己应该采取怎样的姿态去加入工作。这样，才容易融入群体，站稳脚跟。所以，作为秘书，掌握同事之间相处的礼仪是很重要的。

1. 互相尊重

相互尊重是处理好任何一种人际关系的基础，同事关系也不例外，同事关系不同于亲友关系，它不是以亲情为纽带的社会关系，亲友之间一时的失礼，可以用亲情来弥补；而同事之间的关系是以工作为纽带的，一旦失礼，创伤难以愈合。所以，处理好同事之间的关系，最重要的是尊重对方。

2. 有好事要通报

单位里发物品、领奖金等，你先知道了，或者已经领了，不要一声不响地坐在那里，应该向大家通报一下，有些东西可以代领的，也应帮人代领一下。这样几次下来，同事就会对你有更好的印象，觉得你有共同意识和协作精神。以后同事有事先知道了，或有东西先领了，也就会告诉你。

3. 热情地帮同事传话

同事出差去了，或者临时出去一会儿，这时正好有人来找他，或者正好来电话找他，如果同事走时没告诉你，但你知道，你不妨告诉对方；如果你确实不知，那不妨问问别人，然后再告诉对方，以显示自己的热情。明明知道，而你却直通通地说不知道，一旦被同事知晓，那彼此的关系就势必会受到影响。外人找同事，不管情况怎样，你都要真诚和热情，这样，即使没有起实际作用，外人也会觉得你们的同事关系很好。

4. 主动帮忙

同事的困难，通常首先会选择亲朋帮助，但作为同事，应主动问询。对力所能及的事应尽力帮忙，这样，既会增进双方之间的感情，又使关系更加融洽。

5. 外出要互相告知

你有事要外出一会儿，或者请假不上班，虽然批准请假的是领导，但你最好要同办公室里的同事说一声。即使你临时出去半个小时，也要与同事打个招呼。这样，倘若领导或熟人来找，也可以让同事有个交代。互相告知，既是共同工作的需要，也是联络感情的需要，它表明双方互有的尊重与信任。

6. 接受同事的小吃

同事带点水果、瓜子、糖果之类的零食到办公室，休息时分吃，你就不要推，不要以为难为情而一概拒绝。人家热情分送，你却每每冷漠拒绝，时间一长，同事就会有理由说你清高和傲慢，觉得你难以相处。

7. 对每一个人都保持平衡

同办公室有好几个人，你对每一个人要尽量保持平衡，尽量始终处于不即不离的状态，也就是说，不要对其中某一个人特别亲近或特别疏远。在平时，不要老是和同一个人说悄悄话，进进出出也不要总是和一个人。否则，你们两个也许亲近了，但疏远的人可能更多。

握手的礼仪

李强是某高校行政管理专业的学生。毕业之后，本想大展宏图去应聘做经理，但是天意弄人，在屡次失败之后，无心插柳柳成荫，他的一份求职做秘书的简历发出后，经过两次面试，他居然成了某有限公司的秘书。当他前来报到的时候，几个漂亮的女秘书围着他转了几圈，都开心地说："我们这些红花终于有绿叶来陪衬了，以后有什么脏活、累活不用求别的部门了。"李强也憨厚地说："没有问题，只要各位美女有需要，我自当全力以赴。"从此以后，他每天写文章、做收发，工作倒也做得很开心快乐。

试用期过后，他被派到公关部给美女经理——张经理做秘书。第一天去报到的时候，为了表示尊敬，他主动伸出手来，张经理愣了一下，随即接握。但是，微笑的后面，隐隐流露出一丝不满。后来，有几次张经理带他外出办事的时候，他也很真诚地向对方伸出手去。回来之后，张经理找到他说："你们大学时候学过礼仪吗？""学过，不过没有什么用，也都忘记了。"李强满不在乎地说。"你说错了，"张经理虽然是笑着说，但是李强却感受到一种威严和不满，"礼仪的本质是尊重人，这也是良好人际关系的基础，尤其是在公共关系之中。比如说，当你和女士见面的时候，你先伸手就属于失礼；我们拜访客户的时候，我们先伸手也属于不妥。这些虽然属于细节问题，但是却往往影响到别人对你的印象。所以，你回去之后，还真应该学学公关礼仪知识。”张经理虽然寥寥几语，却是掷地有声。李强回去之后，看了很多关于礼仪方面的书籍和光盘，从此之后在工作之中也多加注意，很快就获得了张经理的称赞。李强也由衷地说：“张经理，非常感谢您，如果不是您的点拨，我给别人留下了坏印象自己都不知道呢。”

三年后，张经理被提升为公司副总经理，李强成为公关部经理。回望自己的成功，李强知道，对于秘书来说，公关礼仪非常重要，那是良好人际关系的基础。

握手是秘书在工作中不可缺少的礼节。握手的力量、姿势与时间的长短往往能够表达出不同礼遇与态度，显露自己的个性，给人留下不同的印象，也可通过握手了解对方的个性，从而赢得交际的主动。因此，在日常交际中，秘书必须要注意握手的基本礼节。

1. 握手的次序

被介绍之后，最好不要立即主动伸手。年轻者、职务低者被介绍给年长者、职务高者时，应根据年长者、职务高者的反应行事，当年长者、职务高者用点头致意代替握手时，年轻者、职务低者也应随之点头致意。和女性握手，男士一般不要先伸手。军人戴军帽与对方握手时，应先行举手礼，然后再握手。

2. 握手的力度

握手时的力度要适度。如果手指轻轻一碰，刚刚触及就离开，或是懒懒地慢慢地相握，缺少应有的力度，会给人勉强应付、不尊重的感觉。一般来说，手握得紧是表示热情，男人之间可以握得较紧，甚至另一只手也可以加上，包括对方的手大幅度上下摆动，或者在手相握时，左手又握住对方胳膊肘、小臂甚至肩膀，以表示热烈。但是注意既不能握得太使劲，使人感到疼痛，也不能显得过于柔弱。对女性或陌生人，重握是很不礼貌的，尤其是男性与女性握手。

3. 握手的时间

要紧握对方的手，时间一般以 1 ~ 3 秒为宜。通常是握紧后打过招呼即松开。在亲密朋友相遇时，或衷心感谢难以表达等场合，握手时间就长一点，甚至可以紧握不放。在公共场合，如列队迎接外宾，握手的时间一般较短。握手的时间应根据与对方的亲密程度而定。切记在任何情况拒绝对方主动要求握手的举动都是无礼的，但手上有水或不干净时，应谢绝握手，同时必须解释并致歉。

秘书必知的接待礼仪

今天是星期一，上午来公司的客人特别多，一波接着一波，前台秘书们忙得不可开交。终于到了中午吃饭时间，资格最老的秘书李姐利索地做了一下工作安排：今天中午秘书小王值班，其他同事去食堂吃饭休息。

小王把饭打回来，想着赶紧吃完饭，上午人那么多，真是累死了，自己也得休息一下。正在她低头吃饭的时候，听见轻轻敲桌子的声音。小王抬头一看，一个50岁左右的中年人，穿着一件普通的夹克衫，夹着一个黑色的公文包，正在敲前台的桌子。小王就有点儿不高兴，心想，这人真没礼貌，没看见我在吃饭吗？敲什么敲！所以屁股也没抬，面无表情地问："请问你有什么事？"来人说："对不起，耽误你吃饭了。请问张总经理在吗？我想见他。"小王说："现在中午休息时间，你有预约吗？"来人回答说："之前没来得及。"小王心想，看他的样子，说不定是来推销东西的，就说："我们总经理不在，请你下次预约再来吧。"那人说："你打电话问问，说不定他现在回来了。"小王露出不耐烦的神色说："不在就是不在，请回吧。"来人说："怎么这样呢？那我可就回去了。"

这位客人走后，中午再没客人来，小王吃完饭后，美美地小睡了一会儿。

下午1：00正式上班后，前台秘书们又开始忙碌起来。大约下午1：30左右，总经理秘书张丽打电话到前台，询问中午是否来了一位深圳的客人，他是总经理非常重要的客人，现在人在哪里？李姐叫小王接电话，因为中午是她值班。小王告诉张丽说："中午是来过一个客人，是不是深圳来的我忘记问了，因办公室没提前打招呼，我也不知道来人是总经理的重要客人，觉得那个客人像是推销东西的，又没预约，所以就让他回去了。"张丽说："那可麻烦了，今天下午深圳亨达公司的总经理秘书打电话过来询问他们老总到了没有，说他们老总到这边开会，顺便过来找我们老总再谈谈深圳那边合作项目的事情，所以他们老总没让提前打招呼，说自己过来就行了。现在人走了，这怎么向总经理交代？"小王一听也傻了眼。

过了几天，小王被停职去参加培训，因为公司认为她要学的东西还很多。

企业在对外交往中，接待人员的举止仪表对创造良好的企业形象至关重要，因为他们通常是外界接触和了解企业的窗口，直接影响外界对整个公司的第一印象。接待来访客人是秘书经常要做的工作，秘书需要斟酌对来客的接待礼仪每一个细致过程。

① 应立即招呼来访客人。秘书应该认识到大部分来访客人对公司来说都是重要的，要表示出热情友好和愿意提供服务的态度。如果你正在打字应立即停止，即使是在打电话也要对来客点头示意，但不一定要起立迎接，也不必与来客握手。

② 主动热情问候客人。打招呼时，应轻轻点头并面带微笑。如果是已经认识的客人，称呼要显得比较亲切。

③ 陌生的客人来访时，务必问清其姓名及所属公司或单位名称。通常可问：请问贵姓？请问您是哪家公司的？

④ 郑重接过对方的名片。接名片时必须用双手以示尊重，接过来后不可不屑一顾，随手乱放，也不可拿在手中折叠玩弄。接名片时要确认一下名片上所列对方姓名、公司名称等。如见到不易拼读的姓，不要随便乱念，必须询问对方。

⑤ 有客人未预约来访时，不要直接回答领导在或不在。而要告诉对方："我去看看他是否在。"同时婉转地询问对方来意："请问您找他有什么事？"如果对方没有通报姓名则必须问明，尽量从客人的回答中，充分判断能否让他与领导见面。

⑥ 判断来客的身份与种类，以便决定是否引见、何者优先等。要事先

了解领导是愿意随时接待任何来客，还是喜欢视情况而定，一般可以将来客分为几类：客户；工作上的伙伴，搭档；家属，亲戚；私人朋友；其他。在没有预约的情况下，通常可按照以上顺序来决定何者为先。同时如果来客非常重要，就不要擅自挡驾。

⑦ 谢绝会晤时要说明理由，并表示歉意。但不要在没取得领导的同意以前就确认你另定的约会时间，最好告诉来客："我能否给您回电话再确认约会时间?"但如果是前来无理取闹，胁迫领导的来客，则应断然挡驾。

⑧ 未经领导同意，不要轻易引见来客。即使是事先有预约的来客光临，也要先通报领导（用电话联系或亲自前去报告），等候指示。倘若没有预约，即使是你认为领导肯定会接见的客人，也不可擅自引见。

⑨ 如领导不在或一时联络不上，应该向重要来客说明原因，表示将主动联络或协助安排另一约会时间。如果对方表示同意，应向对方询问其通信地址以及联络时间。

⑩ 让来客等候时要注意照料并表示歉意。如果你手头工作一时放不下，或领导一时无法接待来客，你必须主动招呼客人，以免使其感觉受到冷落。如果客人是提前来访，请其等候为合情合理。请对方在适当的位置坐下，接待室平常要准备些报纸杂志，最好备有介绍本公司的机构、历史、宗旨和服务范围等资料的宣传品，供来访客人阅读。客人就座的位置应与你的座位保持一段距离，这样，在你离座时，对方不会看到你办公桌上的文件。

⑪ 带路时走在客人前方两三步远的位置，靠边引导。带路时要边留意客人的步伐，边引导。可说："请往这边走。"走到拐弯处时要暂停，以手指示方向，并向客人说："请这边走。"在乘坐电梯时要让客人先上先下。按下电钮后示意客人先进先出："请上电梯"，"请下电梯。"开门关门时留意手不要交叉或背着手开门。手把在右侧的门用左手开，在左侧的用右手开，这样姿势会更优美。若是向内开的门，则应你先进，用手按住门，等客人进来后再松开门。松开门之前应说："请进。"

⑫ 初次与领导见面的来客，你要代为介绍。一般应该先把来客介绍给领导，但有时如果来客的身份较高，则最好先向来客介绍领导。引见后除非领导要你留下；否则做完介绍之后即应退出领导的办公室。

⑬ 招待饮料。招待外国客人时，最好主随客便。因为许多西方人不爱

喝某种饮料，或对饮料的配兑有某种习惯爱好，所以准备饮料时，要礼貌地先问客人要喝什么。诸如："您喝咖啡还是喝茶?" "您喜欢咖啡如何泡法?"

⑭ 领导正在会客时，若有事联络或请示，须用递纸条的方式。可将事项写在便条上，进入办公室后，先向客人道歉："对不起，打扰了。"

⑮ 客人离开时，别忘了郑重道别。即使你再忙，也别忘了最后的道别，称呼对方的名字将会给对方留下好的印象，所以记住来访者的脸型与姓名是很重要的。

⑯ 制作来访登记卡。在每天上班时要查看当天约见的来访者名单。必要时应事先将约见的有关资料准备好，制成写有姓名、职位、公司、访问日期、求见人等的卡片。

接听电话的礼仪和技巧

作为秘书，打电话、接电话、转电话、传电话是每天必不可少的工作。然而，这些看似不起眼的"小"事情，里面却有着大学问。做得好，可以提升秘书的个人魅力和公司形象；做得不好，则有可能败坏公司声誉，甚至造成损失。因此，秘书能不能掌握最基本的电话礼仪，就是一件大事情了。

下午快下班时，销售部的马经理决定办公室的人员明天上午都直接到公司的各个销售点去检查销售情况，第二天下午3：00回到办公室汇报情况，只留下秘书任影第二天在办公室值班，并告诉她有事情的话电话联系。

任秘书第二天早早上了班，做好上班的准备。9：00以后，任秘书正在录入一个销售方案，电话响了起来。任秘书在电话响第三声之前迅速用左手拿起电话，因为是内线电话，她接起电话后说："您好，销售部办公室，我是任影。"右手顺势拿出电话记录本和笔准备做记录。电话是公关部的小张打来的，要找王强询问一下，上次恒祥公司的事情处理得怎么样了。任秘书回答说："王强今天上午去销售点检查去了，今天下午3：00回公司，您那时再打过来吧。"对方说："那好吧，谢谢。"任秘书说："别客气，再见。"把这次电话的信息记录在电话记录本上。

任秘书刚写完，电话铃又响了，这次是外线电话。任秘书迅速拿起电话说："您好！昌荣公司，这里是销售部办公室。"对方说："您好！我是仁达公司的，有个事情要麻烦您。"任秘书说："没关系，请讲。"对方说："我们公司想购买你们公司的电脑，请报一下价格。"任秘书边听边记录。等对方说完后，她回答说："我们公司的电脑产品有很多种型号，价格也不一样，不知您需要哪一种型号呢？"对方说："我们都想知道一下，然后做个比较。"任秘书说："那，对不起，可否问一下你们公司打算买多少台电脑，之所以这样问，是因为公司有规定，买的数量多，有优惠。"对方说："如果质量好，价位合适的话，打算买20台左右。"任秘书说："您看这样好吗？现在我们经理和销售人员正巧都不在，您先留下联系方式，下午再跟您联系好吗？"对方说："可以。"任秘书接着问："那请问您贵姓？您的联系方式？"然后边记录边重复对方的话，记录完后又跟对方确认了一下才说再见。

任秘书正在想，要不要给经理打个电话告诉他这件事的时候，电话铃又响了，任秘书又及时地接起电话。原来是一个客户询问如果电脑超过保修期，请你们公司给维修的话，费用是多少钱。任秘书听完后回答说："很抱歉，这个问题我回答不了您。不过，我可以告诉您维修部的电话号码，您可否给他们打电话询问一下呢？"听到对方说可以，任秘书接着说："那您请稍等。"然后放下电话，拿出通信录，查找维修部办公室的电话，找到后，拿起电话说："对不起，让您久等了，维修部的电话是××××××××，再见。"

放下电话后，任秘书自言自语地说："今天上午的电话怎么这么多啊？"话音未落，桌上的内线电话响了起来，几乎同时地，外线电话也响了起来。任秘书清了清嗓子，先拿起内线电话，得知是总经理办公室张秘书打来的，就请她稍等，说她先接一下外线电话。然后迅速拿起外线电话说："对不起，让您久等了。"对方说是从杭州打来的电话，要咨询一下关于笔记本电脑的一些相关问题。任秘书一听，判断这个电话在短时间内不会结束，就跟对方说："对不起，请稍等一下，有另一个电话在等候，我处理一下。"然后问张秘书有什么事情需要帮忙，张秘书说："请告知马经理的手机号，我正在修改通信录。"任秘书马上流利地说出马经理的手机号。跟张秘书通完话后，任秘书及时与外线的客户说："对不起，让您久等了，现在您可以说了。"接下来就认真回答这个客户的问题，并做了相关的记录。

就这样，一上午任秘书接了很多个电话。

上面案例中的任秘书熟练地运用了接听电话的技巧，恰当地处理了工作中接听的电话，为个人和公司树立了良好形象。可见，秘书懂得使用电话的礼仪是十分必要的。

1. 接听一部电话的礼仪

秘书在接电话时要注意以下几点：

（1）及时接听电话

从接电话一方来说，电话铃一响，宜在1～2声之后立即拿起话筒，原则上不超过3声。

如果不能立即接，接通后要向对方说明原因，或道歉，如："对不起，让您久等了。"以避免对方产生误以为你不在或是不愿接听电话的想法。

（2）接起电话先问好

接起电话先要道声"您好"，然后报出自己的姓名或公司名称，再问对方找谁。而不要拿起电话就问："你是谁?""你找谁?"这样就显得不礼貌了。

（3）保持礼貌

在接听电话过程中，一定要保持礼貌。坚持用"您好"开头，"请"字在其中，"谢谢"、"不客气"结尾，嗓音要清晰，音量要适中，语速要恰当，通过声音在对方心里树立良好的形象，从而对方对你所在的企业也会有良好的看法。

即使对方拨错了电话，也要礼貌对待打错电话的人，要告诉对方你的号码是多少，让对方核对，请对方重新拨一次，千万不要责怪对方。

（4）请求对方等候时间要短

通话中，如需要查找有关资料，可以告知对方稍等，但中断不应超过2分钟，否则可以请对方先把电话挂断，再适时重拨。

时间在电话礼仪中的掌握是十分重要的，因为双方无法面对面交流，仅仅从言谈中获取一些信息。而时间在谈话中的作用是十分明显的，一个不合时宜的停顿有可能与一笔生意擦肩而过，所以对时间的把握是十分必要的。

（5）正确对待电话中断

电话中断时，应由发话人立即重拨一次，向对方说声对不起，并解释客观原因，避免对方会有别的想法。而受话人不宜去做其他的事，应该稍等片刻。一般情况下，对方会在很短时间内重拨过来，离开是不妥的。

（6）要呼应对方

在通话时要不时发出“嗯”、“是”、“好的”之类的话，表示你正在认真地聆听，明白对方的意思并会及时给予适当的反应。

尤其是在做记录时，每隔10多秒钟要作一次回应，表示你在认真听电话内容；否则对方会怀疑你是否在听或者电话是否在正常通话。

（7）回避不是自己的电话

在为别人叫电话时，可以有意回避一下，待对方通话一段时间再回去。

（8）不要要求对方转机

除非绝对必要，不要在接电话时要求通话对象转机。将对方的电话转来转去，会让对方感到你不认真、不负责。

2. 同时接听多部电话的礼仪

如果在同一时间有两部或两部以上的电话打进来。这时，秘书人员要学会恰当处理。

一般的处理方式是：

（1）请正在通话的一方稍等

通话过程中，另外的电话铃声响起后，要向对方如实说明情况，告知又有电话打进来请其稍等，询问对方是否介意自己去接另一个电话，同意后再去接。

（2）根据情形灵活处理第二个电话

秘书接听第二个电话后要迅速了解其内容，根据轻重缓急程度决定电话处理的优先顺序。

如果第二个电话不是特别急，则告诉对方已有电话打进来，待处理完后再给其回电，然后将第二个电话挂断，接着处理第一个电话。

如果第二个电话非常紧急或重要，不允许耽误，则需要优先处理，将第一个电话挂断。

（3）向先挂断的电话一方致歉

不管哪种情形，都要先挂断一个电话。待处理完一个电话后再拨打另一个电话，并在接通后首先向对方解释，致歉。

（4）同时处理两个电话时的禁忌

不能同时接听两个电话，不能拿起两部电话轮流交替接听，也不能对另一部电话的一方不理不睬；在两部电话接通期间，要注意保密，不能将与一方通话的重要内容泄露给另一方。

在工作中保持微笑

笑是眼、眉、嘴和颜面动作的集合，是一种令人感觉愉快的面部表情，它是最美好的形象。在千变万化的面部表情中，微笑是最美的，它可以缩短人与人之间的心理距离，为深入沟通与交往创造和谐的氛围。在人们越来越渴望得到他人尊重的今天，微笑成为人际交往中不可缺少的礼节。因此，秘书在工作与生活中，若想营造良好的交际氛围，获得良好的人际关系，就要尽量地把真诚友好的微笑奉献给他人。

李雪是合力商贸酒店集团公司人事部门的秘书。上班短短半年，她就获得了领导的认可，并且成为了公司有名的“微笑天使”。不仅如此，她所接待的客人和员工投诉处理满意度也是酒店最高的。在为员工培训微笑一项的时候，她还专门被培训部经理借调到培训部做“微笑模特”，因为她的微笑真诚可爱，大方有礼。培训课程完毕之后，所有的学员围拢在她身边向她取经——为什么半年来她在面对上司、同事和客户的时候都能够一直保持微笑？难道她没有不开心的时候吗？李雪笑着回答大家说：“因为我有一个‘过滤器’。当我上班的时候，我把在家所有的不快乐都过滤到家里；当我下班的时候，我把单位所有的不快乐都留在了单位。所以我永远都是阳光明媚的。而作为酒店，微笑是最好的语言。”

微笑是笑中最美的。对陌生人微笑，表示和蔼可亲；产生误解时微笑，表示胸怀大度；在窘迫时微笑，有助于冲淡紧张气氛和尴尬的境地。微笑是一种健康文明的举止，一张甜蜜微笑的脸，会让人愉快和舒适，带给人们热情、快乐、温馨、和谐、理解和满足。微笑展示人的气度和乐观精神，烘托人的形象和风度之美。

1. 微笑的方式

微笑的方式是以额肌收缩，眉位提高，眼轮匝肌放松；两侧颊肌和颧肌收缩，肌肉略隆起；两面侧笑肌收缩，稍微下拉，口轮匝肌放松；嘴角微微上提，嘴唇呈半开半闭状，不露齿为最佳。

微笑的基本做法是不发声、不露齿，肌肉放松，嘴角两端向上略微提起，面含笑意，使人如沐春风。微笑须发自内心。当一个人心情愉快、兴奋或遇到高兴的事情时，都会自然地流露出这种笑容。这是一种内心情感的自然流露。发自内心的微笑既是一个人自信、真诚、友善、愉快的心态的表露，同时又能营造明朗愉快和亲切的交际氛围。而矫揉造作的微笑，会给人一种不真诚、不友善的感觉，也会给我们的工作与交往带来阻碍。

微笑是人们交往中最富有吸引力、最有价值的面部表情，但也要注意区分场合，要笑得得体、笑得适度，这样才能充分表达最美好的感情。与人初次见面，给对方一个亲切的微笑，会拉近双方的心理距离，消除双方的拘束感；与朋友同事见面打招呼，带点微笑，显得和谐、融洽；上级给下级一个微笑，会让人感到平易近人。正式场合的笑容要适度，故意遮饰笑容、抑制笑容不但有损美感，而且有碍身体健康。而放声大笑或无节制地笑同样不雅，无原因的边看别人边哈哈大笑，更为无礼。在各种场合只有恰如其分地运用微笑，才能达到传递情感的目的。

2. 笑容的禁忌

忌冷笑。有讽刺、不满、不以为然的意味，容易让人产生敌意。

忌假笑。违背笑的真实性原则，不但毫无价值还令人厌烦。

忌怪笑。这种笑多含有恐吓、嘲讽之意，令人十分反感。

忌窃笑。多表示洋洋自得、幸灾乐祸或看他人的笑话。

忌狞笑。多表示惊恐、愤怒或吓唬他人。

第二章 

职业素质，以最好的素养赢取人心

秘书是领导强有力的“左右手”，秘书的工作内容包罗万象，并具有多元性、复合性、繁杂性的特点。秘书对内是领导的左膀右臂，对外是单位的脸面喉舌；既要运筹帷幄，又要捉刀代笔……这一特殊地位决定了一个合格的秘书必须具备良好的职业道德。

秘书必备的职业道德

道德水准是一个人安身立命的根本要素，一个失去道德、失去别人信任的人，是做不好秘书工作的。加强自身的道德修养，是秘书的首要任务。

公司最近一段时期气氛比较压抑，暗潮涌动，进入了一个非常微妙的时期。因为每年到这个时候，都要进行例行的人事调整。但是，这些天秘书张静的办公室却很热闹：一会儿财务部李经理过来转了一圈；一会儿公关部周经理也借故来了一趟；一会儿研发部经理打来电话，张静询问他有什么事情，他也没说出个所以然来。不了解内情的人可能会觉得很奇怪，但是对于经验丰富的张秘书来说，却见怪不怪了。她心里很明白，这些部门经理之所以总往她这儿跑，就是因为她是总经理秘书，近水楼台先得月，知道一些关于人事调动的内幕，想事先从她这儿打听一些消息，但既然他们不好意思明说，她也乐得假装糊涂。

中午在餐厅吃饭的时候，销售部的田科长端着饭菜来到她对面坐下。寒暄了几句，随即话锋一转问道："小张，咱们平时关系不错，我就不拐弯抹角了，能跟我透露点儿消息吗？这次我们销售部的人事是怎么变动的？咱们总经理很信任你，有机会的话，帮我在总经理面前多说几句好话。"张秘书一听，该来的还是来了，望着田科长期望的眼神，她却只能回答："对不起，田科长，我不太清楚。"田科长对她的回答有点失望，不高兴地说："你不知道谁知道，是不想告诉我吧！"张静只好说："田科长，我真的不知道。所有人事方面的文件都是人力资源部做的，不是我起草的。"其实，张秘书说的话一半是真的，一半是假的。文件是人力资源部起草的不错，但是在经过她的手送给总经理的时候，她看到了里面的内容。接下来，田科长只好转移了话题，闲聊几句就悻悻地走了。

看着田科长的背影，张秘书也有些难过，人事调整对于田科长这些男性的中层干部影响较大。但是，职场的生存环境就是这么残酷，作为职业秘书，她必须严守不泄露秘密这条最基本的职业道德。

作为秘书，应具有一定的职业品德。比如说，热爱事业、安心工作、为事业献身的精神，按领导意图办事和谦虚待人的精神，还有严守本分、严守纪律、严守机密等。其中，以下几点是应该经常注意的：

① 诚实而不作假弄权。我们说的诚实，是指对待我们所服务的领导人而言。设想秘书对领导人有所虚假，那还有什么好关系可言！如个别秘书会传假旨，冒用领导人名字批条子、签字等，就是作假弄权的行为，不但违反纪律，严重的情况下还是犯法的。

秘书要严格要求自己，秉公办事，坚持原则，绝不能打着领导的旗号办私事，树立所谓的自己的“形象”。

② 当参谋而不是自以为是。有人提过这样的问题：当秘书按领导意图办事与当参谋有时会产生矛盾，若是领导人的意见是错的，他又不采纳秘书的参谋意见时，怎么办？这里有三点要注意：一是不要指望领导人采纳秘书人员的一切建议；二是不要认为自己的意见就是对的；三是要明确认识，领导人是决策者，秘书无权强要领导人采纳自己的意见。

在领导人的指令、意见“出台”前，如果秘书发现有不足之处，应当提出补正意见供参考。秘书同领导人之间的关系应该是亲密、融洽、和谐而充满友谊和支持的工作关系。

③ 顾全大局而不介入矛盾。如果几位领导有了意见分歧、有了个人矛盾时，秘书应该怎么办？这里有一条原则：秘书不能也不允许介入领导人私人间或工作中的分歧和矛盾。秘书介入这种纠纷，支持一方、反对一方，不但于事无益，而且会把事情搞得更复杂。秘书人员不能在领导之间说不利于团结的话。如回避不了，最多只能表示：领导之间的事，秘书人员不便说什么，要以大局利益为重，相互谅解、搞好团结。如果领导间在工作上有分歧，轮到秘书非执行不可时，就只能按组织原则，执行主要决策人的意见。

④ 公正而不搬弄是非。秘书在领导人身边工作，随时随地需要向领导

人汇报情况，提供对事物的看法。这种工作条件要求秘书公正、客观、超脱。涉及人事问题时，绝不可借工作之便，挟私向领导人说他人的坏话。这是一条美德，也应是一条纪律。

⑤ 谦虚而不傲上凌下。有些秘书自以为地位重要，对下口大气粗、盛气凌人，使人反感。有些秘书性格急躁，自以为正确，有时会同领导人顶撞、争吵起来。好的性格也是处理好人际关系的重要因素，但性格、脾气，多半也能纳入品德修养的范围。如果秘书自恃有才干，而不注意职业品德修养，也是搞不好人际关系的。

⑥ 受批评而不急不怨。有些秘书风趣地说：我们做工作挨批评是常事；如果有一段时间不挨批评就是事实上的表扬。工作做得不好，挨批评是应该的。有时，领导人的要求、批评也有弄错情况的时候。这时，最好不要急于争辩、急于解释，而是先暂时冷静一下，等气氛稍微缓和一下再用适当方式说清楚。有时，情况不说自明。能做到这一点，对处好以后的关系做好服务工作非常有好处。

⑦ 办事要忠于领导意图不要按个人喜好随意增减，画蛇添足，把事情办走了样；也不要在执行一位领导人的指令时而去问另一领导人的意见，节外生枝地把事情搞复杂，这些都是令人忌讳的。

秘书必须具备的能力

要做一个合格的现代商务秘书，具备有多方位的能力是很重要的。一个优秀的秘书必须具有果断办事的本领，兵来将挡，水来土掩，要具有“该出手时就出手”的魄力。

同时，秘书应懂得如何去努力寻找和挖掘机遇，并迅速果断地做出决定，最终取得令人羡慕的成果。

李远是一个极为努力的秘书，虽然进公司多年仍没有得到提升的机会，但是她仍然待人和善、努力向他人学习，并且在获得英语六级资格以后，还挤出时间学习日语口语课程。上个月，日本东京渡边塑料株式会社的山本先生来李远的公司，商讨合资建厂的事。一开始山本先生非常高傲，说这个不行，那个不够。几天下来，进展不是很大。老板认为山本先生固然有砍价的考虑，但也与山本先生为人相当刻板高傲有关。

这天中午吃饭的时候，李远用日语问山本先生，他的老家是不是东京的，他张大眼睛很惊讶地反问李远是怎么知道的。李远说她是听他说话的口音猜的。李远说她在大学时日语老师是东京人，而工作以后又进修了日语口语，老师是横滨人，日语口音的差别听他们都介绍过，说完便惟妙惟肖地模仿起来。

听李远这么一说，50 多岁的山本先生马上表现出“老乡见老乡，两眼泪汪汪”式的激动，称赞李远的日语真是太地道了，说得李远连说了几次不好意思。下午，笼罩在谈判桌上的沉闷一扫而空，山本先生当场同意了公司的全部条件，说立即向总公司汇报，连李远的老板也感到非常意外。

能力，是人们从事一定活动的技能和本领。不同的职业对人们能力的要求是不同的。商务秘书是在市场经济条件下兴起的一种社会职业，以投资经营者和商务管理者为服务对象，主要从事行政办公事务性工作和决策辅助性工作。商务秘书应具备以下几种能力。

1. 表达能力

表达能力有两种：一是文字表达能力；二是口头表达能力。

文字表达能力即运用文字书面形式反映客观情况、传递信息、表达思想的能力。商务秘书常常需要根据企业发展现状制定措施、编制计划，撰写各种报告，供企业决策时参考，因此书面表达能力是商务秘书的基本功。商务秘书要有深厚的文字修养，因为他（她）的工作不仅要对材料进行综合分析，更主要的是要对领导者的工作思路进行演绎或归纳，将领导确定的原则具体化，将零散的思维条理化，将未成型的意图清晰化。所有这些都要靠规范、准确、精练的文字予以表达。

口头表达能力，就是运用口头语言交流思想、传达信息的能力。它较书面表达使用频率更高，使用范围更广。秘书的口才，直接影响着其参谋和助手效能的发挥。

“说”的过程，一方面是表达自己的理解和见解；另一方面也能跟领导、群众沟通。能说会道的商务秘书总是受人欢迎的，能说不只是一种修养，也是一种才能的显露。

2. 学习阅读能力

学习阅读能力，就是指感知书面信息知识的能力。社会的发展进入了信息时代，今天的领导和管理者比任何时候都需要迅速地获得有用的信息，以应付日益复杂和多变的环境。阅读文件，翻阅资料及业务书刊，是商务秘书收集信息的主要手段。对于商务秘书来说，阅读不但要迅速而且要准确，准确地领会文章的中心意思及准确地判断信息是否有用。日本经营学专家、日本系统研究中心总经理片方善治说：“在跨入信息革命的今天，能否及早获得较多的信息，已成为事业成败的关键。而利用信息的关键不在于收集，而在于选择。”这就对商务秘书的阅读能力提出了更高的要求。

3. 社交能力

社交能力，主要指与社会正常交往的能力。美国实业家，石油大王 D. 洛克菲勒“会付更多的薪水给擅长待人，而非擅长处理事务的人”。在这一点上，他与曾经的美国总统西奥多·罗斯福的观点不谋而合：“成功的第一要素是懂得如何搞好人际关系。”商务秘书应具备一定的社交能力，懂得多种场合的礼仪、程序，善于待人接物，善于运用交际手段和艺术，妥善处理交际中的矛盾和冲突。

商务秘书具有广泛的社交能力，做到既能轻松愉快地完成工作，又能与外界保持良好的关系，是获得事业成功的重要条件。美国麦凯信封公司董事长麦凯告诉我们：“走出办公室，广结善缘，尽量推销自己，做一个消息灵通人士……都是建立人际关系的好方法。在工作世界里，人际关系经常是决定成败的关键。”

4. 判断能力

美国人才代征聘专家皮贝克说：“最重要的才能莫过于能作出正确的判断，而这种特殊才能将是电脑永远无法取代的。”为了实现领导的指示，商务秘书必须正确领会领导意图。不论是日常的还是突如其来的工作，商务秘书都必须从各个角度对问题进行思考和分析，尽快地作出判断，准确无误地应付，当机立断地去做，才不致出现失误或漏洞。

美国企业界的传奇人物，美国克莱斯勒汽车公司总裁艾科卡说过：“如果你已经有了95%的资料，但想再取得其余的5%，却还得花费6个月的时间。到了那时，市场行情已经变了，你的资料也过时了。生活的全部要点就是：选择时机。”可见在如今的“商战”中，商务秘书成熟敏捷的判断力更为重要。

5. 掌握外语的能力

随着市场国际化的发展和企业规模的扩大，越来越多的管理者要到国外进行投资、经济管理或进行国际贸易交际、商务谈判、签订合同等，这就要求商务秘书具备一定的外语能力。现在即使是没有涉外经营业务的企业，也要求商务秘书人员掌握1～2门外语，能够利用外语阅读或查阅资料，并熟练掌握外语会话、写作的能力。

6. 计算机操作能力

美国在线公司总裁史蒂夫·凯斯说：“当多数人上网时，这会以前所未有的方式让人掌握主动权。他们随时都能获得有关自己关心问题的信息，这会在一个比较完善的市场为他们提供比较完善的信息。”商务秘书需要阅读、收集大量信息，或进行日常事务处理，或进行复杂的计算，都离不开计算机。利用网络可以实现资源共享，快捷地了解世界经济发展的现状，节约人力和时间。随着电子商务的兴起和发展，不断提高计算机操作能力对商务秘书而言是大势所趋。

7. 创新能力

创新能力是21世纪检验各类人才素质高低的一个重要尺度。商务秘书的创新能力，是指创造性地贯彻领导意图，为领导工作提供最佳服务的能力。商务秘书能否发挥参谋作用，很大程度上取决于其创新能力的强弱。美国学者、管理专家加里·哈梅尔曾说：“崭新的思想是为公司也为自己创造财富的唯一途径。”没有创新的意识，没有创新的思维，没有创新的胆略，是不可能为领导决策提供有价值的参谋建议的。

8. 运用WTO规则的能力

WTO的核心是一整套进行国际经济贸易往来的游戏规则体系，是一种崇尚公平、开放、规范竞争的规则网络。中国加入WTO后，如何适应新的游戏规则下的竞争，并运用这些规则参与竞争，是必须首先解决的关键问题。中国企业在这一方面的能力还很薄弱，龙永图曾对此感慨地说：“入世后我们最大的风险不是开放，而是不熟悉规则。”作为商务秘书，应清晰地了解加入 WTO 后本企业到底面临哪些机遇和挑战，甚至能游刃有余地运用 WTO 规则。在尽可能短的时间内提高自身熟悉规则、运用规则的能力是使自己在竞争中获胜的法宝之一。

秘书必备的良好性格

小丁与小孙同时进入某机关担任秘书，两个人同样有较强的工作能力，无论领导交给他俩什么任务，他俩都能非常圆满地完成。为此，两个人经常受到领导的表扬。但是，在同事之中，他们俩却有不同的地方。大家都喜欢小丁，有什么事总是找他帮忙。小丁的确为大家做了许多事，因为他谦逊又有能力，与大家非常合得来；而小孙则不同，虽然他能力也强，但大家都不太与他合得来，有什么事也不会找他帮忙，因为小孙这个人个性有些高傲。

小孙也意识到了这种差别，但他并不想改变这种状态，他以为这样很好。无论同事们怎么对自己，领导总还是喜欢自己的，有领导撑腰，他不必总是顾虑再三。况且这样也不错，他可以按照自己的个性安排一切，不必因别人的看法而改变自己的生活。而且从心底而论，小孙有些看不起小丁。小孙认为小丁那种谦让态度十分虚伪，是一种做作的表现，很俗。当然，小孙并没有把自己这种感觉表露出来，他认为无论小丁怎么做，都是人家自己的事，别人不应该干涉他。可见，小孙也是具有一定容人之量的，但可惜他没有表现出来。

就在小孙按照自己的个性工作的时候，领导说要在他们之中提拔一名宣传干事，而且这次领导有明确指示，一定要坚持群众选举，任何人不得从中作梗。面对这样一个好机会，小孙从心底认为自己应该能上去，因为他不但喜欢这份工作，而且坚信自己一定能干好，绝对不会辜负领导的厚望。但是，听说这次不是领导任命，而是由群众直接选举，他的心真的有些凉了。他明白凭自己的群众关系，自己绝不是小丁的对手，况且小丁在搞宣传的方法上也有其独到之处。小孙认识到了这种差距，但他不是一个小肚鸡肠的人，即使明白自己有不足，他也要进行一番公平竞争。

结果正如他所预料的那样，小丁几乎以全票得到了这个职位。其实要是小孙去了，工作照样能做好。一个本来平等的机会，结果由于两者个性和人缘的不同而导致了巨大的偏差。这个教训值得每一个人认真思索。

人的性格是多样的，也是不可强求的。但是，秘书工作有特殊性，对其要求又要更高一些。如果没有一个良好的性格，是做不好秘书工作的。因此，秘书要具备以下几点。

1. 豁达开朗

秘书工作由于处于特殊位置，常常会遇到内部或外部的一些干扰。比如：在工作时处于复杂的人际关系之中，难免与领导、同事发生矛盾、利害冲突；在处理各种事务中，常会引起其他员工的误解和不满。因此，秘书人员性格中很重要的一方面就是对人对事豁达开朗，即在坚持原则的前提下采取宽容、忍耐的态度。

2. 意志坚强

秘书工作是一项十分繁重而复杂的劳动，秘书必须具有坚韧不拔、百折不挠的毅力，克服各种困难，实现自己的职能。这就要求秘书有较强的心理承受能力，对来自领导、基层和外界的种种压力能够从容应付、任劳任怨。秘书还要严于律己，努力克服自身的缺点和不足。

当然，秘书在辅助领导工作的过程中，要能够坚持原则，实事求是，自觉抵制不正之风，做领导忠实的参谋和助手。

3. 敏捷应变

秘书不仅要有坚毅的性格，还要机敏灵活。可以说，现代秘书工作对秘书的适应能力和应变能力提出了更高的要求，那种墨守成规、反应迟钝、不讲求效率的秘书已不能适应当今时代的需要了。

秘书工作涉及面广、变化性强，因此要有敏锐的观察力和迅速的判断力，善于沟通，长于协调，既不丧失原则，又不激化矛盾。特别是在遇到突发事件和复杂情况时，秘书要能够机警灵活、随机应变，使问题得到及时而恰当的解决。

4. 幽默风趣

秘书工作内容繁杂，压力很大，不免使人产生烦躁、厌倦之情。具有幽默感的秘书，则能以出众的机智和诙谐的语言化解困境，超越挫折，获得良好的心境，保证工作顺利进行。而且，秘书在人际交往中运用幽默，可以使他人感到轻松，易于沟通情感，取得理解，消除陌生感和紧张感，营造和睦的氛围。

5. 友爱合作

秘书应有友爱合作的品格，宽容待人，助人为乐，不与别人斤斤计较，不因小怨小隙而存嫌。对于所服务的领导，秘书要多加理解，考虑周到；对于其他同事，则要开诚布公，谦逊虚心，维护集体的团结。

6. 心思缜密、周详

心细，考虑事情周到全面，是一名合格秘书应有的素质。

有一位秘书，做事不细致。一次她替领导发出五封信，一天过去了，结果退回来两封，一封是把地址写错了，一封则把收信人的名字写错了。这是一个通知其他单位的领导来开座谈会的通知，结果只来了三人，两人缺席。领导为此大为恼火，把那位秘书狠狠地批评了一顿，过了一段时间就把她给更换了。

做事不细致，往往是与考虑事情不周到紧密相连的。秘书是为领导工作服务的，台前的一件事可能要涉及台后的一系列环环相扣的细小环节，如果秘书没有超前服务的态度、没有虑事周详的思维习惯，是很难很好地完成各种工作任务的，还会使领导的工作陷于被动，甚至处于难堪境地。

诚如一位从事多年秘书工作的人所说的，“小处亦有大文章”。秘书切不可做起事来马马虎虎，而要细致入微、周详严密，这样才会把事情做得漂亮，获得领导的信任和赞赏，建立一种和谐舒畅的上下级关系。

秘书必备的时间管理能力

很多秘书都有这样的感觉：时间仿佛永远不够用，似乎总有任务追在身后等待处理；自己更是成了一个勤杂工，整天被琐碎的事情压得喘不过气来！

上述问题的原因何在？如何治标更治本呢？

其实，这些秘书完全可以把工作做得更好，之所以出了问题，主要是因为他们对时间管理问题的重视不够，或是没有能够有效地掌握时间管理的窍门。

时间是一个独特的资源，具有非常鲜明的特色：时间的供给毫无弹性，无论你是总经理，还是秘书，你一天只有 24 个小时；时间无法蓄积，时间过了一秒就少一秒，不管你用不用，每天一定流失掉；时间无法取代，它与资金不同，无法向别人借，也不能借给别人，所有的人只能支配自己的时间；时间无法失而复得，它呈现单维的流向，没有倒流的机会。

秘书对时间管理的好坏，直接关系着工作效率的高低。秘书要在执行任务或处理繁杂事务时有效利用时间，就必须有管理时间的能力。

小张应聘到亨通公司当办公室秘书，这是一家规模不大的私人企业。“麻雀虽小，五脏俱全”，由于员工人数不多，所以每个人都有一大摊子事要做。

办公室就小张一个秘书，老板让她把整个公司都管起来，交给她一堆事情，让她负责公司的内政和外交。开始，小张挺美，自己岂不成了“二老板”？可是工作起来才发现，她就像公司一个打杂的，决策拍板是老板的事情，除了部门该做的事，剩下的事情都要她操心，都要她去办。

在办公室里，电话一个接着一个，事情一件接着一件，都等着她去处理。她要给老板草拟、打印、装订文件；有时公司开会，她还要准备会议室和会议资料。老板还经常派她去上级机关送文件，去别的公司送样品，跟着老板去谈业务等，事情又多又杂。白天工作做不完，晚上还得带回家做，有时周六周日也得加班，即使她这样努力，工作还总是做不完，经常挨老板批评。小张觉得自己很失败，整天疲于应付一大堆事情，快忙死了，累死了。

今天是周五，终于挨到周末了，晚上回到家，她想早点睡觉，白天实在太辛苦了。可上了床，她翻来覆去睡不着，想着也许她不适合做秘书工作，是不是应该辞职不干了？真是有些拿不定主意。突然，她想到她有一个好朋友丽霞也在一家公司当秘书，是不是跟她聊聊，问问她有什么主意。她马上给丽霞打电话，两人约好明天中午一起吃饭，边吃边聊。

周六中午，小张刚看到丽霞，就大倒苦水，向好朋友抱怨说："我又没有三头六臂，让我做那么多事，真是书本上说的，资本家最会剥削人，吃人不吐骨头，把人往死里用。丽霞，我都快累死了，我想辞职了。你们公司怎么样？不过，看你笑眯眯的样子像是干得不错，真羡慕你，有一个好老板。"丽霞笑着说："什么呀，天下老板都一样，我的工作一点也不比你少，关键看你会不会干。"小张着急地说："你有什么绝招，教教我，我都要撑不下去了。"

丽霞说："你总觉得工作多而杂，时间不够用，那你知道'ABCD 法则'吗？回去学学吧，有空多学习一些秘书工作的知识和技巧，你就不会想辞职了。现在，哪种工作都不好做，不下点儿功夫，什么工作都做不好。"

一、有计划、有组织地进行工作

工作缺乏计划、组织工作不当、时间控制不够、整理归纳不足、进取意识不强，这五个因素是造成一个不善于管理时间的秘书浪费时间的最重要原因。

没有计划性的工作，会使秘书无法区分事情的轻重缓急；组织工作不当，使秘书疲于奔命，随时要去补救因为人员造成的各种缺失；时间控制不够，使秘书花了太多时间处理不太重要的事情；整理归纳不足，使秘书浪费许多时间在无用功上，不能随手取得所需的资源；进取意识不强，使秘书产生怠惰的心理，让自己满足于现状。

因此，作为秘书，要想把时间管理发挥到最佳，就要做到以下几点。

1. 拟订工作计划

开始工作前，一定要做好适当、可行的计划，事前组织可用的资源，保证依照既定计划执行。而且，一定要保证自己投入在这个计划里的预定时间。一般来说，拟订工作计划应注意下列几项要求。

① 确定工作目的。为了不让自己偏离工作方向，摸不清头绪，首先应深入了解这项工作的目的何在？它在公司整体中所占的位置是什么以及发布命令者意图何在？

② 备齐一切必要的辅助工具。过去留存的记录、相关的工作成果以及种种执行任务时所需具备的资料文件和工具，都应事先准备齐全，以备不时之需。

③ 决定工作的完成期限。在紧要关头加班赶工必定会非常慌乱，且不知所措，为了避免这种情况发生，最好清楚订出预定完成日期，按部就班地执行。又由于工作的进行经常不能如预期的那般顺利，因此自己所设定的完成日期应比主管要求的交差期限稍微提前。

④ 拟出时间表。在决定工作的完成期限后，接着就必须草拟详细的工作进度表，这就需要考量各项工作的时效性、安全性以及与其他人的关联性等，以免影响同事工作的进度。每个月和每个星期计划必须配合公司日程表和自己负责的其他工作进度，做机动调整。工作时间的划分若以周为单位，最好能细分到上午、下午较为妥当。

⑤ 拟订工作计划的时机。每天的工作计划最好在前一天结束时制订出，而每周和每月的计划安排，则分别在前一周的周末、前一个月的最后一周订出较妥。

2. 管理时间的计划表

① 年工作计划。每年年末做出下一年度工作规划。

② 季工作计划。每季季末做出下季度工作规划。

③ 月工作计划。每月月末做出下月工作计划。

④ 周工作计划。每周周五做出下周工作计划。

⑤ 待办单。将每日要做的一些工作事先列出一份清单，排出优先次

序，确认完成时间，以突出工作重点，避免遗忘、未完事项留待明日。

待办单主要包括的内容：非日常工作、特殊事项、行动计划中的工作、昨日未完成的事项等。

待办单的使用注意：每天在固定时间制定待办单（一上班就做）；只制定一张待办单，完成一项工作划掉一项；待办单要为应付紧急情况留出时间；最关键的是要每天坚持。

二、分清工作的轻重缓急

有人会忙得团团转，并不一定是因为重要的事情太多，而是平时处理重要但不紧急的事太少。不同类型的工作，在时间分配的优先顺序和时间量上是不一样的。因此，各种工作秘书必须分清楚轻重缓急。

工作的缓急程度，一般分成四类：

1. 既重要又紧急的事

这类事情必须立刻着手执行，并值得为它花费大量的时间，如人事危机、客户投诉、即将到期的任务、财务危机等。

2. 重要但不紧急的事

这类事情值得花费大量时间去做，应该排在优先执行地位，但一定要计划好开始做的时间，如建立人际关系、新的机会、人员培训、制定防范措施等。

3. 紧急但不重要的事

这些事情可以量力而为，而且应该在尽量较短的时间内完成，如电话铃声、不速之客、行政检查、主管部门会议等。秘书不能让这类事情牵扯太多时间，如果完不成，应寻求帮助或选择放弃。

4. 不紧急又不重要的事

这些事情可以等有时间再去做，如等完成紧急或重要的工作之后，而且不应该花费太多的时间，像客套的闲谈、无聊的信件、个人的爱好等。

判断事情重要程度的依据是这件事情和秘书工作目标的关系。和秘书工作目标越密切，其重要程度就越高；反之则越低。

秘书主要是为领导服务，当手头有两件事情：一是为领导查阅资料；另一件是为同事办理函电。在通常情况下，领导的工作相对重要，应先进行。

判断紧急事务的标准是这个事情的期限要求和急迫程度，即这件事情如果不马上动手处理，则可能造成损失或失去意义。

三、合理分配时间

一般来说，合理地分配时间可以使用“80/20 规则”。

所谓“80/20 规则”就是，假如工作项目是以某价值序列排定的，则80% 的价值是来自于 20% 的项目，而剩下的 20% 的价值则来自于 80% 的项目。当然，在现实实践中，有时候会多些，有时候会少些。

因此，要对自己一天的时间进行合理的分配，找出自己的黄金时间，用在处理最重要的事情上（所谓的黄金时间，是每个人一天内最专心、效率最高的时间）。使用其他的时间处理其他的各种事情。保证每天都可以把最重要的事情处理好。

如果你认真去实践这个规则，你就会发现这个规则是正确的，你从此可以更好地利用你的时间，集中精力和时间在那 20% 的项目上，从而取得 80% 的价值，也就是最大价值。

四、与别人取得协作

各种工作都是一个团队来进行的，除了靠自己的能力外，也需要与别人协作。协作的情况对于工作的开展非常重要。有时候，提出自己的困难，争取别人的支持和帮助，也是可行的方式。

对于秘书而言，自己能够管理和指派的下属，可以由自己直接指派其工作，但是对客户或领导，这一条的作用不是很大。

五、制定规则，遵守纪律

要保证对时间的掌控权，可以给自己与团队制定一些合理的规则，并且要求每个人都遵守。

一位管理顾问曾提出这样的建议：每天列出 10 件要做的事，不管其他。当天处理不完的，第二天也列入次日的 10 件事中进行排序。先自己试行一个月，觉得有效，再推广给其他同事。采纳这一建议的人很快就发觉自己和公司的效率都出现大幅提升。

六、考虑到不确定的因素

在时间管理的过程中，还需应付意外的不确定性事件，因为计划没有变化快，需为意外事件留时间。

有三个预防此类事件发生的方法：

① 为每件计划都留有多余的预备时间；

② 努力使自己在不留余地，又饱受干扰的情况下，完成预计的工作；

③ 另外准备一套应变计划。

如果秘书能够使自己在规定时间内完成工作，就会慢慢地对自己的能力有了信心。

通过仔细分析将做的事情，然后把它们分解成若干个单元，就能够正确迅速完成它们。

七、管理好领导的时间

秘书如果有问题需要解决，可以把自己能够使用的所有时间都用来处理这些问题。但是，不要期望你的领导也这样安排他的时间。领导的事情多，责任也大，很多时候只能抽出很少的时间，去处理一些比较重要的事务，这就更加要求秘书能够统筹安排领导的时间和日程。

1. 应事先为领导制订时间计划

时间管理专家认为：人们应该为一天中最有效率的时间制订一个计划，牢记一些必须做的事情。有计划的20分钟要比没有计划的一个小时更有效率。作为秘书，应该替领导分担这一工作，为领导安排一套完整的时间计划。

2. 优先安排重要的事情

当务之急是建立一个“行动一览表”。在前一天晚上，记下领导第二天要做的最重要的几件事情，然后告诉领导去实施。

一般来说，需要解决的问题越简单，就应该越少占用领导的时间。这就要求秘书提前做好准备：小结、综合信息和各种选择，不要混淆了最常见的问题和最重要的问题。

3. 正确应付意外拜访

意外拜访是领导最头痛的事情，它往往会打乱领导的既定安排，甚至影响领导的心情，处理不当会影响工作，还会迁怒于秘书。

正确应付意外拜访的方法是：向来人道歉，说明领导的日程安排得很满，有什么事情可以通过秘书转达，如果有什么不便公开讲的事情可以另选会见时间。

当然，这种做法对于重要的客人不适用。如果来人确实是非常重要的客人，秘书应当及时通报领导，并且协助领导另行安排已有的日程和行程，最大限度地减少意外拜访所带来的损失。切不可怠慢了来客，造成无可挽回的后果。

秘书必须掌握的知识体系

秘书往往是领导者的左右手，如果不掌握基本的经营管理知识，不了解公司的决策程序，就会闹出许多笑话。因此，能够通晓与业务相关的基础知识和基本理论是秘书必备的本领和基本功，是使秘书业务水平飞向更高的“翅膀”，也是秘书成长过程中的“阶梯”。

1. 有限责任公司

秘书应当了解公司最基本的决策机制。目前，大多数的公司都是“有限责任公司”。所谓“有限责任”，是指公司出资人仅以自己出资部分来承担责任。这些投资者仅作为股东出资，不参与日常经营，因而他们的决策大多以股东大会和董事会的方式进行。

2. 股东大会

有限责任公司的最高决策机构是公司的股东大会。

一般的股东都不直接干预公司的经营管理，资本的所有权与公司的经营权是分离的，公司的决策经股东大会讨论认可，委托董事会和监事会管理。

在每年一度的股东大会上审议并决定以下重要事项：规章制度的变更、资本的增减、公司的解散和合并、股份的转让、股东分红、董事会及监事会人员的任免、财务报告的审计和确认、公司董事的薪水等其他利益分配方案。

股东大会原则上每年召开一次，从某种意义上说，股东大会仅是形式上的最高决策机构。

3. 董事会

公司董事会是公司经营决策机构，也是股东大会的常设权力机构。董事会向股东大会负责。

董事会主要职责如下：决定公司的生产经营计划和投资方案；决定公司内部管理机构的设置：批准公司的基本管理制度；听取总经理的工作报告并作出决议；制订公司年度财务预算、决算方案和利润分配方案，弥补亏损方案；对公司增加或减少注册资本、分立、合并、终止和清算等重大事项提出方案；聘任或解聘公司总经理、副总经理、财务部门负责人，并决定奖惩等。

4. 监事会

公司监事会是由股东大会所选派委任的，其作用是监督董事会的工作是否正确和经营班子是否称职。因此，公司（包含子公司）的董事会成员不得兼任公司的监事。一些公司的监事会不仅要对公司财务方面进行监督，而且也对公司业务方面进行监督。上市公司还要接受来自公司以外的财务审计。

5. 组织结构

企业经营管理方面的知识主要是指企业的组织结构和业务分工情况。如老总与几位副总是怎么分工的；经营决策的程序如何；市场部与销售部的分工各是什么；研发部在从事什么产品的开发；公司主要的合作伙伴有哪些公司；公司下一步朝什么方向发展等。对企业经营管理情况有一定的了解，对于秘书辅助领导工作是非常有益的。

作为秘书，你还必须了解本公司的历史、发展的过程、注册资本、领导人姓名、具体的业务内容、具体产品或服务的价格、年销售额、各地的分支机构、总员工数等。

当然，作为秘书不仅要了解本公司的一些基本情况，还要对同行的情况有所了解。比如，你是一家电视机生产厂老总的秘书，不仅要知道有多少同行，而且要了解他们的总产量、大致价格、新开发的技术或新产品等，并对整个行业的发展趋势有一定的了解。

6. 股票常识

对于一个职业秘书来说，应当具备一些股票和期货方面的知识。在现代经济生活中，股票市场是经济生活的“晴雨表”。股票市场价格的涨跌和市场板块结构的变化，既反映了国家宏观经济发展的趋势，又预演着投资市场的未来走向。因此，作为一个现代企业的领导人，不管是上市公司还是没有上市的公司，都会关注股市的潮起潮落；作为领导的助手，应适当具备一定的相应知识。

7. 外汇金融常识

随着中国加入 WTO，企业的国际化进程加速，作为领导的助手，秘书具备一些国际金融方面的知识是最起码的要求。虽然秘书不需要像具体业务部门的人那样，天天盯着计算机上那些外汇变化曲线图，但是当自己的领导为某项具体的贸易或投资业务而关注汇率变化时，如果你懂得一些国际金融知识，就能够帮助领导出谋划策。

8. 法律常识

有规模的公司都聘有法律顾问，所以有些秘书认为自己法律知识多一点少一点关系并不大。其实这是误解。

法律知识包含两层意思：一是知法懂法；二是运用法律。这两者是相辅相成的。

在公司经营活动中，如何对公司法律权利进行获得、行使与保护，如何避免出现法律纠纷以及出现法律纠纷后如何解决等，这些都涉及专门而又复杂的法律条文，必须由专门的律师来处理。但是，这并不等于秘书不需要具备一些法律知识。作为秘书从各种协议与合同的起草，到与客户的常规谈判，如果都具备一定的法律知识，就能使自己在辅助领导决策和处理日常工作过程中，给公司领导提供自己的建议，使领导能够及时判断什么事可以自己解决，什么事需要律师的帮助。这样就可以避免一些法律困惑和纠纷，大大降低公司法律需求的成本。

9. 财务常识

在公司内部，一般都设有财务部门，专门负责财务方面的工作。但是，为了让领导在企业经营过程中，随时了解企业经营状况，比如领导习惯通过财务报表知道企业的实际状况预测企业的未来，采取解决企业经营问题的措施。因此，作为秘书应该对财务知识多少要有些了解。

(1) 资产负债表和损益表

按我国目前的会计准则，企业每月主要是上报资产负债表和损益表两个主要表格。

资产负债表主要是表现资金的使用情况。通过这份表，可以显现企业的资产中有多少是库存商品、多少是固定资产等。

通过了解公司的资产结构，能够较好地把握如何调度资金以及在运营过程中下一步应采取的措施等。如果资产增长幅度较大，表示企业经营状况良好；相反，如果企业经营状况不理想的话，资产就不会有任何增长；如果出现资产减少的情况，就要采取相应的措施，重新检查公司运营方针，在资金调度、投资方向和企业管理等方面进行调整。

损益表主要是反映企业的盈利状况。通过这份表，能了解企业在一定时期内的销售收入和经营费用的情况，而这种状况通过损益表上的营业收入、费用、利息等指标的对比体现出来。

通过损益表可以看到企业收入的构成。一般来说，营业收入增加的话，营业费用和利润也会相应增加；销售收入与销售进价之间的比率，反映了企业成本的构成；从销售费用、一般管理费用占总销售收入的比重中，可以看出企业的负担和经营管理的水平。

(2) 现金支出和报销

秘书在日常工作中经常要与财务部门打交道，如购买办公用品、招待客人、交通费和为领导报销出差费用等。由于办公用品和交通费一般金额都不大，都是个人先垫付，之后实报实销。有时为接待客人也要预借些现金，事后就需根据规定一笔一笔地细算后再报销。

领导准备出差时，应根据领导出差目的地和时间的长短，为领导做一个差旅费预算，根据预算填好借款单，向财务部门的负责人提出申请，在领导出发之前把现金准备好。差旅费预算，主要是交通费、住宿费和出差补贴等几项。出差补贴，公司一般都根据职位高低，有各种不同的补贴标准。

领导出差回来后，秘书要代替领导报销差旅费。先将领导所有出差票据整理好，再按财务部门指定的单据填好明细，最后将报销单交财务部门负责人审核签字。根据出差之前预借金额和出差当中发生的实际费用，多退少补。

秘书应树立的职业观念

秘书工作的基本特征，就是秘书职业的基本定性。把握秘书工作基本特征，就是要求我们树立秘书职业观念。因为思想观念的转变，是秘书工作改革与发展的先决条件。

赵先生曾在一家知名的国际公司里做秘书工作。

那时他每日上班的工作量很大，一般晚上加完班都要到凌晨1：00左右，很辛苦。而工时只结算到午夜0：00，多出来的时间算义务。可即便如此，也不曾有过什么怨言。他认为，为了长本领，这又算得了什么呢？再说这也是做好本职工作的原则。

一天下班后，老板要找他“沟通沟通”。凭着自己的直觉，赵先生听出来老板的意思是要辞退他。他真觉得这是一种对自己的侮辱，每天他除了本职工作，还时不时地干很多临时交代下来的工作。赵先生问有没有可能再给他一次机会，经理的回答是不可能。“既然这样我自己提出辞呈可以吧！”经理说可以，但也要同样给赵先生一张“最后警告单”。临走的时候，这个经理又“安慰”赵先生说，还是很感谢这段时间他为公司里所做的一切的。

“感谢个鬼！过河拆桥罢了。”赵先生愤愤地想着，本来还都是好好的，但为什么突然就……带着那个大大的问号他递上了辞呈。痛定思痛，现在已经成为某公司人力资源部经理的他回想起来，认为以下几点是他必被辞退的原因：

第一，对原来的员工来说，自己是一个“横插”进来的“异类”，至少那些老员工是老板自己培养起来的，容易控制，而赵先生对他们来说还是个未知数。第二，他确实出了不少主意，可有些做老板的人并不喜欢自己的秘书太过于“独立思考”，尤其是老板们都还没有把握的事情。第三，在员工大大富余、入不敷出的情况下，必然结果是什么——裁员！第四，因为他只是个秘书，升职是不可能的；而升其他的员工，他这个老资历又挡在前面，很是麻烦。所以员工升职的时候，他便成了块大大的绊脚石。第五，他不是也经常为自己的应得权益据理力争吗？在别的员工很“驯服”的情况下，他就显得格外的刺眼。而老板们喜欢的是那种只会服从和时常发扬“义务”精神的员工。

通过上面的案例可以看到，服从是秘书必须树立的基本观念。根据秘书工作的基本特征，秘书应当树立以下职业观念：

（1）服从观念

所谓服从观念，就是要求秘书人员坚决服从领导的指挥，按照领导意图办事。这是由秘书与领导的关系位置决定的。

主辅关系决定了秘书的从属地位，秘书按照领导意图和要求工作，以服从领导为自己的本分。因此，秘书人员要充分认识自己的职业角色，围绕领导工作的目标和要求来调节自己的行为，绝不能别出心裁，另搞一套，更不能同领导对着干。

（2）参谋观念

发挥参谋作用，是领导决策科学化、民主化的客观要求，也是秘书工作提高辅助水平，适应时代发展的客观要求。秘书具有贴近领导、综合服务、信息枢纽的三大优势，发挥参谋作用有得天独厚的条件，尤其在高科技飞速发展的21世纪，领导者不仅需要在纷繁复杂、稍纵即逝的新情况面前，迅速、准确地做出各种判断，更需要秘书人员发挥参谋作用。

因此，秘书人员必须强化参谋意识，提高谋略水平，掌握参谋艺术，真正实行从侧重办文办事向既办文办事又出谋献策转变，充分发挥参谋作用。

(3) 全局观念

众所周知，任何一级领导者都必须站在本系统的制高点上，只有这样，才能统观全局，全面运筹，指挥若定。秘书工作是辅助领导去开展工作的，秘书人员只有立足领导工作全局，站在领导者的角度观察、分析和处理问题，才能与领导者取得共识，适应领导者的要求。

因此，秘书人员必须解放思想、胸怀全局，做到不在其位，当谋其政。同时，要不断拓宽自己的知识面，建造通才型的知识结构；大力培养宏观思维能力，以适应领导工作的辅助要求。

(4) 信息观念

当今社会已经进入信息时代，谁重视信息，谁就能赢得主动。秘书作为领导的“耳目”，为领导者及时、准确、全面地提供信息是其重要的职责。因此，秘书人员必须树立信息观念。

第一，要始终把重点放在捕捉反映重大、具有全局性或牵一发而动全身的信息上。越是重要、敏感和难度大的信息，越要予以关注，越要全力发掘。第二，必须注意了解和反映领导决策贯彻落实中出现的新情况、新问题以及解决问题的新思路，以便领导及时修正决策。第三，必须重视提高信息的质量，在时效性、真实性和适用性上下功夫。总之，秘书人员一定要有敏锐的信息意识，广泛收集信息，精心加工信息，准确提供信息，快速传递信息，充分利用信息，以适应领导决策和社会发展的客观要求。

(5) 创新观念

首先，创新能力是知识经济时代对秘书素质的特殊要求。为了迎接科学技术突飞猛进和知识经济迅速兴起的挑战，必须坚持创新。创新是做好新时期秘书工作的要求，也是促使秘书人员不断提高素质，做好服务的不竭动力。秘书人员作为以知识和信息辅佐领导工作、服务人民群众的“工薪阶层”，必须具备创新意识和创新能力，以适应知识经济时代的要求。

其次，创新能力是领导决策科学化对秘书素质的必然要求。如果说20世纪领导层的决策还存在很大的经验成分，到21世纪，必将由经验决策转变为科学化决策，这是科技和管理发展的必然趋势。秘书队伍作为辅助领导决策的一支特殊力量，其地位和作用越来越重要，领导者也对秘书的参谋作用越来越重视。而参谋的核心是创新意识，如果没有新思想、新办法，是不可能当好领导参谋的。

最后，创新能力是秘书工作自身改革和发展的迫切要求。长期以来，由于种种原因，秘书人员非常缺乏创新精神和创新能力。保守的传统观念，严重束缚了秘书人员的创新能力；陈旧的思维方式，压抑了秘书人员的创新能力。这种状况很不适应时代潮流和秘书工作的新形势，迫切需要秘书解放思想，开拓进取，树立创新观念，提高创新能力。

（6）效率观念

所谓效率观念，就是秘书人员提高单位时间内工作量的自觉意识。秘书工作是适应提高领导工作效率的需要而产生的，也是在提高领导工作效率的目标下发展的。离开提高领导工作效率，秘书工作就失去了存在的基础和意义。

如今，社会发展的节奏明显加快，知识更新的速度日趋加快，信息传递的速度更加快捷，情况瞬息万变，这都要求秘书人员要重视工作效率。秘书工作效率的高低，直接影响到领导的工作效率，所以秘书无论是处理公文、办理事务、传递信息，还是参谋咨询、调查研究、督促检查，都必须在优质高效上下功夫，只有这样，才能适应飞速发展的时代要求。

秘书必备的基本功底

做秘书同做其他专业工作一样，需要一些基本功底。这些基本功底，就像盖楼的地基，越厚实越牢固，对做好秘书工作越有利。

（1）政治理论功底

秘书应当懂哲学和政治经济学的知识。有些人觉得企业秘书懂不懂哲学和政治经济学，对工作并没有多大关系。这个看法是错误的，秘书必须要懂哲学和政治经济学，这是秘书功底基础的基础。其中的道理很简单，因为秘书是需要有一定思想水平和理论水平的；否则无法把文章写好，而哲学和政治经济学，是秘书提高思想水平和理论水平必不可少的知识。

（2）逻辑思维功底

秘书要系统地掌握逻辑知识，具有很强的逻辑思维能力。一个文章写得好的秘书，逻辑思维能力肯定很强，所以逻辑学知识就像哲学和政治经济学知识一样，也可以说是秘书功底基础的基础。

（3）政策法规功底

秘书要熟悉与本企业有关的国家宏观经济政策、产业政策、行业政策和与本企业相关的基本法规、特定法规。举例来说，如果你在电信企业做秘书，就要熟悉党和国家改革开放的大政方针和重大决策，就要熟悉信息产业政策、通信行业政策、电信体制改革政策，就要熟悉劳动法、消费者权益保护法、合同法、公司法、电信条例等。只有掌握了这些东西，你才能保证所写的文章有正确的政治性和“政治高度”，并且使文章符合法律、法规所设定的“游戏规则”。所以，政策法规知识是秘书应当掌握的知识。

（4）企业经营管理功底

秘书要有丰富的企业经营管理知识。这方面的知识包括两个部分，一部分是一般的企业经营管理理论知识，这里面也包括现代企业制度知识。另一部分是你所在企业的经营管理知识，比如秘书在电信企业，就要有电信企业经营管理知识；在其他企业，就要有其他企业的相关经营管理知识。因为在企业当秘书，所写的文章都是有关企业经营管理的事情，如果企业经营管理知识很缺乏，是无法把文章写好的，所以，学习企业经营管理知识，也是秘书的必修课。

（5）专业技术业务功底

秘书要比较了解和熟悉所在企业涉及的技术业务知识。秘书对本企业的技术业务应当是个行家，而不应当是外行。为什么这么说呢？因为如果秘书不了解、不熟悉本企业的技术业务知识，肯定写出来的文章里会有外行话，甚至会造成错误，闹出笑话。当然，这并不是说秘书就非得精通技术业务不可，这样要求也没有必要，但必须对基本的常识性的技术业务知识了解和熟悉，而且了解的面和熟悉的面越宽越好，秘书对本企业的技术业务也应当是个通家。

（6）公文写作功底

秘书要掌握公文写作基本知识，掌握公文写作技法。这是秘书这个行当的基本功。公文写作知识包括三个部分，一部分是一般的公文写作理论知识；另一部分是企业公文写作理论知识；还有一部分是秘书个人在写作实践中摸索总结出来的写作知识。前两个部分是秘书基本功的理论基础，有了这个理论基础，你才能迈进秘书这个行当的门槛。但光有理论基础并不一定就能把文章写出来，或者写出来也不一定就能写得好，还有在实际写作中摸索总结写作知识的问题，这部分的知识摸索总结得越多，经验积累得越多，基本功就越厚实。

领导最欣赏的10种秘书

赵华是一家信贷公司的秘书。她工作扎实，尽心尽力，在公司有较好的声誉。一天早上，她刚走进公司大门，便被老板叫到了办公室。

“你这个当秘书的是怎么工作的？我是不是告诉过你，所有的合同都要由我来亲自过目？可是你看看这个合同，到底怎么回事？”老板冲着赵华劈头盖脸就是一顿斥责，“公司现在蒙受了损失，你有不可推卸的责任。你当月的奖金全部扣除。”

赵华心里不明白到底发生了什么事，她拿起合同来看了看，心里觉得一阵委屈，即使有事也怪不上自己。她早就觉得这份合同存在问题，曾经提醒过老板要注意一下，可是当时因为老板太忙，就放在一边了，结果被骗子坑了。

赵华思来想去始终想不通。心高气傲的她，委屈得直想哭。心想，自己平时工作那么认真，为了公司的资金安全付出了多么大的心血呀！老板平白无故为什么要处罚自己呢？

她想找老板论理，讨个说法。转念又想：“人在屋檐下，怎能不低头？如果为了这点儿事破坏了自己以往的形象实在有些不划算。算了，权且当一次替罪羊吧！”

自从这件事之后，赵华工作中依然兢兢业业，依然任劳任怨，见了老板还是彬彬有礼，好像什么事情也没有发生。

后来，司法机关介入了这起经济案件，那些骗子因为另一起相同的案件被警方逮捕了，而负责这项业务的职员小陈，因为收取了骗子的好处费，涉嫌受贿，被依法逮捕了。小陈还交代了自己趁老板不在公司的时候，偷梁换柱，使这项合同躲过了老板的审查。至此，真相大白。

不久后，公司对内部人员进行调整，充实了力量。在全公司的大会上，老板当着全体职工的面，向赵华表示了歉意，年底的时候，还给赵华包了一个大红包。

这就是“忍辱负重”的好处。试想如果赵华在受到老板误解以后，心中不平去找老板争辩或一气之下一走了之，那又怎能有后来的结果呢？

虽然每个领导的好恶不同，但是对秘书的要求还是有共通之处的，比如说一个懒惰投机的人走到哪里也不会受到欢迎。一般来说，领导欣赏以下10种秘书。

1. 有主见的人

领导往往喜欢那些在工作中有主见、勇于开拓创新的秘书，因为只有这样的人才有可能为领导创造更多的财富。

2. 尊重领导时间的人

作为秘书，主要的工作是替领导承担一些非重要的事务，因此永远不要忘记领导的时间比你的时间更宝贵。

当领导交给你一项任务时，不管你在忙什么，要马上停下来，并在最短时间内完成任务；如果领导出现在你的面前时你正在打电话，要马上挂掉电话或示意领导电话里谈的业务很重要。因为，让领导等一秒钟都是缺乏尊重的表现。

3. 任劳任怨的人

当领导让你接手一份额外的工作时，要把它视为一种赞赏，而且要任劳任怨，埋头苦干，不计较回报。

因为，在很多情况下，这可能仅仅是个小的考验，看看你是否能承担更多的责任。如果你表现出色，不但能够赢得更多的信任，而且在未来的工作中将获取更多的机会；反之，如果你对此表现出不耐烦，就会降低你在领导心目中的形象。

4. 敬业的人

敬业表现为干一行爱一行。当秘书的一定要踏踏实实地做好自己的本职工作。而那些“这山望着那山高”、时刻想着跳槽的人，就很难讲敬业了。

一般来说，爱跳槽的人对企业相对稳定的管理工作总是带来这样那样的麻烦，自然不受领导欢迎。

5. 勇于承担压力与责任的人

社会在发展，公司在成长，个人的职责压力和职业风险也随之扩大。不要总是以“这样做可能会带来麻烦”为由来逃避责任。当巨大的压力降临到你头上时，不妨视之为一种机遇、历练。

6. 提前上班的人

别以为没人注意你的出勤情况，领导全都看在眼里。如果能提早一点儿到公司，在领导眼里就显得你很重视这份工作。不但如此，每天早到还可以对一天的工作做个规划，当别人还在考虑当天该做什么时，你已经走在别人前面了。

7. 善于学习的人

要想成为一个成功的秘书，树立终身的学习观是必要的。既要学习专业知识，又要不断拓宽自己的知识面，往往一些看似无关的知识会对你的工作起到巨大的作用。

8. 说话谨慎的人

作为秘书，对工作中的机密必须守口如瓶。当你以为自己获得了一些其他同事不知道的秘密，并大肆传播来提高自己的地位时，你离开公司的日子也就不远了。

9. 反应快的人

接到工作任务后必须迅速、准确、及时完成，领导们最痛恨的行为就是上午交代的事情，下午还没有开始着手，或是做事迟缓，而影响工作进度。

10. 做事细致的人

不同性格的人适合从事不同的职业，具体到秘书这一职业，则需要做事细致的人。

那种粗放型的秘书走到哪里都不会受到欢迎。试想，如果领导要你起草一份邀请函，而作为秘书的你只是粗略地写上时间、地点和受邀请人姓名，应该有的客套词一概没有写，那会多么尴尬。再比如，桌子上凌乱不堪，文件放得到处都是，领导要的东西需要半个小时才能找到，这样的秘书也不会有好的前途。

第三章

实务技能，做一个训练有素的好秘书

秘书工作的重要性是不言而喻的，也是非常繁杂而琐碎的。因此，要做好每一项工作，都必须有一套工作实务技能规范，也只有掌握了这些实务技能，才能成为一个训练有素的好秘书。

办公室管理实务

办公室是机关首长或企事业单位主管人进行决策、指挥、管理的重要场所，如同人体的大脑。因此，安静、安全、美好的环境以及良好、充分的设备与设施，是提高工作效率的保证。

办公室是优秀秘书和其他行政人员的工作室。一切信息在这里汇总、整理，一切指令在这里发出，工作业务联系在此进行。日常各种事务在此处理。办公室管理的质量直接影响到整个机关工作的质量或企业生产经营的效果。

办公室又是机关和企事业单位与有关单位工作业务联系、与社会公众联系、与新闻媒体联系的中心场所，是一个“窗口”。

办公室的设施、装饰及环境，办公人员的工作态度和工作作风，都代表着机关或企业的形象。树立良好形象，是一个组织生存、发展的必备条件。

林强是秘书专业的高才生，刚刚应聘担任应天公司的总经理助理。上班第三天，总经理就把他叫到办公室，对他说：“咱们公司的楼是新建的大楼，办公室都是新装修的，本应该感觉很好，可是我每次走进公司的办公区，总觉得很凌乱，不舒服。现在交给你一个重要的任务，就是以你专业的眼光看看公司办公室的布置到底存在哪些问题，向我汇报。”

林强接到任务后到各个部门的办公室转了一圈，实地考察了公司的办公环境。他发现诚如总经理的感觉，的确存在很多问题：各个办公室的设备虽然是新的，但是文件及个人用品随意摆放；男职员办公桌上的文件、文件夹乱糟糟地堆在那儿；女职员办公桌上的个人照片、零食和化妆包到处可见；打印纸东一堆、西一堆地被堆放在窗台上；办公室里人声嘈杂，职员们在扯着嗓子大声说话；办公室和公共办公区域缺少绿色植物，显得没有生气，空气污浊……

林强看完后就跟总经理如实说明了他发现的问题。总经理听后对林强说："你尽快拿出一个设计方案，然后放手去改，不要有顾虑。"

得到总经理授权后，林强开始对公司的办公环境进行重新设计和布置。他对办公环境的硬环境和软环境都进行了大刀阔斧地改变，制定出一套具体可行的办公规范管理制度，要求职员们按照规范要求整理好自己的办公桌和进行办公。

林强经过一个星期的紧张工作，终于完成了总经理交付的任务，林强请总经理来验收。总经理所到之处，看到的一切都是那么和谐、美观：办公室整洁有序，办公桌上电脑、电话、文件夹的摆放整齐规范；职员们正在忙碌着，没有了往日的嘈杂；办公室和公共办公区的绿色植物生机盎然，走在这样的办公环境中感觉非常的舒适。总经理夸赞林强说："干得不错，这才像个公司的样子。"

创造一个科学和良好的工作环境，加强对日常工作环境的管理，营造一个令人心旷神怡的工作环境，是秘书一项经常性的工作，也是一份责任和义务。因此，秘书应该掌握需要整理的办公环境的范围和整理办公环境的技巧，从而为创造良好的办公环境做出应有的努力。

1. 如何对办公室进行布局与布置

办公室一般有两种类型：一种是由多间的小办公室（每间 16 平方米左右）组合而成；另一种是大办公室（40 平方米以上）。两种办公室各有利弊，对布局和布置的要求也不同。

（1）小办公室

由多间小办公室组成的办公系统适用于中高层机关与事业单位的分理制秘书机构。主客人员拥有单独的办公室，有利于保密和工作不受干扰。其他办公室设置各个科室，有利于分部门分开办公。

秘书的办公室应紧邻主管办公室，以一墙之隔为好。接待、信访等部门除安放办公桌椅、文件柜橱、电脑、电话机等必不可少的办公用品和设备外，还应该有供接待外来人员使用的座椅、沙发、茶几等。

文件橱应靠墙放置以节省空间，留出足够的通道。

单人使用的办公室桌椅应面向门口；多人使用的办公室办公桌最好不要面对面放置，以免相互干扰，应各自有一定的空间。

（2）大办公室

现代企业多采用大办公室。大办公室空气流通和采光较好，又便于工作的配合；不利之处在于人声嘈杂，来往走动，相互干扰。

大办公室应在一侧或中间留出通道，办公桌椅靠另一侧或两侧排列。可以使文件柜橱背靠背排列或用隔板、屏风将办公室隔成若干工作单元。

各工作人员都有自己的办公桌椅、文件柜橱、办公设备，既相对独立，又便于联系。每个工作单元应避免直接的阳光照射，又有足够的电源插座。

如果主管人员与一般工作人员同在一间大办公室，则主管的桌椅应置于其他办公人员的最后部，用玻璃门隔开，既避免干扰，又利于监督下属工作。

各工作单元的流程要求尽量呈“I”形、“L”形或“O”形，不要呈“乙”形、“M”形或“X”形。避免不必要的倒退、交叉、徒劳往返。

（3）接待室、会议室

除了办公室之外，还应设置接待室和会议室。

接待室不必过大，能放置2～3套沙发，同时能接待七八位客人即可。会议室则视单位规模而定。一般以可容纳二三十人开会为宜。

接待室和会议室内除了必要的桌椅、沙发、茶几之外，其他布置应比办公室讲究一些。如铺设地毯，安装空调器，挂置夏冬两套窗帘，屋内四角放置盆景，墙上挂些格调高雅的油画或国画等。

小唐是某大学秘书专业的高才生，毕业时没有像其他同学那样“削尖脑袋”去上海、北京等大城市工作，而是在浙江温州市找了一家规模不大的服装公司工作。他认为在小一点儿的公司工作，能为自己提供广阔的发展空间。是他的眼光独到，也是他不懈努力的结果，经过几年的奋斗，他已经晋升为公司的总经理办公室主任。他所在的公司设计的产品由于紧跟国际潮流，业务越来越兴旺，由一家只有几十个人的小公司成长为人才济济、拥有十亿资产的大公司。

最近，公司为了扩大品牌效应，正在酝酿一个具有里程碑意义的发展计划，就是进军上海成立分销公司销售本公司设计的服装。公司准备设置一个销售厅，同时设立销售科、财务科、办公室三个部门。经总经理办公会议研究决定，鉴于小唐的能力和所学专业，一致同意由他全权负责销售厅的设计方案。

小唐感觉责任重大，马上着手运用所学知识，综合考量设计办公结构和布局需要考虑的因素，他认为要综合考虑如下因素：

① 职工的人数；

② 购买或租用的面积；

③ 机构的建制和办公空间的分类；

④ 经营的性质或内容；

⑤ 部门间的工作联系；

⑥ 办公室的间隔距离应符合工作的需要和保密的需要；

⑦ 走廊等通道符合安全需要，并安排好公用区域；

⑧ 办公室随组织发展变化的变更，需要具有灵活性。

经过仔细斟酌，最后小唐向总经理提出分公司办公结构布局方案：销售厅采用开放式办公室类型、财务科办公室采用封闭式类型、办公室采用半开放式类型。同时，销售厅应在离大门较近的地方给予较大的办公面积，以便充分展示公司的产品和方便客户出入；财务科办公室应设在离公司大门较远并比较安全的位置；办公室因属综合办公性质与销售厅和财务科工作都较密切，为避免工作人员来回奔波浪费时间，应安排在二者之间的位置较为妥当。小唐的设计方案拿出后，经总经理办公会议研究讨论，一致认为比较科学合理。

现在，方案已经实施，分销公司布局合理。开业以后，人来人往，业务兴隆。唐主任做得非常出色，应该说分销公司的成功，有他的一份功劳。

优化办公室环境是提高工作效率的前提，方便、舒适、和谐、美观的办公环境直接影响着企业组织的形象和工作绩效。科学合理地设计办公环境需要靠秘书的参与来实现，因为良好的办公环境离不开精心地设计和组织。

2. 办公室管理的内容与要求有哪些

广义的办公室管理既包括办公室环境与物业的管理，又包括办公人员的行为管理，这里所讲的主要是办公室管理。其管理要求和特点为：

（1）整洁

办公室的首要要求是整齐和清洁。整洁能给人秩序感和舒适感，使人的情绪安定而愉快，有助于提高工作效率。

① 整齐。

A. 办公桌椅和柜橱等尽量采用同一尺寸、同一颜色，主管人员的桌椅可以特殊一些，排列尽可能有规则或朝同一方向。

B. 办公桌上除必要的文件、电脑、电话机、文具等办公用品之外，其他物品都应该放在抽屉或柜橱内。

各种笔和裁纸小刀应放在笔筒或文具盒内，墨水、胶水、修正液、胶纸、回形针、订书机等小型文具都应归在一个盒内，既不易碰翻，又不会摊得满桌都是零星东西。

C. 办公桌上也不宜放置相片架和其他小玩意，要尽量保持简洁。

柜橱、书架要经常清理，文件、图书、报纸、杂志要放得井然有序，不可乱放乱塞，既杂乱无章又不便寻找。

② 清洁。

A. 要窗明几净，地面应天天打扫。

桌椅柜橱应天天揩拭，门窗应定期擦洗。

B. 每张办公桌边都应有废纸篓。

废纸废物不可乱丢，但不放烟灰缸。办公室内应禁止吸烟。

C. 人员较多、走动频繁的大办公室内不宜铺设地毯。小办公室铺设地毯后应经常清扫。

打字机、电脑、复印机也应保持整洁，长期不用应加罩盖。

（2）安静

办公人员经常要思考问题或起草文件，需要安静。因此，办公室最好不要临街，也不宜靠近生产车间或门市部，以免外界噪声干扰。

办公人员都应养成轻步走路、轻声说话的习惯，尤其是在大办公室。

秘书应该以身作则，在办公室内不嬉笑喧闹。如需与同事讨论，则应到走廊或休息室、接待室去。

较大机关、单位往往设有专职打字员，则应设专门的打字室，以免打字机嘀嘀嗒嗒的声音影响其他人员工作。

（3）光线、空气与温度

办公室要求光线适度，空气清新，温度适宜。

① 白天办公当然最好是自然采光，但以太阳光不直接照射办公桌面为宜，以免影响视力。办公室不宜采用五颜六色的光线。

② 空气清新有利于办公人员的呼吸与健康。春秋两季应经常开窗，保持空气流通。夏冬季节如用空调器，则应注意每天上班前、中午用餐时、下午下班时，至少三次打开门窗换取新鲜空气。

③ 人体感受最舒适的温度一般在 20 ~ 25℃。春秋两季自然温度适宜，夏冬就要靠空调器来调节了。但在酷暑或寒冬季节不要一下子把室内温度调到和室外反差太大，以免人员进出办公室时骤冷骤热，容易得病，而应逐渐升温或降温，让人们在上班后、下班前有一段适应过程。

（4）色调与美化

色调视觉可以影响人的心理。办公室的色调总的要求是简单和柔和，使人员的心理感觉平静和舒适，不要搞得色彩斑斓、光怪陆离，反使人感到烦躁不安。

讲究的办公室一年换两次色调。春末夏初，墙用冷色，铺绿地毯；秋末冬初则墙用暖色，换紫色地毯，室顶不变。如不随季节而改色调，地毯则以灰色或米色为宜。

办公室适当地美化也是必要的。美化包括办公桌椅、书架、柜橱、室顶、墙壁、地毯的色调和布置格局等，也包括墙壁上挂置的油画或大幅照片等。

办公室美化应精心设计，不应只是某个领导或秘书的个人所好或心血来潮。

办公室美化要与整个单位的性质或企业文化相适应。

① 政府机关的办公室以庄重、简洁为好，不宜多加装饰。

② 商业企业办公室则可以华丽一些，以显示自己的财源丰盛。

③ 工业企业则应显示自己的技术先进、产品精良和实力雄厚。

但不管何种机关和企事业单位的办公室，都应避免奢侈和俗气。

（5）设备与用品

较重要的办公设备，如桌椅、柜橱、沙发、空调器、电话机、电脑、传真机、复印机等，置办时一般在年初由秘书订出计划，做出预算，由主管上司批准后交秘书或总务人员购办。

专用设备由使用人负责保管，共用设备由秘书负责。损耗、报废、添置等都应有账可查。防止因混乱而造成的浪费或资产流失。

笔、墨、信纸、信封等易耗品自可按需要随时领用，但也应由秘书保管和登记。

文件档案管理实务

档案对于企业而言，具有十分重要的行政、法律、历史等研究价值，它既是汇总商业信息的资料库，也是领导作出决策时的重要依据。

张总经理过两天要到深圳去跟应天商贸有限公司商谈合作的事。让秘书李静准备好去谈判的相关资料，包括合同文本、产品说明书、销售方案等。李静按照张总经理的吩咐一一打印、核对、装订妥当后，放在一个文件夹里，交给了张总经理。送走张总经理后，李静松了口气。

第二天中午休息时，李静和几个要好的同事去附近的饭店吃饭。这几天太辛苦了，李静说得好好犒劳自己一下，点了几个喜欢吃的菜，美美地吃了一顿。吃完饭后，她们没急着回公司，顺便去了附近超市，购买了一些饼干薯片之类的零食，兴高采烈地回到公司。

李静回到办公室后，发现她的手机落在办公桌上，中午吃饭忘了带手机。拿起来一看竟然有五个未接电话，查看电话号码，五个电话都是张总经理打的。她马上紧张起来，赶紧打电话过去问张总经理什么事情。电话通了，那头传来张总经理不高兴的声音，询问李静干什么去了，为什么不及时接电话？李静正不知怎样回答，张总经理接着说："你马上用传真给我传个资料过来，就是应天公司最早发给我们的协议草案。现在双方对合同内容分歧很大，我想看一下他们原来的协议内容。这边的传真号是：××××××××"李静说："您放心，我马上给您发过去。"放下电话，李静马上打开文件柜，开始找张总经理要的文件，翻遍了文件夹，终于找到了要找的文件，李静刚想松口气，仔细一看文件，忽然她傻眼了，原来她们公司传真机用的是热敏纸质，现在几个月过去了，传真纸上字迹模糊，淡淡的几乎看不清几个字，这下李静傻眼了，难道发给张总经理一张白纸吗？

秘书在平时工作时，应该注意对文件进行整理和归档，对重要的文件应该注意备份。同时，应该注意像这类热敏纸文件的处理；否则，遇到紧急情况时无法及时快速地找到文件，无法应对突发性事件。本案例中，李静就是平时不注意对文件进行整理，处理传真文件不得当，致使重要文件缺失，无法完成领导布置的任务，造成领导工作的被动。

企业档案的范围包括：信函、内部文件、会议记录、商业合同、法律文件、媒体资料、人事资料、客户资料、交易记录、财务报表和原始凭证等。

秘书的职责就是明确每一种文件资料的分类方法、储存位置、保存期限、使用规定、检索方法和管理制度等。

档案分类的方法有多种，但选择的目的和标准只有一个，那就是必须能够以最快的速度准确无误地找出所需要的文件资料。

最简单有效的分类方法是按人名分类、按主题分类、按区域分类，并且采用按字母排列或以代号、颜色排列的归档检索法，而利用数字排列则有利于电脑应用和检索。

最直截了当的分类方法是根据档案的性质、数量、体积、作用选择合适的类型，如用名称归档。如果档案来源的区域性非常明显，也可先用区域分类方式归档，而后在其内部再进行细分归档。

档案分类应有包容性，同一个文件或资料，因为涉及层面较多，应在有关层面分别归档，因为它的作用在不同的档案中是有差异的，如果遗漏可能会影响这一部分档案的整体性。

一、文件柜的使用

办公室通常设有直式、横式或显露式的文件柜。

1. 直式文件柜的使用

直式文件柜采用悬挂式文件夹，它具有较大的伸展性，可容纳更多数量的资料。悬挂式文件夹的一侧有挂钩，使文件夹可以挂在嵌在文件抽屉中的架子上，指引卡可以放在方便而醒目的地方。

2. 横式文件柜的使用

横式文件柜可使卷宗沿着墙壁纵向排列，柜中可配置抽屉，也可不用抽屉。横式文件柜适合于较迅速地检索储存的文件。文件柜中的每个抽屉应贴有指示内容标签，还应包括便于迅速查阅目录卡和稳固支托文件夹的异槽。

无论是悬挂型或常规型的文件夹，文件资料应按顺序排放在文件夹中，还应带有打字简洁而一致的粘贴式或插入式标签。文件左侧对齐文件夹的折缝处，日期最近的信件要排在文件夹的前面。

文件柜的每个抽屉应有 20 ~25 张目录卡。

每个文件夹所放文件一般不应超过 50 份。若超过这个数目，应建立一个按个人或企业或问题归类的新文件夹。

3. 备忘录的使用

备忘录是一种用来提醒某事或帮助回忆的资料，通常采用卡片资料格式，作为一种启示性档案，对秘书是十分便利的。

一份备忘录资料具有 31 张引导卡（如果不用档案卡，也可用文件夹），每张卡代表一个月中的某一日，还有 12 张卡（或文件夹）代表月份。

当月的引导卡要放在备忘录资料前面，该卡后面放置 31（30）天的引导卡。

需要提醒某事时，便将有关文件资料列入卡中。该提醒的日期写在卡片顶端，文件资料置于日期之后。

每日早晨，秘书应该看一下备忘录资料，了解当天应该做些什么。到了月末，整月的引导卡可放在备忘录的最后，而把下一月的引导卡放在备忘录前面。

二、文件档案的保存

有条理地进行归档分类，资料应整齐地放在案卷内，对齐边沿。资料按一定顺序排列，便于查找。避免使卷宗又厚又重。如提取某人资料，应在原处夹留一张纸条，注明取出年、月、日及取走人姓名、用途，或另填一张卡插入，做出标志。

每日办理存档手续，使档案处于最佳利用状态。对于必须留存备查的文件资料，秘书应在阅读或浏览过程中，寻找文件名称或最主要的标题，并用铅笔在名称或标题下画线、打圈。如果文件本身未提及名称和主题，秘书就应该把名称或主题记录或编号在通知里。

为了利于保存，每份文件要标上日期代号以表明这份文件的保存时间及入档时间。

所有的文件资料归档分类后，应完全按照文件或架上原来排列好的方式分类存置。这样做既节省时间又便于提高工作效率。

三、文件档案的检索

一份文件怎样立卷归档方能在它需要时被马上找出来？这要用编制索引方法来实现。

下面是三种编制索引的方法：

第一，以个人姓名编制索引；

第二，以企业名称编制索引；

第三，以项目或合同名称编制索引。

索引编号可采用环环相套，逐层分解方式排列。索引首先分成条目，条目包括标题和页码，而条目又可依次分为次条目、次次条目。

如果采用计算机技术，完全可以使检索更安全、更准确、更迅速，但在使用时，要防止病毒，最好能予以备份。

总之，秘书应熟悉运用适合自己单位的特殊编索，以便在提取使用时做到迅速、准确、无误。

印信工作管理实务

韩静是永恒公司的办公室秘书，由于她为人忠厚老实，踏实肯干，总经理决定公司的公章由她保管，介绍信由她出具。但也叮嘱她一定要保管好公章，不能丢失，使用公章和出具介绍信时一定要遵守公司的相关规定，要严格把关。韩秘书掌管公章后，同事们都戏称她为“管家婆”，大权在握，不得了啦！韩秘书可不这么想，她觉得责任重大，领导信任她，她一定要当个称职的“管家婆”。

为了规范用印制度，韩秘书制作了用印申请表和用印登记表，不管是个人还是部门来盖章，韩秘书都严格审查，确认是否已经过公司领导签字批准；否则，一律不给盖章。用印完毕，及时进行详细的登记。平时不用印的时候，韩秘书都把公章锁在保险柜里，用公章的时候也是用完之后马上放回锁起来。

韩秘书对介绍信的管理也很严格，跟公章锁在一起，从来不把介绍信乱放。在出具介绍信时，她也都根据领导的签字，并在存根上加以记载，按照介绍信编号顺序详细地填写完介绍信和存根的内容后，小心地盖好骑缝章和文末落款章。

有一天，销售科的张副科长来找韩秘书，请她给开个介绍信并加盖公章，说他要到深圳出差，洽谈一笔业务。韩秘书请他出示领导的签字，张副科长说：“你知道，老总出国了，两天后回来，可我明天就要出发，飞机票都订好了。要不，你就破一次例吧?”韩秘书语气坚定地说：“公司有规定，我也不敢破坏，要不，老总该炒我鱿鱼了。”张副科长说：“那你说怎么办？我这可是公事，一大笔买卖，要是耽误了，谁也负不起这责任。”韩秘书想了想，说：“那你去找刘副总签字吧，总经理说过，他不在的时候，刘副总签字也可以。”过了一会儿，张副科长拿着刘副总签字的用印申请单回来了，韩秘书核对过签字后，按程序给张副科长出具了介绍信。

在年终的总结表彰会上，总经理点名表扬了韩秘书认真负责的态度。

印信工作是指机关、单位公务印章和介绍信的管理、使用工作，属于秘书工作范围。公章是机关、单位职责权力的象征；介绍信则是证明本机关、单位员工的身份，介绍联系公务之用。如果管理使用不当，会给本机关、本单位乃至社会造成危害。秘书必须认真对待这项工作，并熟悉操作流程。

1. 熟悉公章的样式、种类和刻制

（1）公章的样式

公章的样式由质料、形状、印文、图案、尺寸等组成。

① 质料。

我国古代官印依品级高低分别用金、银、铜等金属铸成，帝王则用珍贵玉质，象征其地位。近代公章用过角质、木质，现代则多用橡胶和塑料刻制；另有一种专用于贴有照片的身份证明上的钢印。近几年还有将色油或固体色料热压而成的“原子印”和“渗透印”，无须印泥可连续使用万次以上。

② 形状。

古代官印为正方形。现代机关、单位公章则为正圆形，用于其他公务（如收发、校对、财务）的印章也有长方形、三角形或椭圆形。领导人和法人代表的印章一般仍为方形。

③ 印文。

按规定使用国务院公布的规范简化汉字。字形为宋体，自左向右环形排列。领导人签名章则由个人书写习惯而定，民族自治机关的公章应并列刊有汉字和当地民族文字。

④ 图案。

县级以上政府机关、法院、检察院、驻外使馆的公章的中心部位刊有国徽；党的各级机关印章刊有党徽；企事业单位公章则刊有五角星图案。

⑤ 尺寸。

按国务院规定：国务院的公章，直径为6厘米；省、部级政府机关，直径为5厘米；地、市、州、县机关为4.5厘米；其他机关、部门、企事业单位公章直径一律为4.2厘米（均包括边框）。

（2）公章的种类

① 单位印章。

代表机关、单位的正式署名，具有法定的权威和效力，多用于正式文件和介绍信、证明信等。上文所述五项样式均指这类印章。

② 套印章。

指印刷单位经授权制版而成，用于印制大量文件，与正式印章具有同等效力。

③ 钢印。

不用印色，利用压力凹凸成型，一般加盖于贴有照片的证件上，起证明持证人身份之用。

④ 领导人签名章。

此章是根据机关、单位主管用钢笔或毛笔亲自签名制成的印章，有方形或长方形，由秘书保管使用，多用于签发文件、公告之用。

⑤ 其他印章。

还有会议专用章、财务专用章、收发章、办事章、校对章、封条章等。

（3）公章的刻制

凡机关、单位的公务印章，一律不得私自刻制。刻制公章有两种情况：一种是由上级主管机关刻制颁发；另一种由本单位法人代表申请，经主管部门批准，公安部门登记后，由专门刻制厂刻制。

2. 如何保管和使用公章

（1）公章的启用

公章刻制后不可随便启用，必须选定启用日期。提前向有关单位发出正式启用通知，附上“印模”。还应填写“印模卡”，一式两份，一份留存；一份交上级机关备查。办妥手续之后，到了规定日期，方可启用生效。

（2）公章的保管

公章由单位主管指定专人（一般为秘书）保管并使用。公章应放置在机要室或办公室的装锁的抽屉或保险箱内，钥匙不可挂在抽屉或保险箱上，应由保管人随身携带，也不可委托他人代管。

（3）公章的使用

盖用单位公章，必须由单位主要负责人或主要负责人授权的专人审核签名批准，并要将盖用文件名称、编号、日期、签发人、领用人、盖章人等项详细登记。

凡以单位名义发出的公文、信函等都必须加盖单位公章方能有效。公章盖在文末落款处，应“骑年盖月”，带有存根的公函、介绍信，还要加盖在正本和存根连接处的骑缝线上。

盖章一般使用红色印油，应摆正位置，用力均匀，使章印完整、印文清晰可识。

(4) 公章的停用与销毁

凡单位撤销，原公章应即停用，也应立即通知有关单位，并宣布原章失效。通知中仍应附上印模，并写明停用日期。

公章停用后即为废章，应及时送交原制发单位或经主管部门批准后销毁。经销毁的公章也要留下印模，以备日后查考。

3. 介绍信的保管和使用

(1) 介绍信的保管

正式介绍信通常为专门印制并有编号，如联系一般事务也有以单位信笺代替者。介绍信一般和公章由同一人保管并使用，与公章须同等重视，不可缺页或丢失。

(2) 介绍信的使用

凡领用介绍信者须经主管批准，秘书不得擅自开具发放。

保密工作实务

秘书一词的古义是指秘密文书，后来指秘密文书工作者。所以有人说：秘书，秘书，姓“秘”名“书”。意思是说，秘书人员的职责一离不开秘密；二离不开文书。到了近代，秘书的职能有了极大的扩展，但保密仍是一条主线，几乎贯穿于秘书所有的工作之中。

秘书的工作有一部分是与公司外面的人员打交道，在接待那些不了解身份而又没有预约的来访者时，一定要让他先自我介绍身份和来意。在没有了解对方身份和来意之前，秘书不能透露公司的任何信息给他，如某经理正在开会，或者某经理不在，到某地出差去了等。但是，秘书的态度又必须热情大方，千万不能让对方感到一丝你的生硬和冷漠，因此，接待这样的客人的关键是要一气呵成。

某天，一位扎着马尾巴发型的先生笑眯眯地走近正在值班的秘书黄丽。

“小姐好！”他先打招呼，“我找你们叶老板。”

“您好！请问您是……”黄丽连忙站起身向客人打招呼。她知道今天下午老板没约外来的客人，面前的是一位不速之客。

“叶老板在不在？”他似乎没听见黄丽的问话，一边问黄丽，一边大大咧咧地朝里走。

“请问您是……”黄丽来到客人面前，微笑着再次问他。

“你就是黄丽小姐吧？”来客突然目不转睛地盯着黄丽问。

“你肯定就是黄小姐。叶总不在，找你也行！”

“找我？”黄丽一头雾水，“请问您是……”

“不好意思，我是××杂志社的运营总监，刘强。请多多关照！”说着，他掏出一张名片递给黄丽。

“我和你们叶总是哥们儿，今天过来找他也就是为了约你。”

“刘总，我能为您做点什么？”黄丽还是莫名其妙。

“黄小姐，你别误会。是这样的，上个星期我们哥儿几个在打高尔夫球的时候，有人说叶总有个秘书很像某个电视剧里面的女主角，而我们杂志正在找封面模特，所以我今天顺路就过来了。蓝天公司的张总你认识吧？”

黄丽点点头，张总经常来她们公司，黄丽认识。

“黄小姐，我想请你给我们做封面模特，千万别拒绝。你不仅青春靓丽，更重要的是，你身上有那些职业模特身上所缺乏的职业女性独有的气质。”

听他这么一说，黄丽觉得自己脸上臊得慌，变成了“红脸关公”。“刘总，谢谢您的夸奖。不过，这事我必须向公司领导汇报后才能答复您。”刘强接过黄丽递给他的茶，不以为然地说：“这点小事有什么值得汇报的？回头我跟你们老板打个招呼就行。下个星期我们的摄影师就会跟你联系的。既然叶总不在，那我就先走了。”

刚到电梯口，刘强又笑着返了回来，对黄丽说：“黄小姐，我这里有两张明天晚上星光影院的贵宾票，请黄小姐务必赏光。”不容黄丽推辞，他把票往台子上一放就走了。

下班时，黄丽将刘强来访的事向办公室主任作了汇报。

“拍照的事，我回头向叶总请示一下，至于看不看电影，你自己定吧。”主任把玩着两张票说。

黄丽说：“明天晚上我要上课，我看刘强那样子，总觉得他另有企图。”

“为什么？”主任笑着问。

“我一看到他后脑勺上的马尾巴，就想起街上的那些不正经的男人。我总觉得这个刘强是受我们某个竞争对手的委托，想利用给我拍照和请我看电影的机会，抓住我年轻、经验不足的弱点，从我身上打听我们公司的商业机密。”

主任又笑着说：“小黄，这刘强我也见过几次，他不像是你说的那种人。你不用太多心。不过，我倒觉得你这种保持警惕性的精神还是值得提倡的。现在毕竟是一个竞争非常激烈的商业社会，什么事都有可能发生。由于咱们秘书天天都在跟公司的机密打交道，而咱们的秘书大多又年轻，社会经验不足，所以很容易被人利用。因此，这种职业警惕性是值得提倡的。”

在人类社会，大至国家、组织，小至家庭、个人，为了保护自身的利益，总有一些不愿为外界所知的事情，这就是通常所说的秘密。《中华人民共和国保密法》对国家秘密下了明确的定义：“国家秘密是关系国家的安全和利益，依照法定程序确定，在一定时间内只限一定范围的人员知悉的事项。”

秘密有多种类型，如：

① 按范围可分为：国家秘密、组织秘密、个人秘密等。

② 按内容性质可分为：政治秘密、军事秘密、经济秘密、科技秘密、商业秘密、人事秘密等。

③ 按秘密的产生可分为：原始秘密、再生秘密。

④ 按秘密的形态可分为：有形秘密、无形秘密。

⑤ 按秘密的等级又可分为：国内级、内部级、秘密级、机密级、绝密级等。

保密，就是知悉无形秘密或掌管有形秘密的人员保守、保护这些秘密，不向无关人员泄露或失密。优秀秘书保密的意义和作用在于：

（1）关系到国家的安危

重大的政治秘密、军事秘密直接关系到国家政策、法律的制定和施行，关系到国家领导人的安全，关系到国防的安全，总而言之，关系到国家安危和命运，必须严加保护。

（2）关系到经济、科技、文化教育等事业的发展

重要经济、科技、文教等情报的失密，都会造成国内、国际的不正当竞争，造成市场混乱、科技落后等，所以也必须加以保护。

（3）关系到领导工作的成败

领导决策往往带有范围和时间上的保密性，一旦泄密就会受到干扰甚至破坏。优秀秘书作为领导的近身助手，又身处中枢，接触秘密较多，理应为领导把好保密关。

（4）关系到社会的安定团结

公安、司法、人事以及个人隐私等秘密往往影响到社会的安定团结，影响到人际关系，影响到家庭和睦甚至个人的命运。世界上许多国家都立法规定保护个人隐私权，秘书接触同事、公众较多，更应注意。

秘书保密工作的内容与要求：

（1）保密工作的内容

对于无形秘密，优秀秘书要牢牢树立保密观念，时刻警惕并养成随时随地保密的习惯。有形秘密的保密有如下内容：

① 文件保密。

A. 凡秘密文件在印刷前应按规定标明密级，确定发放范围。

B. 应由机要人员打印或专门印刷厂印刷。校样、废页、蜡纸、衬纸、胶版等应及时销毁。

C. 草稿、修改稿、清样应和正式文件同样严加保管。

D. 复制秘密文件必须履行审批、登记手续。

E. 发放时应用专门的封袋、封条。

F. 应由专人递送，不可通过普通邮政传递，也不可以在普通传真机上传送。

G. 文件的收发、传阅、借阅都要有严格的登记手续。

H. 应有专人专柜保管，并经常清理、检查。

② 会议保密。

A. 会前规定保密纪律，对与会人员进行保密教育。

B. 选择具备保密条件的会场，采取保密措施，如扩音、录音设备等，不得使用无线话筒。

C. 控制与会人员人数，本人签到，验证入场，做好点名工作。

D. 统一发放、回收或管理会议文件。

E. 领导人讲话，未经本人同意，不得整理印发。

F. 会议内容，与会人员不得以任何形式对外泄露。需要传达的按会议要求有组织、有范围地进行。

G. 秘书做的会议记录，应同秘密文件一样严加保管。

③ 通信保密。

A. 秘密文件、资料等不准通过普通邮政部门传递，必须由机要通信部门或派专人传送。

B. 密码、密码机及电报译稿，必须严加保密。

C. 拍发电报必须“密电密复”、“明电明复”，不得明密混用。

D. 不得在普通电话内传递秘密信息。

④ 电脑保密。

A. 电脑房应设置在有安全保障的地方，应加装屏蔽网或电子干扰器，以防止电磁信号被干扰发生泄密。

B. 电脑在安装使用前应请专业部门进行安全技术检查。

C. 机房通道应有专人把守，禁止闲杂人员进入。

D. 秘密信息及数据软件，应建立和健全使用、借用、复制、移交、保管等保密制度。

⑤ 涉外保密。

A. 涉外活动应注意内外有别，友好归友好，保密归保密。

B. 涉密单位不得擅自接待外国人参观访问。

C. 参加外事活动以及出国人员，未经主管批准不得携带秘密文件、资料、笔记本等。

D. 凡有外国人常驻的单位（包括中外合资、合作企业），不得让外国人接触我方秘密文件或参加秘密会议，中方人员也不得在外国人面前谈论秘密事项。

（2）保密工作方针

根据我国的保密法规定："保守国家秘密的工作，实行积极防范、突出重点，既确保国家秘密又便利各项工作的方针。"此方针也适用于秘书保守单位、组织的秘密。

① 积极防范。

保密工作应做好事前管理，严格管理，最大限度地减少以至杜绝泄密、失密事件的发生。

② 突出重点。

要在密级、部门、人员等方面区别情况，确保重点，带动一般。如绝密、机密材料是重点，国家机密是重点，机要部门是重点。

③ 既确保国家秘密，又便利各项工作。

保密和便利是相互矛盾的。保密如果过分，将不利于工作；但也不可为了便利工作，就降低了保密工作的要求，必须适当地统一。主要在于保密密级、范围、时间，都必须因需要而进行科学规定并及时作出调整。

（3）保密工作的具体规定

我国党和国家工作人员保密守则共有10条，企事业单位优秀秘书人员可参照。

① 不该说的机密，绝对不说。

② 不该问的机密，绝对不问。

③ 不该看的机密，绝对不看。

④ 不该记录的机密，绝对不记录。

⑤ 不在非专用记录本上记录机密。

⑥ 不在私人通信中涉及机密。

⑦ 不在公共场合和家庭、子女、亲友面前谈论机密。

⑧ 不在不利于保密的地方存放机密文件、资料。

⑨ 不在普通电话、明码电报、普通邮局传达机密事项。

⑩ 不携带机密材料游览、参观、探亲、访友和出入公共场合。

会议筹划与管理实务

洪霞是某公司的秘书，主要负责会议室的安排和协调工作。为了做好这项工作，洪秘书每周都根据各科室提交的会议室使用申请表，提前编制公司会议室使用情况一览表，做到心中有数。她对公司会议室的情况了如指掌，每个会议室有多少桌椅，可以容纳多少人开会；会议室装有什么设备，设备状态如何；会议室什么形状，适合开什么类型的会议等都非常清楚。因此，每当部门借用会议室，洪秘书都能根据情况安排合适的会议室供其使用。

有一次，销售部秘书小胡拿着会议室使用申请表来找她，说是她们经理临时决定召开一个重要的会议，请她务必给安排一个会议室开会。洪秘书一看，申请表上参加会议人数一栏是30人，设备一栏填写的是使用投影仪，开会时间是明天上午9：30。洪秘书打开会议室使用情况一览表查看，发现有投影仪的会议室已经全部安排出去了，而带投影仪并能容纳30人的会议室只有301室和303室，也被人事部和客服部预订了，就问胡秘书是不是一定要用投影仪。胡秘书说，会上要演示营销方案，所以一定要用投影仪。洪秘书又问："你们部的会议一定要明天上午开吗？可不可以推迟到后天上午，后天有一个可以容纳30人的装有投影仪的会议室空着，可以使用。"胡秘书着急地说："不行啊，这个会议很急，因为要确定最终的营销方案以便执行，总经理点名要马上召开。”那怎么办呢？洪秘书为难了。她跟胡秘书说：“你先回去吧，我看看怎么协调一下，过一会儿再打电话给你。”

胡秘书回去以后，洪秘书开始仔细研究其他部门登记的会议室使用情况，发现使用301会议室开会的人事部的参会人数只有15人，就给人事部秘书打电话说明情况，同其商量可否换小一点的302会议室开会，302会议室可容纳20人。人事部周秘书说：“可是302会议室没有投影仪，怎么办呢？”洪秘书说：“请放心，我会叫人安装一个临时的投影仪和幕布，不会有问题的。”人事部的周秘书说：“那好吧，我会向田经理汇报，并通知其他人。”洪秘书说：“谢谢，我也会在公司布告栏中贴一个会议室更改通知。”挂断电话后，洪秘书拿过公司会议室使用情况一览表，在相应的栏目上做了改动。之后给胡秘书打电话，告诉她会议室已经安排好了，他们明天上午可以使用301会议室开会。然后打印了一份会议室更改通知，贴到了布告栏中。

第二天刚上班，洪秘书到研发部借了一台投影仪和幕布，从办公室拿了一台笔记本电脑，找人把这些设备安装到302会议室，并进行了调试。

由于洪秘书的协调，各部门的会议都如期正常召开了。

如果公司要召开会议，无论是内部会议还是公开会议，作为秘书都应该是最忙碌的人。千万不要认为秘书可以在会前无所事事，把会务准备工作交给公关部门或办公室，自己只要等待会议开始就行了。要知道，秘书的工作绝不是简简单单地接待客人、做做记录那么简单。

要想做好会前准备工作，秘书可以依照以下步骤进行。

1. 确定会议目的，明确会议的主题

无论是准备会议，还是参与会议，秘书的第一步工作都是要确定会议的目的。可能有人认为确定会议目的很简单，只要和领导商量一下就可以了，其实不然。因为领导并不一定会明确地指出召开会议的目的，这就需要秘书认真地琢磨，领会领导的意图，确认召开会议的目的和主题。

而且，与会者也经常要从会议组织者那里了解召开会议的目的。他们会当面询问组织者，例如直接问：“您能告诉我这次会议的主要目的是什么吗？”与会者也可能通过旁敲侧击的方法来试探组织的意图，例如说：

"我们想为这次会议好好准备一下，您看看我们需要做好哪些方面的准备?"如果组织者不能对这个问题进行回答，会是一件很尴尬的事情。

很多时候，与会者都会就这类问题去询问秘书，因为秘书在整个会议的策划、组织、召开、结束的过程中往往扮演着穿针引线的重要角色。所以，与会者会让秘书先透露一些有关会议的消息，以便进行准备。

其实这并不是说会议的组织者和会议主席都喜欢对会议的目的保持缄默，守口如瓶。很多会议的组织者是很愿意就会议的目的问题回答与会者的提问。但是由于时间、精力等原因，这些工作往往需要借助秘书的力量来圆满地完成。

2. 制定会议议程，安排活动程序，并准备相应的材料

秘书应该仔细制定会议议程，并对某项议题做认真准备。同时决定应该准备的资料，以及将什么样的资料带到会议上供查阅等。

秘书应该注意有的与会者对会议议程可能采取的做法：把会议议程直接丢进文件堆里，直到开会前几分钟才看上几眼；浏览了一遍之后就不再看了；只对自己关心和感兴趣的议程加以注意，而对其他问题视而不见；只关心自己在会议上的发言、辩论等方面的表现；只了解会议议程是否与自己的工作日程表相冲突等。

因此，秘书应该仔细地推敲会议议程，从中发现问题，然后再提出好的修改建议，使议程更加完善。而且，如果方便的话，秘书可以提醒与会者，在会议进行中适时适度地发表见解，不要占用过多的时间。

3. 仔细研究与会者的资料，并有针对性地做好准备工作

在准备出席会议前，除了要找出会议的目的、研究会议的议程外，秘书应该考虑到会议中可能出席的与会者的基本情况，这对更好地参加会议有较大的帮助。

一般来说，从会务处领来的材料或由会议组织者发送过来的资料中都有参加会议人员的名单。也可以向有关人员打听一下："我自己想分发一些资料，请问明天的会议都有哪些人参加?"在正常情况下，都会得到想知道的答案。

在一些比较重要的会议上，如果能仔细留意一下参加会议的人员名单，就可以分析出很多有用的信息来。要考虑为什么这些人会出席会议，他们会对会议的进程产生何种作用，而为什么另外一些自己认为比较重要

的人，却未在出席名单中出现？例如“经理没有让财务部门的人参加会议，这说明什么问题呢”等。

4. 要考虑时间和地点，布置会议场地，并安排专人负责

秘书需要对会议的时间和地点进行考虑。会议时间和地点可以提供给会议参与者有关会议情况的信息。

会议时间如果安排在最适合开会的时间段，那么就需要与会者认真准备，因为会议应该是需要深入而充分地讨论并做出决议。如果会议时间安排在午饭前的半个小时，那么就是向与会者传达这样一个信息：这次会议持续的时间很短，需要迅速做出决议。

会议地点对与会者也会传递一些信息：如果会议要在配有红木家具的会议室进行，那么女士们就需要精心打扮一下了，先生们的穿着也不能太随意；如果会议在一个普通的会议室里进行，就可以穿得随意一些，太庄重了反而显得不伦不类。

对于有些大的会议，秘书需要在会前去实地查看一下，熟悉一下环境。

5. 如果有需要，要安排礼仪小姐，负责接待、导游和解释相关的询问

日常接待工作实务

华夏贸易公司经销部经理近几天一直为订货越来越少、销售额下降发愁，现在正是销售淡季，很难拓展销售渠道。一天下午，经销部经理突然接到法国某访华公司的订单，而且是一笔数目不小的买卖，相当于公司大半年的销售额，他连忙拿了订单到总经理办公室。总经理一看就明白了，站在一旁的沈秘书更是露出了会心的微笑。这飞来的订单究竟与沈秘书有什么关系呢？按常理，与法国客人签订合同做生意，销售部不可能不知道，真是百思不得其解。最后还是由总经理解开了这个谜：

一对法国夫妇来华旅游，在北京机场下了飞机后，还要转乘火车去南方某省。这对法国夫妇对于一切都很陌生，不知如何是好，于是就在机场乱拨了一个电话，竟然打到了我们贸易公司的总经理办公室，接电话的正好是沈秘书。沈秘书从电话中得知对方的身份和困难，对方请求帮助时，他马上请示了我，然后用英语回答对方："请不要着急，我们是华夏贸易公司，愿意向二位提供帮助。"并立即派车到机场，把这对夫妇送去宾馆安顿下来，又陪他们游玩了几天，代购了去南方某省的车票，直到送上火车，热情话别。这一切，沈秘书都做得非常真诚、得体，给两位外国客人留下了深刻印象。我们收到的订单距他们回国正好1个月，看来这笔大买卖正是被接待的法国夫妇促成的，当然这也要归功于沈秘书的公关意识和接待艺术，为本公司塑造了良好的形象。

销售部经理恍然大悟，深有感触地说："看来接待工作中也有公关。搞好接待，不仅可以广交朋友，树立公司形象，而且可以促进产品销售，为公司赢得经济效益。难怪有人说'接待也是生产力'呢！"

一般来说，日常个别接待工作程序简单，而团体来访由于来宾人数多，规格比较高，所以要复杂得多。重要的团体接待，还常常需要多个部门的协作与配合，秘书、秘书部门则是其中的纽带和桥梁。为了使接待工作能够顺利进行，秘书在接到接待任务后，就必须进行周密的部署。

一、接待准备工作

接待工作是从接到来客通知后，开始进入准备工作阶段，准备工作是整个接待工作中的一个重要环节，也是做好接待工作的关键。准备工作做得好或坏，在很大程度上影响甚至决定着整个接待工作的质量和效果。一般说来，接待准备工作包括以下具体环节。

1. 制订接待计划

俗话说："凡事预则立，不预则废。"一般来说，团体接待，尤其是接待重要团体的第一项工作就是制订接待计划。具体来说，接待计划大体应包括如下内容。

（1）接待规格

秘书必须能根据来访者的身份确定接待规格。接待规格实际上就是来宾所受到的礼遇，它体现出接待方对来宾的重视程度和欢迎程度。接待规格的高低，往往根据接待的目的、性质以及来宾的身份、地位、宾主双方的关系等实际因素来综合确定。接待规格主要取决于接待方的主陪人的身份，从主陪人的角度论，接待规格有三种。第一种是高规格接待。所谓高规格接待就是主要的陪同人员比主要来宾的职务高的接待方式。一般来说，对组织价值大的重要接待，可采用高规格接待，如企业对初次来访的重要客商，就多采用高规格接待。例如某一公司的副总经理接待一位重要的客户，而对方不过是一位部门经理。采取高规格接待的目的是要表示对对方的重视和礼遇。第二种是对等规格接待。所谓对等规格接待就是主要的陪同人员与主要来宾的职务相当的接待，这是最常见的接待规格。第三种是低规格接待。所谓低规格接待就是主要的陪同人员比主要来宾的职务低的接待，这种接待规格常见于基层，如上级领导来检查工作，只能是低规格接待。接待规格往往通过迎送、宴请、陪同、食宿等方面来体现。

接待规格是从陪同领导的角度而言的。接待规格过高，影响领导的正常工作；接待规格过低，影响上下左右的关系；对等接待是最常用的接待方式。作为秘书，确定接待规格时应慎重全面地考虑。

（2）接待规格的确定

秘书在了解了客人的身份和来访目的后确定由谁来出面接待最合适。但接待规格的最终决定权是在上司那里，秘书仅提供参考意见。当接待规格定下来以后，秘书应把我方主要陪同人员的姓名、身份等情况告知对方，征求对方意见，以得到对方认可。

（3）日程安排

接待日程安排应该制定周全，尤其是接待活动的重要内容不可疏漏，比如安排迎接、拜会、宴请、会谈等事宜。接待日程安排还要注意时间上的紧凑，上一项活动与下一项活动之间既不能冲突，又不能间隔太长。

（4）经费预算

接待方案中应该对接待经费的来源和支出做具体的说明。如接待经费列支包括以下项目。

① 工作经费：租借会议室、打印资料等费用；

② 住宿费；

③ 餐饮费；

④ 劳务费：讲课、演讲、加班等费用；

⑤ 交通费；

⑥ 参观、游览、娱乐费用；

⑦ 纪念品费；

⑧ 宣传、公关费用；

⑨ 其他费用。

有时候，客人的住宿费、交通费等由客人一方支付，就需要把所需费用数目与日常安排表一起提前寄给对方。

（5）工作人员

根据接待规格和活动内容确定工作人员的构成和数量。在接待计划中，要确定各个接待环节的工作人员，实行专人或专项负责制。为了让所有有关人员都准确地知道自己在此次接待活动中的任务，提前安排好自己的时间，保证接待工作顺利进行，可制定并填写表格，印发给各有关人员。此外，还要对有关人员进行礼仪、接待常识方面的培训，避免在接待过程中出现不必要的失误。

（6）其他事宜

如翻译服务，新闻报道，安全警卫，医疗卫生，导游，礼品赠送，代购车、船、机票等。

2. 环境准备

环境包括硬环境和软环境，准备工作也要从这两个方面入手。硬环境指接待室内的空气、光线、色调及布置等外在客观条件。来宾到来之前，秘书要做好接待室的安排布置工作，创造一个清洁美观的接待环境，让来宾一走进来就感到这里工作有条不紊，充满生机。此外，还要注意软环境即单位的工作气氛、人员的个人素养等社会环境的准备。要注意从各个方面彰显组织文化，展示员工良好的精神风貌与和谐的办公氛围，以给来宾留下深刻印象。

3. 资料准备

（1）来宾情况

为了使接待工作万无一失，秘书要事先掌握来访者的基本情况，如所在单位的全称、业务范围、发展态势、来访者人数、姓名、性别、身份、民族（国籍）、宗教信仰；有时还要对主宾有更多的了解，如个人爱好、性格、特长等。对外宾可根据需要请对方提供国歌乐谱、国旗样板及制作说明等。有时还要准备好外宾国家的一些音乐和中国的一些经典乐曲，以便宴会和晚会时使用。

（2）其他材料

来宾到达后，要送上日程安排、企业的发展历史等基本材料。此外，还要准备礼仪宣传性材料、旅游参观点等，还有如给上级用的汇报介绍性材料，用于平级组织的专业技术性材料和合作成果性材料。如果来访团体中有外宾，资料还应有中外文对照版本。

二、正式接待工作

客人到达后，即进入正式接待工作状态，在按接待工作方案逐项落实的同时，还要根据情况的变化，随时采取应变措施。

1. 迎接来宾

迎来送往是接待来宾的基本方式，要根据客人的重要程度和不同情况而有不同的迎接形式。一般的接待工作，领导人的身份应该和来宾的身份相当，并提前到达迎接地点。如果是远道而来的客人，秘书应提前到车站、机场或码头迎接，以示对来宾的欢迎。重要的访问，还可以举行一定的迎接仪式，如列队欢迎、献花等；如果是外宾，要注意对方国家对花的禁忌风俗。

2. 会见、会谈的接待

会见、会谈也是接待工作中的重要环节。会见是指双方或多方代表见面会晤，就共同关心的问题交换意见。会谈指双方或多方就某些重大问题进行深入接触，交换意见。会见和会谈的区别，主要是通过三个方面体现出来。① 对身份要求不同。会见中，各方代表的身份可以高低不同；但会谈时各方代表的身份除特殊情况外，一般都要求相当。② 目的不同。会见的目的较会谈更为广泛，也不要求一定要达成书面协议；但会谈的目的则是要求通过深入接触，达成共识并最终形成书面协议。③ 约束力不同。会见达成的共识往往是口头性的，因而难以产生严格的约束力；但会谈达成的书面协议只要符合法律、法规，就具有严格的约束力，并受到法律保护。

在主客双方进行会见、会谈时，秘书要注意以下问题。

(1) 座位安排

会见时应遵循“主左客右”的原则，即客人坐在主人的右边。座位通常排成扇形或半圆形。

双方会谈一般将谈判桌排成长方形，双方各坐一边，主方位于背门一侧，或进门后的左侧。双方主谈人位于各方长排中央，其他人员按右高左低排列。多边会谈的座位可摆成圆形或方形。桌上应放置中文座位卡，涉外会谈，要同时放置对方语种的座位卡。

(2) 合影

如有合影仪式，应事先安排好合影图，准备好必需的摄影器材。合影图一般是主人居中，主人的右侧为上，主客双方按礼宾顺序排列合影，以主人右手为上，主客间隔排列。第一排人员既要考虑身份，也应考虑能否都摄入镜头，主方人员则分站两端。

3. 宴请接待

客人到达后，主人都会安排宴请活动。确定正式宴请的具体时间，主要要遵从民俗惯例。而且主人不仅要从自己的客观能力出发，更要讲究主随客便，要优先考虑被邀请者，特别是主宾的实际情况，不要对这一点不闻不问。如果可能，应该先和主宾协商一下，力求双方方便。至少，也要尽可能提供几种时间上的选择，以显示自己的诚意，并要对具体时间长度进行必要的控制。

另外，用餐地点的选择也非常重要。

首先要环境优雅，宴请不仅仅是为了“吃东西”，也要“吃文化”。如果用餐地点档次过低，环境不好，即使菜肴再有特色，也会使宴请大打折扣。在可能的情况下，一定要争取选择清静、优雅的地点用餐。

其次是卫生条件良好，在确定宴请的地点时，一定要看卫生状况怎么样。如果用餐地点太脏、太乱，不仅卫生问题让人担心，而且还会破坏用餐者的食欲。

最后还要充分考虑到，来宾的民族禁忌、口味禁忌等特殊情况，这都需要提前对来宾情况有充分的了解。

4. 参观游览及娱乐活动

团体接待一般都会安排参观游览及娱乐活动。这既是接待工作的一项内容，也是联络感情的一个重要方法。在游览参观过程中，主客双方不但可以随时继续进行洽谈，而且可以进一步加深理解、沟通感情，为今后双方的愉快合作打下基础。

安排参观游览时，主方要结合实际情况，根据来宾来访的目的和要求，选择好参观游览点。主宾参观游览时，通常由秘书陪同，此时秘书又充当了导游的角色，秘书应在陪同中处处照顾来宾，还要对参观路线、用餐等做好提前安排，并对参观景点作适当介绍，这就要求秘书人员应熟悉当地古迹、风光的特色，历史沿革及相关典故。在参观游览过程中，主方还可以酌情赠送有意义的、合适的纪念品，也可以选景摄影留念。

来宾逗留期间，主方可以安排适当的文娱活动，如观看文艺演出等。在安排活动时，既要从实际可能出发，又要尊重来宾的意愿。如果是涉外接待，主方在组织文艺演出时，要注意安排一些具有民族风格的节目，同时要注意避免因政治内容或宗教信仰、风俗习惯等问题而引起的一些不必要的误会或不快。

三、善后总结工作

将客人送别后，应善始善终地做好接待善后工作。

1. 通知接站

为客人订购返程的车、船、机票，并送到客人手中，或为客人租用返程车辆。将客人所乘车（机、船）班次时间通知客人前往的单位，以便接站。如果客人路途较近，一定要提前通知，以防误事。安排送客的车辆，并由接待人员将客人送至车站、码头或机场。如属重要客人，安排领导人前往送行。

2. 总结提高

要认真总结经验，对工作中出现的失误，要进行分析，找出原因，吸取教训，以利改进工作。对参与接待工作的有关单位表示感谢。

3. 文件归档

把本次接待工作中形成的文件、材料收集齐全，整理归档，以便日后查阅。

简单归纳，可将接待工作程序总结为：① 接受任务；② 了解来宾；③ 制订计划；④ 预订食宿；⑤ 迎接来宾；⑥ 商议日程；⑦ 组织活动；

⑧ 陪同参观；⑨ 送别客人；⑩ 接待小结。当然，在每次接待过程中，实际情况总是千差万别的。因此，秘书人员在接待工作中要根据不同情况，灵活掌握，合理安排。

信息的收集与管理实务

信息管理是秘书的一项经常性工作，要在辅助决策过程中及时为领导“提供准确的信息”。文件工作、调研工作、信访工作、档案工作等都可以说是秘书部门的信息工作，只是内容和形式具有各自的特点罢了。

信息管理并不是秘书的一项新职能，只是过去不用“信息”这个词，一般叫“情况”，书面的信息叫“材料”、“资料”，而且对信息工作的认识也不像现在这样深刻。

英国学者佐克杰博士认为：“从最广泛的意义上说，信息可按其创造能力来加强评论。高质量信息可使接受者认识环境，并随着环境的变化采取必要的对策。”这就是获取高价值信息的目的所在。信息工作的重要性决定了秘书必须投入很大的精力搞好这项工作，要克服那种在办公室里坐等信息的不良作风。

信息管理是一门学问，当然不能要求秘书人员必须掌握高深的信息科学理论，但是具有一定的信息理论知识，如信息收集、信息处理、信息输出和信息反馈的一些原则和方法是完全必要的。

信息管理工作包括收集、鉴别、储存、处理、输出、反馈等各个环节。秘书信息管理工作的基本要求就是“准确、及时、全面、适用”八个字。

某地区遭受夏季特大洪水的袭击。在本省及兄弟省的支援下，发给灾民衣物达 178.94 万件，夏秋两季灾民的穿衣问题已解决。但由于捐赠的衣物中，过冬的棉衣、棉被所占比例很小，地委办公室为此给省委办公厅发了一条救灾信息，请求上级帮助解决灾民的过冬衣被问题。当时，仅知道棉被约占下发衣物总数的0.4%，棉衣、绒衣数量不详。为统计所缺棉衣、棉被的数字，地委办公室信息科以已发放的178.94万件衣物为参数，按每100件（套）衣物应配发棉被10床、棉衣20件的一般标准，主观地推测该地区灾民共缺棉被10万套，棉衣20万件。并且将这一数字用于信息的标题"××地区灾民过冬尚缺棉衣棉被30万件（套）"。

信息发出后，省委领导非常重视，即批示有关部门将情况了解清楚后设法帮助解决。省民政厅接领导批示后，立刻部署该地区及其受灾各县的民政部门落实领导指示，采取措施逐乡、逐村地摸清今冬灾民穿盖情况，根据有无自救能力分类排队，逐户登记棉被2000床，绒衣4000件、绒裤2000件，棉衣1600件，拨款275万元，就可基本解决受灾群众过冬衣被的问题。

信息的收集是企业信息处理程序的首要环节，是做好行政信息工作的基础。

秘书每天的日常功课之一，就是通过各种途径，收集有助于或有影响的行政信息。比如，通过每天收到的文件、简报、资料、报表以及电话、电报收集各方面的信息；有计划地开展市场调查和市场预测，直接进行调查研究，获取高层次信息；参加各种业务会议、展销会、订货会、交易会、学术讨论会、信息交流会、技术鉴定会等，掌握有关的重要信息。总之，一个优秀的秘书，应是收集、整理、加工信息的能手。

1. 信息收集的原则

秘书人员收集信息应注意以下几项原则。

（1）真实性

这是最基本的原则。我们所获取的信息未必都是真实的，其中可能混杂着某些不真实的成分，即伪信息。如果秘书人员将某些不真实的或不完全真实的信息提供给领导，势必会造成领导对情况的误判，从而导致决策和处理问题的失误。

（2）多样性

环境构成是复杂的，决定环境的因素很多，所以秘书人员收集信息不能只就某一个点和某一个面，而应该围绕本单位发展的需要，开拓视野，综观全局，以求获得尽可能全面的信息；否则也会造成领导对情况的误判。

（3）层次性

信息的层次性，表现在三个方面。一是一般信息与重要信息；二是上层信息与下层信息；三是表层信息与深层信息。

不同层次的信息，其作用是不同的。收集不同层次的信息，目的是能够准确、深入地把握环境的整体情况。

（4）时效性

任何信息都有时效性，只是不同的信息其时效有所不同，有的为长效，有的则为短效。时效的长短与价值没有必然的联系，有的信息时效期虽短，但价值极高。如果不能及时地捕捉到这种信息和及时利用这种信息，公司往往会蒙受很大的损失，所谓“贻误战机”说的就是这个道理。

2. 信息收集的方法

秘书尽管不是领导者，也不是决策者，但是却需要站在领导者、决策者的高度去观察问题、分析问题。所以，秘书应努力学习领导所需掌握的各种知识，努力像领导者、决策者那样高瞻远瞩。

秘书人员收集信息的方法有以下几种。

（1）采集

采集主要通过三种方式。

A. 通过常规渠道采集。即通过行政渠道、业务渠道、团体渠道、网络渠道采集信息。

行政渠道常用行政手段由下而上层层采集。这样做，能在一定程度上保证信息的真实性。但中间环节多，较费时间。

其他渠道，多采用主辅式方法采集，即以一条渠道为主，其他渠道为辅的方式，这样可以相互补充、印证，比较准确可靠。

B. 通过非常规渠道采集。即通过参观访问、实地调查、组织座谈会、讨论会、洽谈会、咨询会等方式进行采集。

利用实地调查法收集信息，常见于比较突出的事件或“老大难”问题的了解、处理上。这种方式收集信息费时短，获得的材料比较真实可靠。但要注意处理好中间环节，或事先打招呼，或事后通报调查结果。

组织座谈会采集信息是指有时不直接找当事人或单位，而是通过当事人或单位的“左邻右舍”，即第三方了解情况收集信息。这种方式多用于众说纷纭是非难定的人或事。使用时要注意谨防偏听偏信，以免收集到的信息失真。

C. “零次情报”采集。在人际交往中，常常可以获得关于未来的预测信息。在旅馆、餐厅、影剧院等公共场所，打破等级、专业、工种、年龄等限制而进行的广泛议论，被日本人称为“零次情报”。

国外许多调查表明，“零次情报”在各种信息中占有重要的地位，它往往是各种文献中难以找到的最新的信息，能给信息工作者或决策者以出乎意料的启迪。

（2）交换

交换即将自己拥有的信息资料与其他单位进行交换。

交换的信息资料一般是限制发行的或内部发行的印刷、音像材料。但是，国家有关文件规定禁止交换以防泄密的信息资料除外。

（3）索要

索要即通过电函或派人索取所需要的信息资料，包括订购各种报纸、杂志、书籍等。

（4）复印

在征得对方同意的情况下，可用复制方法来收集信息。复制一般有三种方式，即复印、翻拍、翻印。

第四章

沟通艺术，做优秀秘书必备的能力

秘书的许多日常工作都是与沟通紧密相连的，而一个人如果能够与他人进行良好的沟通，事情就成功了一半。所以，沟通是工作的关键，对于起着承上启下功能的秘书来说，更是关键中的关键。

秘书一定要协调好人际关系

关厂长四十有五，在工作上严格要求是出了名的，谁要在工作上打马虎眼，他粗大的嗓门儿会叫谁受不了。然而，下级有个病痛，他忙到半夜也要亲自探望。小陈是厂里新来的秘书，在她之前，已经有3个人因为关厂长的坏脾气而离开。小陈听说了别人对关厂长的看法，虽然大家都劝她不去为好，但她倒想去见识见识这个关厂长。

上班的第一天，一切完全是规范化的。第一次见到关厂长，关厂长很礼貌地接待了小陈，交代了一些工作之后，关厂长便急着去忙事情了。关厂长留给小陈的第一印象还算不错。几天后，关厂长通知小陈随他去与外商洽谈技术合作项目，早上9：30出发，同行的有总工和外请的翻译。

这个项目，小陈在技术科早就知道了，方案也是她在总工指导下制订的。早上还不到8：00的时候，她就到技术科准备一些资料。没想到，一阵急骤的电话铃声响起，对方的同事转告小陈，说厂长找她，火气很大。小陈立即赶到厂长办公室，关厂长上来就没有好音儿："上班时间串什么门儿？我让你在办公室等着，9：30出发，你到处跑什么？"小陈也火了，不是还不到9：30吗？但还是忍住，沉默着听关厂长"发威"。

听到关厂长接下来的话，小陈才知道，原来是总工生病住院了，翻译也因事不能来，如果因为推迟谈判，对方可能会去找新的合作伙伴。关厂长为此事很着急，知道这个情况后，小陈原谅了关厂长的发火。"您对这个项目熟不熟悉？"小陈问。"主要内容清楚，有些细节不很熟悉。"关厂长说。"细节和全部内容我都熟悉，我参加过这个方案的起草。”小陈自信地说。关厂长眼睛一亮，但马上又暗了下来：“可翻译没有来啊。”“外商不是美国人吗？”小陈问。关厂长肯定以后，小陈说道：“我认为我能行。”小陈觉得没有必要谦虚。关厂长顿时惊喜万分，也意识到了自己之前的态度不好。他立刻让相关人员做好了准备工作和小陈一起出发了。谈判成功了，在谈判当中，小陈又当翻译又和老外谈技术合作的细节，关厂长把关决断，配合得十分默契。由于小陈对对方的情况十分了解，还适当地称赞了几句对方的技术成就和经济实力，对方代表十分高兴，竖起大拇指用简单的汉语说：“关先生，我羡慕您呀！您的秘书才华出众，年轻有为。”

回来的路上，关厂长对小陈的表现非常满意，当他在说着夸奖的话的时候，小陈却提醒厂长要去医院看总工，对于关厂长要特设犒劳的邀请，小陈也婉言谢绝了。

大家听说厂里新来的秘书把厂长制服了，都很佩服她。可是小陈却认为：领导也是人，在他为难的时候，作为秘书应该亲近一点、热情一点，尽量帮他分忧；在他成功的时候，高兴的时候应该离远一点、冷静一点，尽量使他保持清醒。

人际关系的协调是秘书职能的重要方面。本案例主要反映的是秘书与领导者关系的协调。秘书人员与领导者的关系是对立统一的：秘书活动源于领导活动的需要而产生，又伴随领导活动的进行而展开，两者相互补偿，不可或缺。秘书人员与领导者的关系是一种上下级关系，秘书人员要遵从领导指挥，领会领导意图，为领导活动服务，成为领导者的得力助手。上述案例中，秘书小陈在追求一致与积极适应的原则下，正确处理好了与关厂长的关系，积极发挥参谋作用，协助关厂长谈判成功。

由此可见，人际关系协调在秘书工作中处于非常重要的位置，所以，秘书人员要加强人际关系协调能力，增强公共关系意识。秘书协调与领导关系的原则有以下几方面。

（1）从属原则

从属原则是指各级文秘部门在协调工作中始终要把自己的角色定位在从属的位置上。文秘部门的地位和性质决定了协调工作的从属性特点。为办公室领导当参谋、搞服务，实际上是协助领导做好协调工作，因此必须摆正位置，做到既主动又不越权越位。在领导确定协调事项后，不等不靠，充分发挥主观能动性，在职权范围内积极主动地做好协调工作；尽量将协调工作完成在相应层次上，最大限度地减少或避免上级领导直接出面充当协调者的情况出现；确需领导出面协调的，要事先做好准备，提出解决的预案和建议；协调过程中要及时研究分析动向，准确地为领导提供所需的各项材料、依据；协调后主动搞好督促检查，及时向领导反馈落实情况；要严格按领导意图办事，对于自己把握不准的问题要多汇报、多请示，不要随便更改领导的协调意见，不要对重大问题随意表态，贯彻落实工作中遇到新情况，不可自作主张、擅自决定。

（2）服从全局原则

在日常工作中，往往会发生局部利益与整体利益相矛盾的现象，局部利益服从整体利益，是文秘部门协调工作的重要原则。有许多事从局部的利益来看是适宜的，是有一定道理的，但是从整体的利益和长远目标考虑，却需要局部作出一定的牺牲。因此，在协调过程中，要保持清醒的头脑，坚持从总体目标出发，说服有关方面从全局着眼。从长远着想，把各方面的意见统一到全局利益上来，统一到人民群众的根本利益上来；否则，很难实现真正意义上的统一和协调。

（3）平等协商原则

平等协商原则是指文秘部门在协调中要始终坚持平等待人，以协商的态度进行对话。文秘部门协助领导参与协调工作，它不是布置工作，它与协调对象之间不是领导和被领导的关系。因此，在协调中要立足于一个“商”字，始终以平等的态度进行对话，要以平等的地位同各方面进行商量、沟通，切忌用简单的、行政命令的方式去解决问题。在各方意见难以达成一致时，还应当认真做好细致的思想工作，努力协调各方向前看，形成相互尊重、平等协作的氛围。

（4）分级负责原则

分级负责原则就是指文秘部门在协调中要注意分清层次，充分发挥各方面的作用，依照职责分工，分级做好协调工作，不要把什么问题都提交给领导解决。凡是属于业务部门职责范围的事，应充分发挥业务部门的作用，尽量让他们自己去协调；涉及几个部门的一般性问题，应尽量让各有关方面自行协调解决，或指定牵头部门协调解决；对于确需领导出面协调的问题，文秘部门要详细了解有关方面的情况，提供有关材料，做好协调方案和预案等基础工作，及时向领导汇报，并为协调做好有关服务。

（5）沟通原则

沟通是达到互相理解的重要手段，对搞好文秘部门协调工作十分重要。

① 要加强上对下的沟通，要把上级精神及时向下传达。

② 要加强自身与上下左右的沟通，让别人了解自己。

③ 加强下对上的沟通，掌握各部门的情况，及时向上级反映。

（6）服务原则

把服务寓于协调的全过程。

① 认真负责，不要事不关己，高高挂起，麻木不仁，敷衍搪塞。

② 谦虚谨慎，不能居高临下，盛气凌人，动辄训人；要态度诚恳，与人为善，营造和别人协商共事的气氛。

③ 热情周到，对协调对象的意见和呼声要认真听取，能答复的及时答复，不能答复的要请示领导，然后进行处理。

（7）政策原则

协调工作要以党的方针政策为依据，要依靠政策，运用政策，发挥政策效力。

（8）调查研究原则

文秘部门在协调中要注意调查研究，坚持实事求是，一切从实际出发。调查研究是协调处理问题的基础，在进行协调工作之前，必须认真调查研究，掌握第一手资料，搞清矛盾的焦点及来龙去脉。对各方面提出的意见、陈述的理由，都要本着实事求是的态度进行认真分析，把握其规律，然后才能依据有关政策和法律提出合理、可行的协商意见，作出协调决定。如果情况不明、是非不清，不了解各方面的要求，不研究和判断矛盾的性质，不分析矛盾对全局所产生的影响，是很难开展好协调工作的，即使进行了协调也是很难做到公正、公平的。

巧妙化解矛盾和冲突

由于职场的竞争很残酷，在一个组织中，同事之间存在矛盾和敌视是很正常的事情。秘书在领导身边工作，由于身份和工作性质的特殊性，秘书之间存在着矛盾和竞争是在所难免的。关键是怎样处理好这些矛盾和冲突，怎样进行正当的竞争，化解一些不必要的矛盾。

谢晓萱是一个漂亮聪明的姑娘，大学毕业后应聘到一家公司任总经理秘书。她同学开玩笑说："哟，小谢当官了，秘书相当于经理啊。"谢晓萱听了心里也美滋滋的。但是，谢晓萱从上班第一天开始，就感觉很难受。原来，她们办公室还有一位叫韩静的秘书。韩静比谢晓萱早来两年，自觉资格比她老，对她不苟言笑，经常支使她干这干那，对她做的事情横挑鼻子竖挑眼，交给她一堆跑腿的活儿，但是有一个地方不让她去，就是总经理的办公室。谢晓萱一开始很委屈，很气愤，很想质问韩静凭什么这样对待她？想跟她大吵一架，辞职而去。但谢晓萱生来是个要强的人，转念一想，这也许是个挑战，我一定把工作做得更好，让韩秘书也不得不满意。所以，在以后的工作中，谢晓萱更加努力，早来晚走，各项工作也做得有条不紊。

有一次，韩静又让她去跑腿，叫她过来递给她一份合同，交代道："这是一份很重要的合同书，你马上按这个地址用特快专递寄走。"谢晓萱不敢怠慢，赶紧打车到邮局。邮局里人很多，在排队等候的过程中，她不经意地看了一下合同的内容，忽然发现合同内容中货款总额的大小写互相不符合。货款总额的小写是 280000.00 元，而货款总额的大写却是贰佰捌拾万元。谢晓萱生怕数错了，仔细地数了好几遍货款小写的那几个"0"，结果的确比大写少了一个零。谢晓萱心想是韩秘书小写少打了一个“0”呢？还是大写打错了呢？谢晓萱内心很矛盾，把合同书就这么发了吧，合同内容有错误，可能会给公司造成不利影响，韩秘书也会因此受到严厉批评。不发吧，想想韩秘书那可恶的嘴脸，真想就这么发了，让她尝尝挨批评的滋味。思想斗争了半天，最后，她还是决定不发了。

她回到公司马上去找韩秘书，韩秘书正在总经理办公室帮总经理整理文件，谢晓萱把她叫出来时她很不耐烦，说：“找我什么事？合同书发走了吗？”谢晓萱说：“没发走，因为合同金额打印有错误。”韩秘书不相信地说：“不可能，我不可能打错，准是你看错了。”谢晓萱说：“的确错了，不信你看。”韩秘书拿过合同仔细一看，还真是错了。

这件事情过去了两天，谢晓萱突然接到韩秘书发的短信：“这次多亏了你，真谢谢你！”谢晓萱很惊讶，马上回了个短信：“应该的，我们应该互相帮助。”从这件事后，韩秘书对谢晓萱的态度彻底改变了。

冲突是不可避免的，即使是最老实的人也不例外。但是，有冲突就一定是坏事吗？当然未必。只要能够及时化解冲突，就能化害为利。

一般来说，化解办公室冲突主要有五种方法。

1. 退却回避法

这种策略的主旨是对冲突置之不理，以期不了了之。奉行这一策略的人会不惜一切保持中立态度，他们认为，冲突不过是一种毫无价值的惩罚行为，只会带来无谓的损失。因此，他们竭力置身事外，不闻不问，对卷入冲突的人员和相关工作漠不关心，一心只想别牵涉到自己就行。

我们前面提到过，冲突就是矛盾，哲学上讲矛盾有很多种：有主要矛盾、次要矛盾；对具体一个矛盾来说，有矛盾的主要方面和次要方面。矛盾的主要方面决定了事物的性质，主要矛盾对事物的发展有着主导性的作用；次要矛盾却没有这么大的作用，但是次要矛盾却可能转化为主要矛盾。

正是因为这一哲学原理，所以对待有的矛盾可以采取暂时回避的态度，主要是指那些不重要的、非主要的矛盾。

比如说，你在办公室和同事之间因为一些个人兴趣、性格不同，造成了一些小的矛盾，这种矛盾并没有影响你们之间在工作上的合作，那么对于这样的矛盾，你不妨采取退却回避的方法，以期把工作的重点放在别的更重要的问题上。

当然，我们也提到了，次要矛盾可能转化为主要矛盾，所以该策略的不足之处是只能暂缓人们直接的面对面的冲突，也可能带来某些隐患，这是需要注意的。

那么，哪些情况需要采用退却回避法呢？

下面这些情形适合使用退却回避法：① 冲突起因是琐碎事；② 冲突各方缺乏双赢协商技巧；③ 在冲突带来的潜在利害中得不偿失；④ 没有足够时间解决冲突。

2. 安抚迁就法

在办公室可能有这样的情况：你的同事之间存在着矛盾，你自己本身并没有卷入矛盾当中，但是作为同事，有很多场合也要求你面对别人之间的冲突，甚至是在同事间做出某种选择，你该怎么办？

这个时候，安抚迁就法可以说是一种不错的选择。听起来有点像是要你做个“和事佬”，正是这样。因为你不在冲突中，没有必要对这样的冲突过于重视，但是为了不引起冲突双方对你的不满，你又要表态，所以只好这样做。

比如说，办公室里 A 与 B 有矛盾冲突，经常出现争执。他们常常会分别来向你倾诉，你就最好分别安抚迁就他们。当某一事情相持不下的时候，他们也许会要求你当着他们的面立即作出一个决断，他们实际上是想给自己寻找一个同盟军，为了避免得罪两个人，你最好也采取安抚迁就的策略。

这种做法的缺陷在于：它只是权宜之计，有点像杯水车薪一样无济于事。而且有可能给人以“骑墙”的感觉，因为同事有时候希望你能够态度鲜明地对待他们的冲突。

一般来说，出现下面情形时最好采用安抚迁就法：① 不及痛痒的问题；② 关系的损害会伤及冲突各方的利益；③ 有必要暂且缓和冲突以便取得更多信息；④ 冲突双方情绪太过激动，无法取得进展。

3. 妥协法

有的时候，你可能已经处于冲突中的一方。在这个时候，也许你会这样认为：当置身于办公室冲突的时候，自己最好是永远不妥协的那一方，坚持自己的立场。这种观点从感情上来说是可以理解的，但却不是理智的方法。

因为发生冲突的原因很多，你应该问自己：

我是不是仔细分析了原因？

我是不是对解决冲突抱有建设性的态度？也就是说，是不是真的希望解决冲突？

如果是，你就应当考虑在必要的时候妥协。而在你真的犯错误，真的不对的时候，一定要考虑妥协。

妥协会使你暂时看来没有面子，但是从长远来说却是很好的。另外，如果作为矛盾一方的你先妥协了，也许会带动对方妥协，这样会使你们的冲突很快得到化解。

在下列这些情况下适合作出妥协：① 如果妥协能使双方都获益；② 无须理想地解决；③ 只想为复杂的问题找个暂时的解决方案；④ 双方力量旗鼓相当。

4. 硬逼决战法

如果问题很严重了，达到了激烈冲突的地步，而你又身处其中，就需要采取硬逼决战法。

前面说过，矛盾有主要矛盾。现在你面临的冲突，也许涉及你的原则，也许涉及你的根本利益，你绝无妥协的可能；同时，对方也拒绝妥协，怎么办？冲突必须得到一个解决，而且越早越好。

这时候，你就可以考虑此种方法，即使可能你将受到很大的伤害，但是也比拖着事情迟迟不解决的好。这就是所谓的大家“公开摊牌”。即采用硬逼或决战方式解决冲突。对于某些人而言，达到自己的目的比关心他人更重要，而且采取强硬手段争取自己想要的东西没有什么不妥。在他们的眼中，冲突就是要一决胜负，就是要让对手输给自己；除非有高于他们的仲裁力量；否则，他们不会服从于仲裁。

但是，采用这一策略的时候，你一定要慎重，因为这意味着绝无回旋的余地。另外，还须考虑输家的情感，他们可能一有时机就会进行报复。

下面这些情形适合使用硬逼决战法：① 需要迅速行动和当机立断；② 冲突各方都强调实力和强硬；③ 冲突双方均认可强权关系。

5. 解难协作法

解难协作法对人和结果都同样重视。只要开诚布公地予以处理，产生冲突也有好处。在使用这种方法解决问题时，你要努力寻求群体共识，而且也要任劳任怨。

但是，这种方法很耗费时间。如果当时的情形要求快速决断，你就只能采用硬逼决战的策略了。

在以下这些情形下运用解难协作法较为有效：① 卷入冲突的每个人都有良好的理性；② 对待冲突的解决都抱有建设性态度；③ 都愿意真心实意地解决冲突，冲突双方有共同的目标；④ 冲突的原因是双方缺乏交流或仅仅是因为有误解。

当然了，如果冲突对方缺乏理性，对冲突的解决并无建设性的态度，他们所想的不是解决冲突，而是希望你无条件地妥协。比方说，某人执意采取强硬手段来解决问题，你只能慢慢引导对方寻求解决方案，或者只能改变策略。

不同的领导，不同的交往方式

范小云是某房地产公司的秘书，已经工作多年，并且工作一向勤勤恳恳、兢兢业业。

经理是个依赖型的人，范小云能把需要为领导安排的事情做得井井有条，细致入微。一些文件、报告经过她的认真处理之后减轻了领导的压力，领导感觉非常轻松，所以对她也特别满意。今年公司新换了一个王经理，听说比较挑剔，所以同事们都认为范小云经验丰富，将与王经理有关的工作都推给了她。

某日，将要被公司收购的一家地产公司送来了一份公司经营报告。范小云接手之后，发现报告写得不成章法，破绽百出，于是进行了一定的润色，然后交给了王经理。出乎她意料之外的是，王经理先是问了她一句：

“这份报告是原稿吗?”看她摇头之后又说道:“请报告负责人明天口头汇报吧。”虽然王经理没有多说什么，但是从他不快的表情上范小云知道自己做了一件很幼稚的事情。她用自己原来的思维方式处理了这件事情，却犯了一个很大的错误。她立刻微笑着对王经理说:“很抱歉，王经理，我修改了原稿。不过我的电脑里有原稿底样，我可以立刻打印好给您。刚才我自作主张，是我的失误。”当她把原稿放到王经理面前的时候，她看见了王经理的脸色由阴转晴，心里才稍微放心。从此之后，对于应该交给王经理的资料，她从不敢擅自修改，而且对一些事情的处理并不过多地发表意见，从而获得了王经理的信任。

不同的领导，有自己不同的思维方式和工作习惯，对于秘书的要求也不一样。有些领导喜欢包办型的秘书，喜欢秘书打理好自己的一切。有些领导有自己的主见，不喜欢秘书过多地干涉自己的工作，而仅仅是起辅助作用。做秘书的不能强求，只能是要求自己尽可能地去适应领导。本案例中范小云能够根据领导的反应及时调整自己的行为是一种成熟的处理方式。所以，做好秘书工作的关键是多用心，要分清楚领导的类型，针对不同类型的领导进行不同的交往方式。

1. 能力平庸的领导

平庸的领导具有的共同特点是：能力差却事事都想插手；决策武断，听不进建议；水平不高却担心身边的人看不起他；成绩不多因而常争抢下属的功劳。

大多数人都不希望自己做平庸无能领导的部下。但是，遇上这样的领导也是无奈的选择，所以你作为他的下属，最好的办法是“既来之则安之”，与其轻蔑他，不如善待他。

(1) 善于在弱将手下当强兵

一般的情况是强将手下无弱兵，一个人在能力强、领导有方的环境中会提高快、进步快。实际上，对一些能力强的秘书而言，在平庸无能的领导手下更能春风得意地表现自己，如果受有能力领导的指挥，可能发挥不出自己的主观能动性。

在历史上，刘禅有“扶不起的阿斗”的丑名，是个典型的平庸型领导，基本上不懂得治国方略，完全依赖诸葛亮出谋划策。而诸葛亮上通天文，下晓地理，对治国安邦、指挥作战、发展经济都很有一套办法。诸葛亮的才能之所以发挥得如此淋漓尽致，与他遇到了两位能力平平的君主和所处的宽松环境有关。如果诸葛亮跟从曹操，曹操肯定不会把军政大权让他“一把抓”，历史上的诸葛亮恐怕也就不存在了。古今中外有许多这样的事例，主弱臣强、将弱兵强。

（2）期望值要合理

作为一名秘书，对平庸无能的上级往往是“希望越大，失望越大”。因此应将期望值定得合适，不要太高，不要超过其自身能力所能达到的限度。

（3）积极扶助领导，为其出谋划策

平庸无能的领导一般决策水平也不高，拿不出好主意，易受下属影响，忠诚为之献策献计的人往往能受到他的重用。

这类领导在遇到棘手问题而束手无策时，很注意留心观察得力下属的反应，对那些袖手旁观、不替自己分忧解难的下属会记恨在心。平庸无能的领导最忌讳下属对工作不尽心尽力，痛恨下属看自己的“笑话”。

平庸无能的领导能够升到领导的位置，必然有他的理由和根据。他的有些缺点是可以克服的，但有些弱点并不是能够弥补的。你作为他手下的秘书，应该体谅他的苦衷，尽力协助他把工作做好，把事业做大。

2. 傲慢型领导

傲慢型领导脾气暴躁，自认为高高在上，手握生杀大权，因而把下属当作佣人看待。总是威风八面、架子十足，不仅口气粗暴，而且言辞也充满悍气。

应当说，这样的领导作风，是需要批评的。不过，同这种领导相处，秘书应注意以下几点。

（1）以迂为直，绵里藏针

秘书可以避开不利条件下的冲突，巧妙周旋，刚内柔外，绵里藏针。当然，领导并非是敌人。但对付锋芒毕露的领导，这无疑是有效战略。

当你被领导批评时，无论你是对是错，都不要与他当面冲撞，你的解释和分辩只能使双方的关系进一步恶化。对于他批评你错了的地方，你应该等他怒气消尽后再找机会解释。

同样，当你和领导就某一问题产生分歧时，据理力争是最愚蠢的方法。你应以迂为直，用商量的口气试着同领导交谈，变自己的想法为领导的想法，达到这种效果，才是最为高明的，通常你的建议也会被他采纳。

（2）给领导搭台，请他唱戏

领导往往表现欲极强，在他自己尽展才华时非常渴望别人的掌声。

作为一名聪明的秘书，你应给领导创造“唱戏”的机会，让他尽情表演。比如在某不太重要的会议上，正事谈完之后，你不妨找个话题做引线，让领导开始发挥，或在领导对某事发表所谓的高见时，你不妨真心地赞扬他几句，但要注意一定要恰到好处。这样，你就会在他眼里留下一个善解人意的好印象。

（3）泰然处之

当领导无缘无故大动肝火时，只要自己没犯错误，没有把柄落在领导手里，你就不要表现得惊慌失措。尽管做你自己的工作，对他的咆哮充耳不闻。

3. 疑心重的领导

有的领导疑心很重，一般表现为：过度警惕，对秘书的一言一行都琢磨再三；不信任别人，凡事都要问个究竟，怀疑别人背着自己说坏话；与同事的感情时好时坏；缺乏自信。那么，秘书应怎样与疑心重的领导相处呢？

（1）做事要小心谨慎

凡事都要掂量掂量，从领导的角度考虑，是否有破绽或漏洞，是否有引起领导不放心的地方。

如果秘书小心谨慎，没有为过的地方，那么多疑的领导看到他做事谨言慎行，一丝不苟，处处都让他安心放心，他的疑心自然会消除不少。

（2）多汇报，多请示

疑心重的领导常常顾虑秘书在忙什么？交办的事情进展如何？在执行任务过程中做了什么手脚？这些疑问都是领导常常挂在心上的，疑心重的领导对这些问题更是经常琢磨和思量。

与这样的领导相处，聪明的秘书在做事的过程中，并不是一味去干事，而应同时考虑：“领导现在想了解哪些情况？我该怎样汇报才能让他放心？”

汇报、请示是最能使领导放心、不至于产生过多疑虑的方法，多汇报常请示，你就能明哲保身，高枕无忧了；反之，少汇报、少请示的秘书容易引起领导的猜疑顾忌。

（3）善于给疑心重的领导鼓气

领导疑心重一般是由于缺乏自信心、底气不足引起的，需要在关键时刻得到下属的激励，消除过重的疑虑。

领导考虑问题时，因为站的角度不同，考虑不全面，所以顾虑多、疑问多，需要深谋远虑的人替领导释疑，鼓起领导的勇气。因此，秘书应常常给这样的领导鼓劲打气，才更易于获取领导的赏识。

如何面对难相处的同事

某汽车公司机关办公室在暑假的时候组织所有的人员到避暑山庄旅游。七月的避暑山庄，花团锦簇，绿意盎然，大家玩得也都非常尽兴。去的时候领导的车和职员的车是区分开的，但是由于总经理临时有事情离开，返回时其他的副总和大家都坐到了两辆豪华面包车中。当大家游览避暑山庄某寺庙的时候，秘书小黄恰巧不太舒服，所以留在了车上。临下车的时候，李副总经理指着小黄旁边比较靠前的位置说：“我有些晕车，这个位置一会儿你给我留着，别让别人坐。”大家游玩之后，陆续回来。办公室的李姐第一个上车，一下子就坐到了李副总预留的位置。小黄急忙说：“不好意思，李姐，那个位置是李副总经理的，他有些晕车，所以预留了那个位置。”“哼哼，倒很会拍马屁呀。还不是想离领导近点儿。”

李姐悻悻地走开了，满脸的不高兴。小黄当时很后悔，因为李姐在机关刁钻自私是出了名的，谁如果损害了她的利益，肯定是要被她非议或者给些难堪的。但是当时如果不说，李副总就会很不高兴。在以后的日子里，只要看见小黄，李姐就会哼一声然后走过去，或者瞥一眼，露出不屑一顾的神情。其他人不知原因，还问小黄怎么得罪她了。小黄一笑而过，既不解释，也不表示出如何不快。一个月之后，李姐患乳腺肿瘤住院，很多人都不愿意去探望她。小黄知道之后，买了鲜花和水果去医院探望。当时，李姐落下泪水，对自己曾经的狭隘表示道歉。小黄微笑着表示并不介意，并且请李姐好好养病，需要帮助的时候不用客气。

当李姐再次回到公司上班的时候，她对小黄的态度发生了180度大转弯，什么事情都尽力去帮，两个人的关系也有了良好的发展。不过小黄对她依然不温不火，既谦虚有礼，又保持距离。

人是有个性的。不同的人，有不同的个性。如果秘书善于和各种不同性格的人交往，同事之间就会减少一些疙瘩，大家相处得就会更加融洽，工作起来就能相互协调。秘书应尽量学会和各种不同性格的人打交道。

那么，秘书应该怎样和不同性格的同事相处呢？

1. 怎样与口蜜腹剑的人相处

对付口蜜腹剑的同事，优秀秘书最简单的应付方式是装得不认识他。每天上班见面，如果他要亲近自己，就找理由马上闪开。能不做同一件工作，尽量避开不要和他一起做，万一避不开，就要学着写日记，每天检讨自己，留下工作记录。

2. 怎样与尖酸刻薄的人相处

尖酸刻薄型的人，是不受人欢迎的。

如和别人争执时往往挖人隐私不留余地，同时冷嘲热讽无所不至，让对方自尊心受损颜面尽失。

尖酸刻薄的人，天生伶牙俐齿得理不饶人。

遇上尖酸刻薄的同事，优秀秘书相处的技巧是：

① 和他保持距离，不要惹他；

② 万一吃亏，听到一两句刺激的话或闲言碎语，就装没听见。

千万不能动怒；否则，是自讨没趣，惹鬼上身。

3. 怎样与挑拨离间的人相处

尖酸刻薄是损人不利己，挑拨离间则会将单位弄得人人自危，互相争斗。

优秀秘书应付这类型同事的诀窍是：

首先，要注意谨言慎行，和他保持距离。

其次，要在单位内建立个人信誉，使他挑拨不成。

再次，万一有一天，有什么是非发生，应尽量化解，虚心忍耐。同时要保持宽广的心胸。

最后，最重要的是联络其他同事，建立联防及同盟关系，将他孤立起来，如果他向任何人挑拨或离间，都不要为之所动、不受影响。

4. 怎样与翻脸无情的人相处

这类型的人最大的特征是，说翻脸就翻脸，一翻脸就什么都不顾。

翻脸无情的人多是忘恩记仇的人。尽管人家对他好，但是只要小事一桩不顺他的心，他就马上翻脸。

对付翻脸无情的同事，优秀秘书的做法是：

① 先“留一手”，化被动为主动；

② 没有利害关系时，各干各的活儿，尽量不去主动招惹他。

5. 怎样与愤世嫉俗的人相处

这类型的同事，往往对社会上的一些现象非常看不惯，认为社会变了，世风不古，人心愈来愈恶，快活不下去了。

和愤世嫉俗的人共事，要注意以下几点。

首先，对愤世嫉俗的同事，秘书要劝他多吸收新的知识，更新思想和认识。

其次，告诉他现在社会进步了、风气开放了，要与时俱进；否则，会跟不上时代。

最后，告诉他骂得不得要领，会被见笑，同时也失面子。

6. 怎样与踌躇满志的人相处

踌躇满志的同事，对任何事物都有自己的定见。

这类人之所以会踌躇满志，是因为一直处在一种极顺的状况下，或者得到了领导的青睐，并且很少接受别人的意见。

优秀秘书与这类同事相处的技巧是：

① 在他的面前不要乱出点子；

② 在不违反工作原则的情况下，尽量照着他的意思去做；

③ 在他尝到一些失败的苦果时，真诚地帮助他。

7. 怎样与心胸狭窄的人相处

心胸狭窄的人，其基本的心理特征有二：

一是容不得人。

二是容不下事。

心胸狭窄的人，对比自己强的人嫉妒，对不如自己的人又看不起。他们生性多疑，一点小事也常常折腾得吃不好睡不香。

优秀秘书怎样与心胸狭窄的人相处呢？

（1）要有大度的气量

与心胸狭窄的同事相处，肯定会发生一些不愉快的事，如果缺乏气量，与之斤斤计较，就无法相处；相反，如果气量大度，胸怀宽阔，就会使那些不愉快的事化为乌有。同时，对心胸狭窄的同事也是个教育。

（2）优秀秘书要有超越的气度

这一超越是在心理上坚持自己比他强，在事业上比他做得好，在人际关系上比他善于处理。

（3）要有忍让的精神

同事因心胸狭窄，做出了对不住自己的事来，应该忍让。忍让绝不是软弱，而是心胸宽阔、风格高尚的表现。

优秀秘书提倡忍让，并不意味着放弃原则。

心胸狭窄的人极容易错误地估计形势，错误地对待人和事。因此，对心胸狭窄的人要发扬忍让精神，但绝不意味着迁就他的错误。

优秀秘书对心胸狭窄的同事忍让，但对他的错误思想和行为绝不迁就，这才是忍让的全概念。

8. 怎样与城府深的人相处

所谓城府较深的人，指的是那种不愿让别人轻易了解其心思，或知道其在想什么，有什么要求，而总是通过各种方式保护自己，深藏不露的人。

这样的同事往往说话不着边际，对任何问题都没有明确的表示，经常是含糊其词，顾左右而言他。与这样的同事打交道共事，常常是很难沟通的。

一般来说，城府深的人通常有以下几种情况。

首先，他可能是一位工于心计的人。

这种同事为了在与别人打交道时获得主动，或者出于某种目的，不愿让别人了解自己，而把自己保护起来。而且，他还总希望自己更多地了解对方，从而在各种矛盾关系中周旋，使自己处于不败之地。

其次，他也可能是一位曾经有过挫折和打击，并受到过伤害的人。

过去的经历使这种同事对社会、对别人有一种十分强烈的敌视态度，从而对自己采取更多的保护。

最后，他可能对某些事情缺乏了解，拿不出有价值的意见。在这种情况下，为了掩饰自己的无知，从而以一种未置可否的方式，含糊其词的语气与人交往，并装出一种城府很深的样子。

优秀秘书与城府深的同事相处的技巧是：

① 对第一种人，应该有所防范，警惕不要为之所利用。并成为某人的工具，不要让他完全得知自己的底细。

② 对第二种人，则应该坦诚相见，以诚感人。这种同事城府并不是为了害人，而是为了防人。所以，对他不应有什么防范，为了真正达到沟通的目的，甚至可以不保留地对他敞开你的心扉。

③ 对第三种人则不要有什么太高的期望，也不必要求他提供某种看法或判断。

总之，对那些城府较深的同事，如果不得不与之打交道，优秀秘书则应该对他们加以区分，看其属于哪一类人，然后再确定自己的行为方式。

9. 怎样与对自己有意见的同事相处

一个秘书要想做到在工作中面面俱到，谁也不得罪，谁都说你好，恐怕是不可能的。因此，在工作中与其他同事产生种种冲突和意见是很常见的事。

那么，对于那些对自己有意见的同事，优秀秘书要不要继续和他们来往与合作呢？

首先，同事之间尽管有矛盾，也不可能不来往。

任何同事之间的意见往往都是起源于一些具体的事件，而并不涉及个人的其他方面。事情过去之后，这种冲突和矛盾可能会由于人们思维的惯性而延续一段时间，但时间一长，也会逐渐淡忘。所以，优秀的秘书不要因为过去的小意见而耿耿于怀。

其次，即使对方仍对自己有一定的成见，也不妨碍优秀秘书与他的交往。

因为在同事之间的来往中，不是追求朋友之间的那种友谊和感情，而仅仅是工作关系。彼此之间有矛盾没关系，只求双方在工作中能合作就行了。

由于工作本身涉及双方的共同利益，彼此间合作如何，事情成功与否，都与双方有关。如果对方是一个聪明人，自然会想到这一点，这样，他就会努力与你合作。如果对方执迷不悟，不妨在合作中或共事中向对方点明这一点，以利于相互之间的合作。

最后，对自己有意见的人，他也会觉出对方对他有意见。

只要双方都不是那种古板固执的人，实际上也都可以通过某种方式和解。因此，这种交往不仅是可行的，往往还是必要的。

10. 怎样与利用你的同事相处

同事之间少不了互相帮助。但是，有些人在与人交往时，却往往具有十分明显的功利性。对他有用，能帮助他解决问题，或具有某些他可以利用的关系，他才与对方交往。

作为一位领导的秘书，常常是这类同事利用的对象。当知道某个同事在与自己交往中是带有这种企图利用自己的动机时，优秀秘书该怎么办呢?

一般来说，不必因为发觉对方的这种动机而与其不打交道。不必感到气愤，只需适当地把握这种交往的程度和分寸即可。

优秀秘书应该区分这种利用的目的和性质。

如果对方故意和自己套近乎，拉关系，是为了拉帮结派，或者说是为了达到不光彩的目的，在这种情况下，应该及时地予以回绝和抵制。千万不要被某些人当枪使。

如果他仅仅是想借自己的某些优势和关系为其个人解决某些实际困难，则可以非常自然地保持正常的交往，合理的要求可以满足，不合理的则拒绝。

11. 怎样与虚伪高傲的同事相处

虚伪高傲的人总是追求片刻的荣耀，而没有其他渴求。自己高傲自大，摆架子，“自我”提高。

这种人过分注重、珍视虚荣，夸夸其谈，自我吹嘘。对于虚伪高傲的同事，优秀秘书应将他各方面的表现综合起来，加以品评、判断，以了解他的真实情况。

这样做，一方面可以对他有个正确的评价，可以免除对他的失望；另一方面也避免他不良的动机得逞，妨碍工作。

有些同事是很有发展前途的，只是由于种种原因使他们自觉技不如人，反而表现出一种骄傲的心理思维与活动。

对待这类同事，优秀秘书相处的技巧是什么呢？

那就是相信他，对他表示信赖，并在适当的场合给他一点取胜的机会，让他把自己的自信心建立起来，使他养成好的习惯，以代替那种为满足自己虚荣心而表现出来的盛气凌人的傲慢态度。

大凡高傲自负的人，一般都有一颗纤细的心。因此，他们需要心理补偿。对待这类人，绝不能简单粗暴，要给他表现自己真实才华的机会，要赞颂他、鼓励他及肯定他。

另外，还有一种自负的同事，那就是傲慢骄纵。这类人无论到什么地方，总是以为“人不如我”，自以为其他同事都不如自己。那么，优秀秘书怎样对付这样的人呢？

有位名家说得好：“有许多人，赞美他不免是件危险的事，因他自命不凡，一经抬高，他就要跌得粉碎。狠狠地揍他一顿，也许是良策益方。”

12. 怎样对付同事的恶意攻击

在工作中，优秀秘书常常因为处在领导身边，得到领导青睐，而遭到恶意攻击。

在这种情况下，秘书要不要针锋相对地予以回击呢？

优秀秘书的做法是：

（1）应弄明白自己所遇到的是不是真正的攻击

在工作生活中，下面几种情况很容易被误认为是攻击。

① 由于对某种事物持不同的看法，对方提出了比较强硬的质疑或反对意见。

这时，如果能够给予必要的解释和说明，矛盾很可能会得到很好的解决。

② 由于自己对某事处理不当，而对方在利益受损的情况下表示不满，提出抗议。

如果的确是自己处理不当，或虽并非失误，但确有不完善之处，而对方又言之有理。那么，尽管对方在态度和方式上有出格的地方，也不能看成是攻击。

③ 由于某种误解，致使他人发脾气，或出言不逊。

在这种情况下，要耐心地、心平气和地把问题加以澄清。

优秀秘书判别与区分真假攻击的不同，就可考虑和选择自己的行为方式。

（2）对他人的攻击采取宽容大度、不屑一顾的态度

即在确定他人在对自己进行恶意攻击时，优秀秘书也不必统统地给予回击。

在与同事的交往中，优秀秘书对付恶意攻击最好的方式莫过于不理睬它。如果不理睬它，它仍不放松，那也不必对着干。因为这样恰恰是“正中下怀”。

因为那些喜欢攻击他人的人，大多是些缺德少才的人。你对着干，他不仅喜欢奉陪，还颇会恋战，非把你拖垮不可，所以在这种时候，应果断地甩袖而去。

13. 如何应对排挤你的同事

（1）要敏锐发现同事排挤你的迹象

如果有一天，发现同事突然一反常态，不再对自己友好，事事抱着不合作的态度，处处给自己设难题刁难自己，出自己的洋相，或者看自己的笑话，你就得当心了。

因为这些信息传送了一个危险信号：同事在排挤自己。

（2）寻找被同事排挤的原因

被同事排挤，必然有其原因。一般来说，原因有以下几种：

① 近来升迁连连，招来同事妒忌。

② 刚到单位上班，有着令人羡慕的优越条件。包括高学历、有背景、相貌出众等，有让同事妒忌的方面。

③ 被领导特别看中，关爱有加。

④ 言谈过分，爱出风头，而令同事却步。

⑤ 过分讨好领导，而疏于和同事交往。

⑥ 妨碍了同事获取利益，包括晋升、加薪等可以受惠的事。

（3）应对策略

① 如果是属于第一、第二种情况。

这种情况也很自然，所谓“不招人妒是庸才”，能招人妒忌也不是丢面子的事。优秀秘书只要平日对人的态度和蔼亲切，同事们发觉你是一个老实人，久而久之便会乐于和你交往。

另外，可培养自己的聊天魅力，通过聊天改变同事对自己的态度。

② 如属第三种，等有机会时，向同事多表现得谦虚。

③ 如果是属于第四、第五种原因，应该要反省自己。

因为问题是出在自己身上，要想令同事改变看法，只有自己作出改善。

A. 平时不要乱发一些惊人的言论，要学会当听众。

B. 言行衣着也应切合身份，不要招摇，不要过分突出自己。

爱出风头，就会令同事们把你当成敌对的目标。

④ 如果是属于第六种，要注意自己做事的分寸。

升职、加薪、条件改善甚至领导的一句口头表扬都是同事们想获得的奖励，争夺也就在所难免。

能够获利当然令人向往。但是，作为一位优秀秘书做人不要把利看得太重，更不要和同事争名夺利。在遇到这类事情时，该让就让，可以摆出一副高姿态来。

诚恳主动道歉

作为秘书，在与上司交往时，难免说错话，做错事。“人非圣贤，孰能无过？”如果我们能及时说声“对不起”，真诚地向上司道歉，往往能把大事化小，小事化了。在求得上司原谅的同时，还达到了沟通的效果。

送邵奶奶到大门口，回来刚出电梯口，值班秘书就指着小华对一位客人说："这位就是孙总的秘书，由她领你去孙总的办公室吧。"

小华脑子里一闪，孙总今天上午没约任何客人，这位客人是哪里来的？

小华正在纳闷时，客人朝小华微微一笑："给你添麻烦了，不好意思。"

来客是位20多岁的年轻人，很精神，跟一部记不起名字的电视剧里的演员的长相非常相像。脸上虽带着歉意，但笑容很灿烂。于是小华带路领着客人到了孙总办公室。

12点整，小华正准备起身下楼吃饭，孙总来电话让小华去他的办公室。小华一进门，孙总就劈头盖脸地朝小华大发雷霆：

"小华，你今天是怎么回事！你居然领着一个卖保险的人到我办公室来。他死缠烂磨，浪费了我整整一个上午！"

仿佛有颗原子弹在小华头顶上爆炸。小华眼前一阵发黑，眼泪差点儿就掉下来了。

小华定了一下神，马上说："孙总，实在对不起，这是我的失误。"

孙总见小华这样，似乎也意识到他自己有点失态，便朝小华挥挥手："下次别再做这样的事了。"

从孙总的办公室出来，小华马上跑进洗手间。小华的眼泪实在忍不住了，干脆让它流个痛快！

小华慢慢把脸上的泪擦干，朝楼下走去。如果小华当时对孙总说这是值班秘书失误造成的，把责任往值班秘书身上推，那又会是一种什么结果呢？小华边下楼梯边想。

下午，小华又把中午的事情仔细地想了想。孙总朝小华发火的时候，小华赶紧主动道歉是对的。在当时的情况下，小华不赶紧主动道歉，而是说自己太忙，或者找其他什么借口替自己辩护，孙总的火气可能会更大更持久。在当时，孙总实际上根本就不需要什么理由，他要的就是发泄！你越跟他解释，他心中的火气就越大；如果你能给自己找一千个借口，他就有一千个理由批评你！明明知道自己有了失误，反而千方百计地给自己找借口，就像在外面饭店吃饭，结账时忘了让老板找你10元钱，你又花20元来回打出租车去要这10元钱一样，是非常愚蠢的事。

俗话说，“伸手不打笑脸人”。这的确是一句至理名言。当上司发火时，你赶紧主动道歉，就等于你已经举起了白旗，上司还忍心对准你开枪？就是两军交战，还有优待俘虏的政策，更何况是上司对待自己的秘书。总之，先把上司的怒火压下去，把一场可能发生的风暴消弭再说。如果自己真的比窦娥还冤，以后再想办法为自己“申冤”也不迟。如果当时你作过多的解释，上司肯定认为你的解释都是在推卸责任。

其实，道歉并不是一件可怕的事情，而是一种智慧的表现。由于你只是偶然的失误，上司并不会把你怎样。上司发火，也只是一时之气。上司大都是比较理性的，他们对长期与自己共事的秘书的印象和评价，一般不会只凭这样一两件事就发生改变。所以，也就没有必要担心自己道歉认错后会被打入“冷宫”。

向上司道歉时，除了要有诚意外，还需讲究一定的技巧和方法，避免不必要的争吵和冲突。那么，怎样向上司道歉才能达到预期的目的呢？

（1）立即道歉

因为时间拖得越久就越难以启齿，有时甚至追悔莫及。所以，在发现自己的过错时，立即向上司说声“对不起”，这才是道歉的最好时机。

（2）有时可避开正面接触对方，采用多种方式表达你的悔意

如果你觉得道歉的话语一时说不出口，那么不妨想点其他办法，让上司知道你有悔过的诚意。比如托人送件小礼物，间接帮助对方解决某些困难，或者写封信、打个电话等。

（3）道歉时，语气要诚恳，态度要自然

有些人知道自己的过错，也有心向上司道歉，但说话语气在上司听来显得不诚恳，态度傲慢。这样的道歉不仅不能让上司接受；相反，还会引起上司的反感。因此说“对不起”时，要面带微笑，语气低缓，使人感觉到你是在真心悔过。有时在“对不起”、“抱歉”前面再加上“很”、“非常”、“实在”、“太”等表示加强的词语，则更能体现你的诚心。

（4）主动承担责任

在道歉时，要主动承担错误的责任，说明引起错误的原因，但绝不能找借口，或者推卸责任，即使自己只有部分责任，也要主动承担。主动为自己的行为承担责任，反而会令上司对你产生好感。

掌握赞美领导的艺术

人性最大的弱点就是禁不住赞美的话语，对于领导来说更是如此。如果我们能很好地掌握说赞美话的艺术，就能够更好地加深同领导的关系。说话同办事是相辅相成的。话说得好听，说得到位，领导便易于接受我们所提出的条件和要求；否则即便是一件简单的事情，也容易办砸。所以，秘书必须要学会说赞美领导的话。

当李丹青被派到人称“凤辣子”的邢总经理手下做秘书的时候，她的好朋友、关系要好的同事都为她捏了一把汗。因为公司里的人都认为邢总经理这个人虽然美丽精干，但是为人比较刻薄，尤其对手下的人，更是挑三拣四。李丹青却不慌不忙，她认为，人心都是肉长的，一定能够有一把钥匙打开这把锁。很快，她发现邢总经理穿衣打扮非常入时得体，尤其喜欢买新衣服，对镜一照的时候常常是一种自恋的表情。每次当她看见邢总经理穿新衣服的时候，总是由衷地称赞。“邢总，您买的这件黑色风衣不仅款式时尚，而且优雅大方，非常适合您的气质。”“真的?”大多数人对于赞美总是来者不拒的，邢总经理也不例外。

时间长了，李丹青对邢总经理说：“什么时候您也帮我设计一套适合我的衣服，我太崇拜您的眼光了。”邢总经理也爽快地答应了，并且在恰当的时候真的和李丹青一起逛街买衣服。

不仅如此，李丹青还称赞邢总经理的工作能力，发自内心，并且恰到好处。渐渐地，邢总经理脸上僵硬的表情逐渐柔和下来，对李丹青的工作也不那么挑三拣四了。

赞誉之词人人都渴求，人人都需要。称赞上司也有方法和技巧，如果称赞领导不恰当，反而会弄巧成拙，只落下一个“溜须拍马”的坏印象。称赞一个人，当然是因为他有出色的表现，但每个人在哪一方面出色却各有不同。有的人是专业技术水平高，工作成绩突出；而有的人则在社交方面有特长，有与客户打交道的能力。因此，在称赞上司时应针对不同的情况，给予不同方式的称赞。

刘强在某市政府秘书科工作已经两年了，他工作很努力，能力也不错，按理说应该得到奖励和提拔了，但一直没有，问题就在于：他的努力一直没有被主任认可。主任是个很严厉的人，刘强心理上有些怕他，又很少和他打交道，甚至路上看到了也会远远地避开。而主任似乎对他也格外挑剔，经常对他的工作吹毛求疵，甚至有时是主任自己的错误也要怪在刘强身上，刘强很是不满。另外，刘强做出的很多努力，主任都不知道。而对于主任来说，刘强也是个不太令他满意的员工，虽然他来两年了，主任却对他没有什么了解。

看到刘强故意回避自己，主任觉得很不解也很不舒服，甚至萌生了把他调走的想法。

主任最近出差，要带几个员工一道去。在火车上，刘强的铺位刚好在主任的旁边，两人寒暄了几句后，就陷入了沉默。刘强感到，这种大眼瞪小眼的气氛简直让人窒息，一定得说点什么打破僵局，尤其是要调整和主任之间的关系。可是他从来不和领导打交道，实在不知道从何谈起。突然，刘强瞥见主任脚上穿着一双锃亮的皮鞋，非常显眼，于是说：“主任，您这双鞋子很有品位，在哪里买的？”原本只是没话找话，但是主任一听，顿时眼睛放光。“这双鞋啊，我在香港买的，世界名牌呢！”主任的话匣子一下子打开了，开始滔滔不绝地讲述自己在服装搭配上的心得，还善意地指出刘强平时在工作中着装的不足，两人言谈甚欢。以此为基础，主任又谈到了刘强疏远自己，刘强也委婉地说，自己其实非常敬佩主任，只是感觉很严厉所以不敢接近，今天才发现自己是误会了。下车的时候，主任意味深长地说：“刘强啊，看来以前对你的了解太少了，今后你好好干。”

恭维赞扬不等于奉承，欣赏不等于谄媚。赞扬与欣赏领导的某个特点，意味着肯定这个特点。领导也需要从别人的评价中，了解自己的成就以及在别人心目中的地位，当受到称赞时，领导的自尊心会得到满足，并对称赞者产生好感。你的聪明才智需要得到赏识，但在领导面前故意显示自己，则不免有做作之嫌。领导会因此认为你是一个自大狂，恃才傲物，盛气凌人，而在心理上觉得难以相处，彼此间缺乏一种默契。

所以，在赞扬领导时，必须注意使用适当的赞美词句，过度的赞美，会变成一种令人反感的奉承。在赞美领导时应注意以下几点。

（1）选择好赞美的词句

赞扬的运用也要像使用金钱那样，有价值需要时才使用。如果不分场合、不看对象、不准确地滥用赞扬，赞扬就失去了它的价值和作用。

（2）对不了解的人和事，不要随意赞扬

在还不了解上司的长处或需要赞扬的方面时，就满嘴赞美之词，会令上司感到你粗俗不堪。

（3）不要对别人的不足或缺陷进行赞扬

只要是优点、是长处，对集体有利，你可以毫无顾忌地表示你的赞美之情。但是，对于领导的不足之处就要避免赞扬了。比如，上司写的字迹常使他自感不如小学生，而你却不分良莠，在各种场合赞扬上司的字写得如何漂亮，上司此时绝不会高兴的，弄不好还以为你在有意挖苦他。

给领导提意见要注意方式

每一个人都有一个或多个想法，而且常常自信这些想法若被实施将会大大提高组织的工作效率。但是秘书在向领导提出建议时，应注意的是不必太急。

首先，从领导的角度来看，你的想法也许没什么了不起——事实上，也许很不成熟。而且，你要记住，领导的看法可能与你完全不同。有许多内在的因素你大概并不十分清楚，但当它们与其他事物放在一起时，就很可能明显地表现出来。你的建议有可能使你的领导与组织的其他成员，包括他的领导在内的人发生冲突。至少，实施你的建议很可能耗费他的时间。即使你认为，从长远的观点来看，你的建议会节省他的时间，但你要记住，管理者往往是注重短期行为的。

还有一个因素值得考虑：提出一个改进工作的建议，事实上意味着你认为目前的工作并不理想。换句话说，这里面含有一种批评的弦外之音。领导接受你的建议意味着，在他的工作中有不足之处。但不容忽视的是，领导有时也很自负，他们不愿承认他们工作中有不当之处，在下属面前尤其如此。

局里准备开年度总结会，要对今年的工作进行总结。还有不到一周的时间，为了保证会议顺利召开，秘书处的全部人马都集中到会议室，研究讨论会议的有关文件。首先讨论的是秘书处李处长给局长写的年度总结报告。李处长不愧是局里的第一支笔，报告写得洋洋洒洒，声情并茂，令人振奋。但在征求意见过程中，秘书小周直截了当地提出了自己的看法，他认为李处长的报告中有多处统计数据不准确，原因在于李处长采用的统计方法不正确，应该加权处理的数据没有进行加权处理。而李处长认为他采用的这些数据都是下属各个单位报上来的数据，进行简单的加减就可以，无须进行其他处理。可是，周秘书自恃自己是学统计学专业的，是科班出身，坚持认为李处长的数据处理不当。惹得李处长很不高兴，脸越拉越长，说了声“大家先休息一下”就端着茶杯出去了。

趁休息时间，秘书处的老秘书张大姐过来和蔼地提醒周秘书说：“小周，要注意一下提意见的方式，当着这么多人的面，用这么肯定的语气说李处长错了，他会是一种什么感受？如果我是李处长，我会觉得你就跟直接骂我‘无知’一样。所以，即使你的意见是对的，也应该注意说话的方式。”周秘书马上自辩说：“我没有别的意思，只是实话实说，我这个人生来就是这样的性格，有什么说什么，不会装假，不会拐弯抹角。我认为做人要正直坦白。”话音未落，张大姐严肃地说：“为人正直和注意说话方式是两个不同的问题。为人正直，是指不撒谎、不欺骗，是个人道德品质问题；而说话方式是个技巧问题，是工作方式、方法问题，两者不能混为一谈。请你记住，对于我们这些职业秘书来说，用什么方式说话，永远比说些什么更重要！"

所以，秘书在给领导提出建议时，应当注意以下几点：

（1）注意选择提出建议的时间和地点

如果要提的建议有助于解决领导正在认真思考的事情的话，那么很显然，你在这时提出的建议一定会引起他的重视。而且，领导在情绪好的时候一般更容易接受意见。还有给领导提建议时，无人在场要比有人在场好，除非你有把握，其他人会支持你的建议，并且上司对他们的支持反应良好。

（2）提建议的方式以尽可能少地打扰领导的日常工作为宜

如果要提的建议有助于解决领导正在认真思考事情的话，那么在这时候提出的建议一定会引起他的重视。通常的方法是事先做好大量与实施的建议有关的工作。例如，如果你认为领导应该通知生产部门注意某些顾客对产品质量的抱怨，那么，你可先试着为领导起草一份材料。如果你很了解领导的话，那你在提建议的时候就可以把这封信交给他。一般而言，让领导签字总比让他撰文要容易得多。同时要注意，在给领导提建议时，最好选择没有其他人的场合，除非是你的建议很有把握，能够得到其他人的支持。

（3）从上司的角度考虑事情，不要竭力向他提出你的任何主张

尽可能少地打扰领导的工作。推行组织变革很像打台球，当瞄准球的时候，不仅要考虑球要往哪里打，而且还要考虑它碰上别的什么球以及它们又滚向哪里。现代组织是一个由许多相互关联、极为敏感的部门组成的复杂的有机体。身处高位的领导比你更能看到并估计这些部门之间的相互作用。但是，只要密切注视正在发展的事物，只要你留意在你工作范围内的其他能表明或影响领导观念和行为的文件，你就能提出既有利于你也有利于你的领导和组织的建议。

为了使你的建议得到上司的采纳，在提建议时，应注意以下几点：

① 不可抱着改变对方主意的心情和他争论，也不要试图去"赢"这

场争吵，只要陈述自己的观点就可以了，但也不应该让人感到你在说教。

② 强调共同之处。差不多任何争执，都有某些双方同意的见解，应该强调这些；如果过分强调分歧的意见，必然使对方不服。

③ 不要以表达不同见解来证明自己高人一等。

④ 在你不同意对方的意见之前，必须要先了解对方的立场，以求没有误解对方的意思。不过，在未澄清之前，切忌假定意见已有分歧。

⑤ 其他人在场时，不要提出使对方感到为难或难堪的意见。

⑥ 保持愉快态度，不要表露出愤怒、不耐烦的情绪。要保持温和、愉快，避免打断对方的讲话，不要有皱眉、摇头等动作。

⑦ 在表达意见的时候，要具有选择性。如果在一切事情上挑剔，人们很快就不愿听你的了。

⑧ 在提建议时，不要贬低别人。

领导者身处高位，更能看到各个部门之间的相互作用。但是，只要我们密切注意正在发展的事物，并留意在工作范围内的其他能表明或影响领导观念和行为的文件，就能提出有利于领导和单位的建议。

秘书要懂得拒绝的艺术

说“不”是每个人的权利，就像我们要生存一样。当然，拒绝别人也不是件容易的事情。正如一位学者所说：“求人办事固然是一件难事，而当别人求你办事，你又不得不拒绝的时候，也是叫人万分头痛的。因为每个人都希望得到别人的重视，同时我们也不希望给别人带来不愉快，所以也就很难说出拒绝别人的话。”

学会拒绝是秘书应具备的基本功之一。唯有恰当地拒绝一些不必要的干扰，我们才能集中精力，去完成更为重要的事情。

丁芳菲是某大型股份公司的办公室秘书。她不仅工作能力强，而且身材窈窕，美丽可爱。但是她之所以能够获得领导与同事的欣赏，不仅因为她具有花瓶般的美丽面容，更因为她具有敏锐的思维能力和良好的处理问题能力。

在丁芳菲到公司之前，已经有几名秘书因为总经理的“色心”而先后辞职或者被老板辞退。但是出人意料的是，丁芳菲却能够在两年之内既获得领导的尊重，也没有给自己带来任何不利影响。她是如何处理这种事情的呢？办公室的“包打听”在经过一系列调研之后，为大家揭开了谜团。

在前两次总经理想邀请丁芳菲晚上出去的时候，都被她以家里有事情为由婉言拒绝了。等到有一天总经理把她叫到办公室明确地提出自己的要求之后，丁芳菲很冷静地注视着总经理，一字一句地说：“总经理，说实话，我很钦佩您的工作能力，仰慕您的才华。但是，对于您所提的事项，我很抱歉无法答应。因为我们都是成年人，您能够有今天的成就也是多年的努力。我们生活在人们的眼光之中，俗话说‘纸里包不住火’，当这件事情暴露的时候会对您造成不利影响，您感觉值得吗？尤其是对您的位置虎视眈眈的一些人会不会借此大做文章最后取代您的位置呢？”当总经理急忙说没有关系的时候，她又说道：“对于您可能没有关系，那是您的价值观。但是对于我来说，却非常重视自己的尊严，因为我非常珍惜我和男朋友的爱情，我更希望自己成为一位贤妻良母，也希望您能够理解。”总经理当时就愣了，因为这么多年第一次有人如此冷静地与他谈这种事情。他急忙表示道歉，从此以后对丁芳菲反而更加尊重了。而这次谈话，恰巧被“包打听”无意间听到，成为我们学习的又一条经验。

不仅如此，通过观察，大家发现，丁芳菲对总经理一些个人生活习惯的隐私也保持敬而远之的态度。其他的同事认为，她对总经理的了解越多越好，可以做总经理的“贴心棉袄”。而她自己则认为，对上司的了解和认识要有一定的度。知道得太多并非好事，甚至有些事情知道了反而是一种负担。如果上司隐秘的事情被泄露，秘书便是最大的“嫌疑犯”了。同时，她也刻意和总经理保持距离。到了下班后，更不参与到总经理的私人生活中。

作为秘书，要学会适当地拒绝别人。但是过于直率地拒绝每一个人，永远说“不”，很容易得罪人，不利于待人接物，这就需要秘书人员掌握拒绝的技巧。

1. 时刻准备好说“不”

那些在别人不论提出多不合理的要求时都很难说“不”的人，通常是由于以下原因造成的。首先对自己的判断力缺乏自信，不知道什么是自己应该做的，什么是别人不该期望自己做的。其次渴望讨别人喜欢，担心拒绝别人的请求会让人把自己看扁了。最后是自卑作怪，因而把别人看成是能控制自己的“权威人士”。然而，不论出于何种理由，这些不敢说“不”的人通常承认自己受感情所支配。不管过去的经历如何，他们从未在别人提出要求时有一个准备好的答复。

2. 用沉默表示拒绝

当别人问：“你喜欢某某吗?”你心里并不喜欢，这时，你可以不表态，或者一笑置之，别人即会明白。一位不大熟识的朋友邀请你参加晚会，送来请帖，你可以不予回复。这样本身说明，你不愿参加这样的活动。

3. 用拖延表示你的拒绝

一位客人请求你替他换个房间，你可以说：“对不起，这得值班经理决定，他现在不在。”

有人想找你谈话，你看看表：“对不起，我还要参加一个会，改天行吗?”

4. 用回避表示拒绝

你和朋友去看了一部无聊的喜剧片，出影院后，朋友问：“这部片子怎么样?”你可以回答：“我更喜欢抒情一点的片子。”

你觉得你正发烧，但不想告诉朋友，以免引起担心。朋友关心地问：“你试试体温吧?”你可以说：“不要紧，今天天气不太好。”

5. 选择其他话题说出“不”

当别人向你提出某种要求时，他们往往通过迂回婉转的方式，绕个大弯子再说出原意，如果你在他谈到一半时就知道了他的意图，并清楚自己不能满足他的愿望时，你不妨把话题岔开，说些别的，让他知道这样做只会让你为难，他也就会知难而退了。

6. 用反诘表示你的意见

在和别人一起谈论物价问题时当对方问："你是否认为物价增长过快？"你可以回答："那么你认为增长太慢了吗？"

你的朋友问："你喜欢我吗？"你可以回答："你认为我喜欢你吗？"

7. 友好地说"不"

你想对别人的意见表示不同意时，要注意把对意见的态度和对人的态度区分开来，对意见要坚决拒绝，对人则要热情友好。

一位作家想同某教授交个朋友。作家对教授热情地说："今晚我请你共进晚餐，你愿意吗？"不巧教授正忙于准备学术报告会的讲稿，实在抽不出时间。于是，他亲热地笑了笑，带着歉意说："对你的邀请，我感到非常荣幸，可是我正忙于准备讲稿，实在无法脱身，十分抱歉！"

8. 巧妙地说"不"

当一个你并不喜欢的人邀请你吃饭或游玩时，你可以有礼貌地说："我老妈叫我和她一起去看姥姥呢！"这种说法在隐藏了个人的意愿的同时，大大减轻了被拒绝一方的失望和难堪。

9. 用搪塞辞令拒绝

外交官们在遇到他们不想回答或不愿回答的问题时，总是用一句话来搪塞："无可奉告。"生活中，当我们暂时无法说具体的答案时，也可用这句话。还有一些话可以用来搪塞，如"天知道"、"事实会告诉你的"等。

10. 用幽默方式说出"不"

在罗斯福还没有当选美国总统时，曾在海军担任要职。一天，一位好友由于好奇向罗斯福问起海军在加勒比海一个小岛上建设基地的情况。罗斯福神秘地向四周看了看，对着朋友耳朵小声说："你能保密吗？""当然能，谁叫咱们是朋友呢？"朋友挺有诚意地回答。"我也能，亲爱的。"罗斯福一边说，一边对朋友做了个鬼脸，两人大笑起来。

可见，如果以幽默的方式说"不"，气氛会马上松弛下来，彼此都感觉不到有压力。

学会委婉的拒绝，恰当地说"不"并不是一件难事。只要理解了上面的几种方法，用最理想的方式表达自己的否定想法，并把它融入到实际工作中，一定会对自己的人际交往有所帮助。

第五章 

文书写作，练好自己的“笔杆子”

文书写作功底是秘书职业能力、素质的基础，是秘书的“看家”本领，同样也是衡量一个秘书是否合格的必备标准之一。秘书平时要勤学多练，不断积累写作经验，探索写作技巧，只有这样才能做到厚积薄发、下笔成章。

如何写规范性文书

规范性文书是以强制力推行的用以规定各种行为规范的文件。条例、规定、办法就是其中具有代表性的部分，与其他类型的公务文件相比，它们具有如下特征：

① 公文内容是作者单方面意志的表示，其规范作用的成立与实现不以对方是否同意为前提条件，具有极强的强制约束力；

② 公文所针对的问题是反复多次适用的、涉及多数人而非少数人的一般的普遍性问题；

③ 公文生效程序更为严格和规范，特别是在审批手续和正式公布程序方面非常严格；

④ 在效用方面一般均实行“不溯既往”和“后法推翻前法”的原则；

⑤ 语言运用讲究高度准确、概括、简洁、通俗、规范。

一、章程的写作

章程是组织、社团经特定的程序制定的关于组织规程和办事规则的法规文书，是一种根本性的规章制度。

1. 章程的分类

章程有党政团体章程和企事业单位章程之分。

党政团体章程适用于组织、社团制定组织规程，如《中国共产党章程》；企事业单位章程适用于单位在行使业务职权时制定的规则，如《××有限公司章程》。

2. 章程的特点

章程的主要特点是法规性、规范性和约束力。

一个政党和团体的章程，就是这个组织的“根本法”，该组织的所有成员都必须按照章程规定的条文规范自己的行为，其条文具有很强的约束力。

企事业单位的章程，其成员也必须受其制约，严格按照章程规定的业务经营性质、业务活动和基本工作职责去办理。

3. 章程的写作

章程的基本格式由标题、通过的时间及会议、正文几部分组成。

（1）标题

由章程制定者和文种类别组成。

（2）通过的时间、会议

在标题下，写上何时由什么会议通过，或何时由何机关批准，或何时公布，并用括号括上。

（3）正文

章程的正文与公文不同，一般都是开门见山和分章列款行文的。大体有两种写法：

A. 总纲分章式，或总则、分则、附则式。总纲分章式一般用于政党和团体的章程；总则、分则和附则式，多用于企事业单位的章程。

B. 条目式，比较简单的章程，即逐条写下去，不再分章、分则、分款。

4. 章程的注意事项

第一，章法序列逻辑要严密，条款要完整和统一，文字表述要准确通俗。

第二，规定要简练扼要，切实可行，不要提过高的要求和目标。

第三，章程的语言多用词语的直接含义，不要用比喻、拟人 、夸张和设问等修辞手法。

5. 章程的范本

×××教育基金会章程

（××××年××月××日通过）

一、教育为立国之本，×××先生为振兴中华，资助教育事业，培育英才，决定捐赠港币1亿元，与国家教育委员会合作，成立×××教育基金会，用于发展中国的教育事业。

二、要发展教育，首先要提高师资水平。师范教育（包括学前教育）的任务是培养师资。师资水平的高低，关系到幼儿教育、基础教育及高等教育的质量，民族的素质，十分重要。当前本基金会的工作重点是：奖励高等师范院校、教育学院、中等师范学校（包括幼师及教师进修学校）及师范性较强的综合性大专院校中有成就、有贡献的优秀教师，鼓励并促进优秀教师到师范院校任教。

三、基金的使用。利用1亿港元的基金收取利息，或通过经营进行投资、再投资，取得的收入，用于对教师的奖励。

四、基金会理事会。

1. 理事会为本基金会的决策机构。理事会设理事长1人，副理事长2人，理事若干人。每年召开理事会会议一次。如有需要，经理事长或副理事长同意，可临时召开理事会会议。

2. 理事会设秘书长1人，副秘书长1人，由理事兼任，负责处理基金会的日常工作。

3. 理事会的职责为：

（1）决定基金会的工作方向及收入的使用，批准奖励办法，制订工作计划；

（2）批准基金会的奖励项目；

（3）管理基金会的财务。

五、本基金会在香港注册。

六、本基金会设立香港办事处和北京办事处。

香港办事处通信处为：×××。

北京办事处通信处为：×××。

香港办事处主要负责基金的经营和财务管理，与香港的单位、人士的联系，处理涉及香港的有关工作。北京办事处主要负责奖金的申请、评审、发放，项目的管理，与内地的单位、人士的联系，及处理涉及内地的有关工作。

二、条例的写作

条例是领导机关制定或批准规定某些事项或机关团体的组织、职权等带有规章性质的法规性文件。

1. 条例的特点

制发机关的法定性。条例的制作、发布机关有一定的限制。

内容的法规性。条例涉及政治、经济、文化等各个领域的重要或比较重要的事项，具有强制力和约束力，要求有关人员必须遵照执行，不得违反。

2. 条例的分类

根据管辖的权限不同，条例可以分为直接颁发性条例和批准颁发性条例。

根据内容的不同，条例可以分为事项性条例和规定机关、团体的组织、职权的条例。

3. 条例的写作

条例由首部和正文两部分组成。

（1）首部

包括标题、制发时间和依据等项目。

A. 标题。条例的标题一般有两种构成形式：一种是由事由和文种构成；另一种是由施行范围、事由和文种构成。

B. 制发时间和依据。一般在标题之下用括号注明条例通过和签发的年月日与机关名称；有些重要的条例，在题注中还标明经过某种会议通过、批准时间。

（2）正文

由总则、分则和附则三部分组成。

A. 总则。是关于制定条例的目的、意义、依据、指导思想、适用原则、范围等的说明性文字，表达简洁明了。

B. 分则。即规范项目，这是条例的实质性规定内容，是要求具体执行的依据。

C. 附则。即对分则的补充说明，其中包括用语的解释和解释权、修改权、公布实施的时间等项内容。

条例正文有两种表达形式：一种是条款式，全文按序列排列；另一种是章条式，多用于内容庞杂的条例。

三、规定的写作

规定是法律和规章文体的一种，是机关、社会团体、企事业单位制定的在一些重大问题上做出规范的要求，用以统一人们行动的文件，或者为贯彻规章而提出具体的执行意见和管理措施时使用的文体。

1. 规定的使用范围

第一，文件规定的内容仅是某一方面或几方面工作的一部分。

第二，为实施法律、行政法规或行政规章的内容而制定规定。通常由制定原文件的机关或法律、法规授权的机关制定。

2. 规定的特点

（1）内容的局部性

规定有时为实施某一法律文件而制定，有时为加强管理而单独制定，内容侧重于政策和管理方面，划清政策界限，明确管理原则。

（2）表达比较概括

规定只对特定的工作做部分限定，内容范围较窄，但是原则性比较强，所以表达上既具体又概括。

（3）法律效力比较大

规定所涉及的工作或问题具有一定的约束力。

3. 规定的写作

规定的格式由标题、题注和正文组成。

（1）标题

标题分为三种形式：第一种由适用范围组成，比如“公司人事管理规定”；第二种由事由组成，比如“关于公司的车辆存放规定”；第三种由公司名称事由组成，比如“××集团关于鼓励职工报名参加体育活动的规定”。

（2）题注

在标题的下方写题注。

（3）正文

正文用的内容比较简单，可以采用序言加数码方式，就是序言后边用数字“一、二、三……”开头，再列出规定的内容。

正文一般由总则、分则和附则三部分组成。

第一部分，总则。总则常用“为了……根据……制定本规定”的句式，说明制定规定的目的、根据和适用范围等。

第二部分，分则。分则对特定的工作或问题制定出明确的要求和规范。

第三部分，附则，执行说明。附则说明制定具体办法的授权单位、施行时间和与原来有关法律的关系等。

正文的结构形式一般有两种：章条式和条项式。

A. 在章条式中，第一章是总则，最后一章是附则，中间各章是分则，每章有若干条项。

B. 条项式不分章，各条项相当于章条式各条，但项目略少。

一般来说，工作或问题比较复杂的采用章条式，内容较少的采用条项式。

4. 规定的注意事项

第一，应该仔细考虑，先写原则性的重要要求，再写比较次要的规范以及具体的预防措施；规定事项应该具体、明确，前后一致。

第二，制定规定应要符合国家的有关政策；否则，规定就失去了约束力，甚至违犯了国家法律。

第三，制定规定应从公司的实际出发，量力而行。规定是一种主观行为，应该充分考虑客观条件，尊重公司的客观实际及发展规律，不要从主观愿望出发。

第四，规定应该定得具体，对要求应该规定得明确，便于贯彻执行，方便检查。

第五，在规定的实施中常出现无法预见的因素，用词应该留有余地，定期对规定进行修正和补充。

第六，行文应该用肯定的语气，用“可”、“应”、“不得”等词语表明应做什么，不得做什么，违反了规定应当承担什么责任，以显示规定的约束力。

第七，规定应写得层次分明，条理清晰。规定中的目标和任务应该分配得合理，语气应力求简洁准确。

四、办法的写作

办法是党政机关、企事业单位等对某一工作、活动制定具体处理方法用的法规文书。

1. 办法的构成

办法的写法与规定大体一致。

（1）标题

标题一般由地区、事由和文种组成。

由于办法在实施、执行过程中，还可以进一步修改、完善，所以在标题中常用“暂行”加以限制。

（2）正文

正文内容包括目的、依据、适用范围、主管部门、具体处理方法、罚则、解释权、生效时间，与原来有关法律（决定）的关系等。

正文在结构上有章条式和条项式，但是多数采用条项式。

2. 办法的注意事项

（1）内容详细，可操作性强

办法侧重于措施和做法，为明确办事途径和方法而制定。所以，办法要求内容必须详细具体，措施切实可行。

（2）原则性与灵活性相结合

办法有一定的适用范围，有普遍性，因此应有一定的共性、原则性。但是，对个别特殊的情况也应作出具体的规定。

五、工作制度的写作

工作制度主要是指党政机关、企事业单位等要求有关人员遵守和执行的、用于对某项工作和某一方面的活动提出规范性要求的日常规范性公文。

制度的使用范围广泛，各方面的工作都可以有自己的制度规定，如办公制度、财务制度、文书工作制度、用电制度等。

1. 工作制度的作用

工作制度的作用主要用以保证工作程序的规范化、工作职责的制度化、工作质量的最优化。它具有约束性、规范性和程序性的特点，是工作中常用的一种管理手段。

2. 工作制度的写作

工作制度的结构主要由标题和正文两部分组成。

（1）标题

一般写明什么制度，如《用电管理制度》、《交接班制度》、《警卫制度》等。

（2）正文

正文主要由缘由和制度条款组成。

A. 缘由：这一部分主要说明制定该制度的目的、依据等，一般放在开头，或作为制度条款的第一条。

B. 制度条款：这部分是具体的制度内容，分条列款，提出主要制度规定。

其内容从职能上说包含三项内容：

第一是工作标准，如工作的内容、质量、数量等；

第二是工作程序，即规定工作的方法、要求、顺序等；

第三是奖惩，即违反制度规定应如何处理，赏罚分明。

如何写指导性文书

指导性文书的特点是：公文内容对规定受文者的行为具有强制约束力，有关下级机关及有关个人必须认真遵行；公文所针对的问题带有一定的随机性，涉及特定的问题、特定的人，一般不具有普遍性；有效期一般不长；与规范性公文相比生效程序相对简约，除决定、决议等之外，只要发文机关的法定代表对公文的效用予以确认（如签发），即为有效；在效用方面，一般“溯及既往”，即公文的效力所及不仅针对成文之后发生的有关事项和问题，而且包括成文之前发生的问题，受文者应根据公文要求纠正有关偏差，采取措施弥补不足。

一、命令（令）的写作

命令（令）是“依照有关法律规定发布行政法规和规章；宣布施行重大强制性行政措施；奖惩有关人员；撤销下级机关不适当的决定”时所使用的公文。

它是国家权力机关、行政机关、军事机关及其负责人颁布的，是具有强制执行性质的领导指挥性的下行公文。

1. 命令（令）的特点

命令（令）与其他公文相比较，具有以下几个特点：

（1）内容重要

命令（令）所涉及的事项，有的是发布行政法规和规章，有的是宣布施行重大强制性行政措施，这些都是重要的内容。

（2）权威性强

根据《中华人民共和国宪法》的规定，只有中华人民共和国主席，国务院总理，国务院各部部长、各委员会主任及县以上各级地方人民政府才可以依据法律规定的权限发布命令（令），其他任何单位和个人均不得发布命令（令）。

（3）强制性大

命令（令）具有明显的强制性，上级机关发布了命令（令），下级机关不管是否同意，不管有什么困难或问题，都必须坚决地无条件地执行。

2. 命令（令）的分类

命令（令）的主要种类有：发布令、行政令、嘉奖令、撤销令和惩戒令等。

3. 命令（令）的写作

由于一般的单位不可以使用命令（令），因此命令（令）的写作这里暂不介绍。

二、决定

决定适用于对重要事项和重大行动做出安排，是各级党政机关普遍使用的一种下行公文。这里的重要事项，是指带有全局性或具有重大意义和影响的事项；重大行动是指对社会产生巨大影响的行动。

当然，重要事项和重大行动是相对而言的，并不是事事都是党和国家的重大方针政策。各级党政机关、企事业单位经常使用决定，比如一些表彰、处分、机构编制、人事安排等事项上都可用决定行文。

1. 决定的类型

决定按其内容和作用大体可分为下面三类：

第一，对某项工作或重大行动作出安排的决定。如《国务院关于严肃税收法纪加强税收工作的决定》。

第二，对某一重大问题作出处理的决定。

第三，对设置机构、任免人员、召开会议，或表彰、处分等重要事项作出的决定。

2. 决定的写作

决定一般由标题、正文、发文机关、发文日期等部分组成。

（1）标题

决定的标题要求写明发文机关、事由、文种，这三部分一般不能随意省略。标题下一行有一题注，标明通过或发布的时间。

（2）正文

由于决定的类型不同，其正文的内容侧重点就有不同，写法也有不同，这里重点介绍一下对某项工作或重大行动作出安排的决定的正文写法。

A. 这种决定具有很强的规定性和指挥效能，既要提出工作任务或重大行动，又要阐述完成工作任务或重大行动的政策规定、方法措施等，内容丰富，行文较复杂。

B. 正文通常由决定缘由和决定事项两部分构成。

决定缘由是指对某项工作或重大行动作出安排的依据。行文要求简明扼要，依据要恰当充分，令人信服。

决定事项是全文的主体内容，主要包括开展工作的有关政策原则、执行的事项及有关规定要求等。涉及材料较多的，一般采用分条式或分题式表述，行文要眉目清楚，用语要确切明了，易于有关人员把握和执行。

3. 决定的注意事项

① 不能滥用决定行文。

② 决定的内容要与“决定”文种相符，不能滥发决定。切记不要把

该用“通知”行文的内容，用于“决定”行文。

③ 决定缘由要充分、准确、合理。

④ 决定的缘由是决定事项的依据、理由，要注意交代清楚，做到既简明扼要，又有理有据，令人信服。

⑤ 决定事项要具体、明确、清楚。

⑥ 决定事项是决定的主要内容，有关机关据此贯彻执行。因此，决定事项要求具体、明确，讲清应当如何贯彻执行。

⑦ 标题要完整。

⑧ 决定的标题，一般应写明发文机关、事由、文种，而且要规范、准确，特别是事由要能准确概括决定的主要内容。

⑨ 时间标注要准确。

⑩ 决定的时间标注要注意两个问题：一是成文时间要以会议通过的日期或领导人签发日期为准；二是决定的时间一般要标注在标题下方，可用小括号括起来。

三、决议的写作

1. 决议的分类

决议可分为通过重要文件的决议和重要事项、重要问题的决议两大类。

通过重要文件的决议是指会议通过某一件公文而作出的决议，比如人民代表大会讨论通过的各种工作报告的决议。这种决议内容重要，篇幅简短，既是重大决策，又具有知照性质。

重要事项的决议是议决某一事项的决议。议决的事项一般是事关全局的原则问题，内容比较单一。

2. 通过重要文件的决议的写作

通过重要文件的决议由标题、会议通过的日期、正文三部分组成。这类决议一般作会议文件印发。

（1）标题

由会议名称、决议的主题与“决议”二字组成。会议名称要用全称；决议的主题包括副词“关于”、会议主题与会议通过的公文文种，比如“关于××报告”。

（2）会议通过的日期

由会议名称、会议日期与“通过”二字组成，加小括号居中标注在标题之下。

（3）正文

正文有下面两种写法：

A. 对会议讨论通过的报告或其他文件不作评价，只客观地记录会议通过的情况和执行的起始时间，表明态度。

B. 对会议讨论通过的工作报告中总结过去的工作或会议形成的文件，给予充分肯定，并作出恰当的评价，做到立论正确，观点鲜明；对报告中提出今后的工作任务或对会上形成的文件表明态度，予以肯定，要求认真贯彻执行；对下级干部或群众发出为实现工作报告或其他文件中确定的工作计划、任务和目标而努力奋斗的号召，以激励广大干部群众沿着工作报告或其他文件确定的目标努力工作，奋勇前进。

3. 重要事项的决议的写作

（1）标题、会议通过的日期

重要事项的决议的标题、会议通过的日期的写法，与通过重要文件的决议的写法相同。

（2）正文

正文由开头部分、决议的事项（主体部分）、执行要求组成。

A. 开头部分，一般用简练的文字写出决议的事项及缘由，有的还要说明决议的依据与目的，然后以“特作如下决议”的承启领起决议的事项。

B. 决议的事项，一般有两个方面的内容：一是阐明决议事项的地位与作用；二是对决议的事项一一阐述。决议的事项可分段写，也可以分条写，但要注意，无论哪种写法都要使决议事项虽分犹合，保持严密的逻辑联系，浑然一体。

C. 执行要求，包括保障措施，对于如何加强领导、加强队伍建设、加强各部门之间的协调配合、确保投入等方面作出明确的规定。

D. 正文写完，全文即结束。有的在保障措施之后，对所辖范围的各级组织及干部群众发出号召、提出要求，以规范行为、激励斗志，给人们以信心和力量。

四、批示的写作

批示是一种答复性文书，经常用于领导转发或批转下属送来的对全局有重要意义的报告、总结或者下发的请示。

批示具有指示性，可以连同批件发给来文的下属。如果具有普遍的指导意义，一般把批示的附件印发给下属，这就形成了批转性的文件。

在下级呈报的报告、计划等上面加上批示的评语后，一般可以登简报或者工作通报，这种批示就是人们常见的“按”、“编者按”、“××批示”等。还可把批示转化成批转性的通知，与下属来文的通知一同下发，或直接将批示复印下发。

1. 批复与批示及指示的不同

批复与批示都属于领导针对下属的来文作出的批语，二者有着很多不同之处：针对下属报上来的请示作出的批语称为批复，是应下属来文的要求而作出的；批示是报告、计划和总结等，它是领导自己主动作出的，主动性很强。指示与批示尽管都是领导主动作出的，但二者之间也有区别：指示是对某方面的项目方案、措施所做出的全面性的要求；批示只对一些具体的问题做出评语。

2. 批示的写作

批示由标题、正文两部分组成。

（1）标题

用批示单位“按”的形式为标题，比如“李总经理按”、“王董事长批语”等；用批转文件的形式为标题，比如“××（领导）批转××（下级）关于××的报告的通知”；直接用批示为标题，即“××（公司的名称）关于××××（被批示文件的标题）的批示”。

（2）正文

A. 表明态度。就是领导对下属的来文对推动一项具体的工作、解决某一难题、防止某一灾害事故等是否有价值，在批示的开头先表明态度，比如写“同意”、“此件不好”、“还可以”、“此文给我提出了值得考虑的事项”等。

B. 强调事项。表明了态度以后，应对下属的来文中所列出的经验、提出的问题等强调一下，进一步指出来文的必要性和重要性，还可补充自己的看法或者建议，以引起下属的关注。

C. 提出要求。有些批示结尾十分简单，比如“请按此办理”、“望执行”、“望贯彻”等；有的批示对贯彻执行的要求写得非常详细，很有内容。

如何写报请性文书

报请性文书包括请示、报告两种文种。请示是用于向上级部门请求批示、批准的公文。报告是用于向上级部门汇报工作、反映情况、答复上级部门的询问等。

一、请示的写作

小王是应届的硕士研究生，毕业后分配到一家研究院下属的第三研究所工作，这个研究院下属五个研究所和两个部。正巧，所里办公室助理缺编，由于小王本科学的是行政管理专业，所以领导就让他担任这个职务。小王本来以为学过这方面的知识，做事情应该能够得心应手，谁知他上任后做的第一件事就让他困惑了。

事情是这样的：主管技术的刘副所长让他给科技部起草一份公文，申请采购一套试验设备。小王心想这写文件可难不倒他，大学学习时，上应用文写作课，他可是学得很认真，下了不少功夫的。

小王回到办公室，静下心来仔细琢磨刘副所长交代的任务，分析行文的目的。最后，根据刘副所长话里的意图，他认为这次行文的文种应该确定为公函。因为根据行文规则，公函属于平行文，是平行机关和不相隶属机关之间请求和批准时使用的公文。他们所与科技部两者之间就是平行关系，所以即使是请他们批准采购，那也应该用平行文公函这个文种来行文。

确定好文种后，王助理根据所学知识，很快就写好一篇格式规范、内容充实、文字顺畅的公文，兴冲冲拿着写好的公文给刘副所长审阅。谁知刘副所长拿过公文一看，马上说：“不行，文种写错了，应该是请示，怎么能用公函呢?”小王说：“不会错，根据《国家公文处理办法》的规定，就应该用公函行文，我在学校就是这么学的。”刘副所长一听很不高兴。批评小王说：“小王，你太不谦虚了，我在所里这么多年了，给科技部的类似内容的公文都是用请示的。我们和科技部是平级单位，可在业务上归其领导，你不能把课本的知识死搬硬套，太教条了，赶紧拿回去重写。”

在回自己办公室的路上，小王困惑了，到底谁错了？

请示是下级机关向上级机关请求决断、指示、批示或批准事项所使用的呈批性公文。请示属于上行公文，其应用范围也比较广泛。所以，请示公文写作应注意以下几点：

1. 请示的种类

根据内容、性质的不同，请示分为三种：请求指示性请示；请求批准性请示；请示批转性请示。

2. 请示的原则

① 应当一文一事。一般只写一个主送机关，需要同时送其他机关的，应当用抄送的形式，但不得抄送其下级机关。

② 除上级机关负责人直接交办的事项外，不得以机关名义向上级机关负责人报送“请示”。

③ 请示的写作要注意：一方面为了避免工作的失误，必须经常向上级机关请示；但是另一方面又要防止事无巨细，什么都向上级机关请示。这里的原则是对上级的方针、政策不了解的问题，对工作中不能解决的问题才向上级机关请示。

3. 请示的写作

请示由首部、正文和落款三部分组成，其各部分的格式、内容和写法的要求如下：

（1）首部

首部主要包括标题和主送机关两个项目内容。

A. 标题。请示的标题一般有两种构成形式：一种是由发文机关名称、事由和文种构成，如《××市人民政府关于××××××的请示》；另一种是由事由和文种构成，如《关于开展春节拥军优属工作的请示》。

B. 主送机关。请示的主送机关是指负责受理和答复该文件的机关。每件请示只能写一个主送机关，不能多方请示。

（2）正文

正文的结构一般由开头、主体和结语部分组成。

A. 开头。主要交代请示的缘由。它是请示事项能否成立的前提条件，也是上级机关批复的根据。原因要讲得客观、具体，理由要讲得合理、充分。

B. 主体。主要说明请求事项。它是向上级机关提出的具体请求，也是陈述缘由的目的所在。这部分内容要单一，只宜请求一件事。另外请示事项要写得具体、明确，条理清楚，要注意明确集中、切实可行。既要考虑本部门、本单位的实际需要，又要顾及全局利益。只顾一方，不顾另一方，就难以达到请示的目的。

C. 结语。应另起段，习惯用语一般有“当否，请批示”，“妥否，请批复”，“以上请示，请予审批”或“以上请示如不妥，请批转各地区、各部门研究执行”等。

（3）落款

落款一般包括署名和成文时间两个内容。如果标题写明发文机关的，这里不可再署名，但需加盖单位公章，注明成文的时间。

4. 请示应注意的问题

请示的写作首先要和报告相区别。在这个前提下，一要做到材料真实，不要为了让上级领导批准而虚构情况，也不要因为没能认真调查而片面地摆情况、提问题；二要理由充分，请示事项要明确、具体；三要语气平实、恳切，以期引起上级的重视，既不能出言生硬，也不要低声下气，客客套套。

二、工作总结的写作

工作总结是对过去一段时间内的工作情况进行回顾、分析、评价，以得出经验教训或引出规律性认识的一种事务性文书。工作总结也是秘书人员经常使用的非正式公文之一，实际工作中的小结、体会等都属于总结的范畴。

1. 工作总结的写作

工作总结可繁可简，完整的工作总结应该包括如下内容。

（1）引言部分

这部分通常用于介绍组织和活动的基本情况，比如组织结构有什么变化、主要开展了哪些工作等。这一部分内容要简要。

（2）成绩和经验

这是总结的主体部分之一，也是一篇总结的核心。成绩是工作中所取得的物质成果和精神成果；经验是指取得这些成果的原因和方法等。这一部分通常采用分列式逐条论述的方法。

（3）问题和教训

问题是指工作中的缺点和失误，教训是反面的经验。要用一分为二的观点，总结出工作中遇到的问题，采取了哪些有力措施加以解决，目前还有哪些遗留问题，它们给工作带来了哪些影响和损失。能够发现问题并接受教训，总结才有意义。

（4）下一步的工作设想和安排

在总结经验教训的基础上，针对工作中存在的问题，提出今后的努力方向和有效的改进措施；或者按照工作的发展趋势，提出新的工作目标；或者提出下一步改进工作的设想、意见和安排等，以表明决心。这一部分要和开头相照应，行文要简洁、自然。

2. 工作总结的范文

年度工作总结

一年以来，我在办公室各位主任的领导与支持下，在各位同志的密切配合下，爱岗敬业，恪尽职守，作风务实，思想坚定，较好地完成了自己的本职工作和领导交办的其他工作。现简要回顾总结如下：

一是素质进一步提高。

为了适应新形势下政府工作需要，一年来，我始终把学习放在重要位置，努力在提高自身综合素质上下功夫。重点学习了邓小平理论、“三个代表”重要思想和十六届三中全会决定等篇章，有效地提高了理论水平和思想政治素质，进一步增强了党性，提高了自己的政治洞察力，牢固树立了全心全意为人民服务的宗旨和正确的世界观、人生观、价值观。

二是当好参谋助手。

按照办公室分工，我主要职责是负责副市长××同志的秘书工作，组织起草有关领导讲话和综合性文字材料，承办有关会务，搞好相关服务。为做好工作，我经常随领导下基层搞调查研究，密切联系实际，注意收集有关资料，积极为领导实施正确决策提供准确可靠依据，当好参谋助手。××××年，我协助领导圆满完成了年初市委、市政府下达的各项工作目标，使我市的城镇建设、土地管理、文化旅游、广播电视以及邮政、电信等各项事业都取得了较大进展，有力促进我市经济持续健康发展。

三是为民务实高效。

按照办公室制定的《机关效能建设十项制度》，我积极转变工作作风，增强公仆意识，为民务实高效。我以全心全意为人民服务为宗旨，把群众满意、领导满意作为工作的出发点和落脚点，将来访群众和办事人员换位思考，将心比心，积极热情为基层和群众办事，恪守为民之志，以实际行动践行“三个代表”，切实为领导分忧，为百姓解难，充分发挥桥梁纽带作用。我能够做到工作踏实，任劳任怨，务实高效，坚持晚走早到，每天记工作日志，自我激励，自我鞭策，时时处处以党员标准严格要求自己，自觉维护办公室形象。

一年来，虽然自己在工作上取得了一定成绩，但还存在着不足。一是工作当中主动向领导汇报请示的多，为领导出主意想办法的少。二是调研不够，有些情况了解得不够细、不够实、不够多，掌握材料不够充分，使工作被动。在新的一年里，我将扬长避短，发奋工作，克难攻坚，力求把工作做得更好。

三、调查报告的写作

调查报告是以书面的形式，向有关组织或领导汇报调查情况的一种应用文体。

调查报告的内容一般是对某项工作、某个事件或某个问题，经过深入细致地调查研究后，对调查的材料加以系统地整理、分析，揭示出本质，寻找出规律，总结出经验或分清是非，最后写出的书面报告。

1. 调查报告的特点

（1）写实性

调查报告是在占有大量现实和历史资料的基础上，用叙述性的语言实事求是地反映某一客观事物。因此，充分了解实情和全面掌握真实可靠的素材是写好调查报告的基础。

（2）针对性

调查报告一般有比较明确的意向，相关的调查取证都是针对和围绕某一综合性或是专题性问题展开的。所以，调查报告反映的问题集中而有深度。

（3）逻辑性

调查报告离不开确凿的事实，但又不是材料的机械堆砌，而是对核实无误的数据和事实进行严密的逻辑论证，探明事物发展变化的原因，预测事物发展变化的趋势，揭示本质性和规律性的东西，得出科学的结论。

2. 调查报告的种类

（1）情况调查报告

情况调查报告是比较系统地反映本地区、本单位基本情况的一种调查报告。这种调查报告是为了弄清情况，供决策者使用。

（2）典型经验调查报告

典型经验调查报告是通过分析典型事例，总结工作中出现的新经验，从而指导和推动某方面工作的一种调查报告。

（3）问题调查报告

问题调查报告是针对某一方面的问题，进行专项调查，澄清事实真相，判明问题的原因和性质，确定造成的危害，并提出解决问题的途径和建议，为问题的最后处理提供依据，也为其他有关方面提供参考和借鉴的一种调查报告。

3. 调查报告的写作

调查报告一般由标题、署名、前言、正文和结尾五部分组成。

（1）标题

标题可以有两种写法：

A. 一种是规范化的标题格式，即发文主题加文种，基本格式为“××关于××的调查报告”、“关于××的调查报告”、“××调查”等。

调查报告的文种还常常以“……调查附记”、“……调查札记”、“……的考察”等形式出现。

B. 另一种是自由式标题，包括陈述式、提问式和正副题三种结合使用。

陈述式，如《××大学硕士毕业生就业情况调查》；提问式，如《为什么大学毕业生择业倾向沿海发达地区》；正副题结合式中正题陈述调查报告的主要结论或提出中心问题，副题标明调查的对象、范围、问题，这实际上类似于发文主题加文种的规范格式，如《高校发展重在学科建设——××大学学科建设实践思考》等。

作为公文，最好用规范化的标题格式或自由式中正副题结合式标题。

（2）署名

标题下面署名，写出调查单位或个人姓名、所在工作单位。

（3）前言

前言的作用是概括介绍有关情况，为下文展开做好铺垫。所以，调查报告的前言要简明扼要，为下文做好铺垫。

前言有这样几种方式：

A. 交代调查的组织情况，如调查目的、调查对象、单位、时间、地点，有时还包括调查方法、过程及结果。

B. 概要说明调查对象的基本情况，如调查对象的工作内容、基础、工作现状等，让读者对文中所涉及的工作基本情况有一个初步了解，便于在此基础上展开分析。

C. 起一个提起“话头”的作用，有的用叙述式、有的用疑问式，下文就前言提起的“话头”展开叙述。

（4）正文

正文是调查报告的主体：一要全面具体地反映调查到的情况；二要对有关情况做出分析。

情况调查报告的正文主要对调查对象的情况进行较为全面而详尽的反映，介绍情况时应抓住要害和特点，要特别注意反映那些变化了的、新鲜的、独特的新动向。

典型经验调查报告的正文主要包括下面这些内容：一是用成绩说话，即要在工作的项目、规模、效益等方面用统计材料说明工作所取得的成绩，达到令人信服的目的；二是介绍取得成功的经验、做法，即选准工作取得成效的根本经验，从方法、过程、措施、步骤等方面进行陈述，并用工作的成绩加以具体地说明介绍；三是分析优越性，即总结先进工作所带来的各种效益和成功经验的先进性所在。

问题调查报告的正文主要包括下面这些内容：一是存在的问题，即要用数字和具体事实说明问题的严重程度，所造成的后果以及损失的程度，以准确把握问题的性质。二是分析问题产生的原因。这是反映问题的关键环节。因此，原因分析要抓准，就问题找原因，分清主客观原因，辨别人为因素与外在因素，便于采取相应的改进措施使问题尽快得到纠正和解决。三是提出改进建议，即针对问题、针对调查对象的实际情况，提出具体可行的改进建议或措施，建议应针对性强，切实可行，对调查对象有参考利用的价值。

一般来说，常见的正文结构模式有：

A. 横式结构。先是介绍情况，再是分析形成这种情况的原因，最后是提出今后改进工作的建议。这种结构使用最为普遍。

B. 纵式结构。根据工作过程和进展，由先到后，步步演进，但调查报告很少陈述工作的每一过程，所以这种结构使用很少。

C. 并列结构。将调查对象或内容不分主次先后，逐一介绍。

D. 对比结构。调查的往往是两个单位或两种情况，通过各方面情况的对比，比出优劣，找出差距。

（5）结尾

结尾的主要功能是归纳前文，补充完善。

一般来说，典型经验调查报告往往在结尾指出不足或有待改进提高之处；情况和问题调查报告则在结尾提出建议。

当然，不论采用何种形式，结尾要确有必要归纳前文，对全文是不可缺少的补充或完善。

4. 调查报告注意事项

（1）用事实说话

调查报告的功能就是用调查得来的情况反映工作实际。因此，用事实说话是最基本的原则。

一般来说，调查报告中经常使用的材料有以下几种：

A. 综合材料和典型材料。综合材料是对基本情况或一般情况做概括说明或扼要交代，用于说明事物的广度，即范围、规模、效益等。典型材料一般对重点情况和内容做较为具体的描述和举例说明，往往具有广泛的代表性的典型意义。

B. 统计材料。统计材料是用数字反映工作中的具体情况，往往是调查报告中最有说服力、最引人注意的内容。数字有绝对数（总量）和相对数（百分比）。

绝对数用于反映规模、绝对水平和范围；相对数用以说明构成比例、发展水平和比差异。

C. 对比材料。对比材料可鲜明地显示事物之间的差异。对比的方法有现状与历史的对比、先进与落后的对比、相同内容的对比和不同内容的对比。

（2）采用叙议结合的表达方式

调查报告以叙述情况、反映事实为主要内容，但是必须对事实情况做必要的分析，以达到透过现象看本质的目的。因此，叙议结合是主要的表达方式。

（3）善于运用图表

调查报告应当多使用图表说明、数据说明、表格说明。这些方法有利于内容的表达。

如何写告启性文书

告启性文书用于转达要求各有关方面周知（只需要知晓而不要求直接执行）的事项。这种通知的发送对象广泛，级别方面的限制也不严格，对下级、对平级，甚至对一部分上级均可发送。

告启性文书的正文主要包括：形成该事项的过程、原因、根据；事项的具体内容（性质、状态）。为简化正文，有时以附件（如任免名单、公章印模、组织章程等）对事项的内容做细致交代。

告启性文书所涉及的事项主要是：成立或撤销机构或组织；启用或废止公章；变更一些组织或刊物的名称；任免干部；出版发行刊物等。

一、通告的写作

通告是在一定的范围内，对人民群众、机关团体公布应当遵守和周知的事项的文件。通告属于周知性的文种之一，现实生活中或工作中已经出现或者可能出现某个问题，或者是有什么工作或其他事项需要外界的配合的情况下，可以使用通告。

1. 通告与布告和公告的区别

通告与布告、公告同属于周知性公文，但它们各有其特点。

① 通告所宣告的事项多属于专业性或业务性的，多涉及公安、交通、金融方面；而布告内容广泛、涉及面较广；公告则为重大事项的发布。

② 通告适用的范围，不仅仅限于上级对下级，不相隶属的单位之间也可使用。

③ 通告发布的形式较多，可登报，可广播，可张贴；布告以张贴为主；公告多以广播、登报等形式发布。

④ 通告的形式结构与布告大体相同，但是语气比较平缓，有时带有要求协助或办理的恳切语气。

2. 通告的分类

通告从内容上分：一类为全国范围内的重大法规性通告，如《中华人民共和国公安部通告》；另一类为针对某一项工作或专门问题发布的通告。

从通告的效用上又可分为制约性通告和周知性通告。前者属于在一定范围内，为保证某一项工作的开展与某项活动的进行，而发布的规定性措施。

3. 通告的写作

通告的主要格式是：

（1）标题

通告的标题有三种形式：

① 发文机关＋事由＋文种；

② 发文机关＋文种，如《××市电信局通告》；

③ 只标明文种名称，落款写明发文机关全称，加盖印章。

（2）正文

包括开头、中间和结尾三部分：

① 开头说明发布通告的原因、目的；

② 中间写通告的具体事项。通告事项涉及某些要求、措施，内容较多，通常是分条列项予以说明；

③ 结尾，写执行要求。

4. 通告的范文

中华人民共和国公安部通告

为确保国际民航班机的运输安全，决定从××××年××月××日起，在中华人民共和国境内各民用机场，对乘坐国际班机中的中、外籍旅客及其携带的行李物品，实行安全技术检查。

一、严禁将武器、凶器、弹药和易爆、易燃、剧毒、放射性物品以及其他危害飞行安全的危险品带上飞机或夹在行李、货物中托运。

二、除经特别准许者外，所有旅客及其行李物品，一律进行安全检查，必要时可进行人身检查。拒绝检查者，不准登机，损失自负。

三、检查中发现旅客携带上述危险物品者，由机场安全检查部门进行处理；对有劫持飞机和其他危害飞行安全嫌疑者，移交公安机关审查处理。

特此通告

二、声明的写作

声明是就有关事项或问题向社会表明自己立场、态度的应用文体。政党和国家的领导机关及其领导人、机关单位、社会团体、企事业单位、其他组织或公民个人均可发表声明。

声明可以在报刊登载，也可以通过广播电台播发，还可以进行张贴。

1. 声明的种类

一般来说，声明通常有两种：一种是当自己的某种合法权益受到侵害，为维护自己的合法权益、引起公众关注，并要求侵权方停止侵害行为的声明；另一种是在自己遗失了支票、证件等重要凭据或证明文件时，为防止他人冒领、冒用而发表的声明。

2. 声明的作用

声明的作用有三：一表明立场、观点和态度；二警告和警示；三保护自己合法的权益。

3. 声明的写作

声明由标题、正文和尾部三部分组成。

（1）标题

一般只写“声明”二字；另一种由事由和文种构成，如《遗失声明》等；还有一种采用发文机关名称、授权事由、文种三项结构形式，如《××××有限责任公司授权法律顾问××律师声明》。

（2）正文

正文主要简明扼要地写明发表声明的原因，表明对有关事件的立场、态度。

（3）尾部

主要包括署名、时间和附项三项内容，如声明单位署名、年月日等。

有的声明正文内容中还带有希望公众检举揭发侵权者的内容，这种声明还应在署名项目的右下方附注自己单位的地址、电话、传真号码以及邮政编码，以便联系。

4. 声明的范本

遗失声明

本单位因工作人员不慎，将××银行××××分理处40000208号现金支票遗失，声明作废。

××××（单位）

××××年××月××日

如何写会议性文书

会议性文书是单位开展工作、形成公文的原始依据，是一种重要的事务文书。许多单位对重要或是一般性的会议均有记录的意识和行为，但是由于会议记录制度不明确，规范性不强，使得这类文书样式各异。

一、讲话稿的写作

讲话稿也称发言稿，是在某种特殊场合要讲话前所拟定的书面稿子。讲话稿可以有效地围绕议题把话讲好，不至于走题或讲错话。

讲话稿使用范围非常广泛，各种大小会议、广播录音、电视录像场合都可以使用到讲话稿。

1. 讲话稿的种类

讲话稿有详稿、略稿和腹稿之分：

① 详稿准备较充分，只需要拿到会议上念就可以；

② 略稿是个提纲、要点，在发言时要在此基础上再作发挥；

③ 腹稿，仅仅在头脑里酝酿一下，考虑个大概，到时即席发言，然后根据别人的记录整理成书面的东西。

2. 领导讲话稿的特点

讲话稿一般应由讲话人自己写。只有在特殊情况下，可经过授意由别人代写，或由秘书等代劳。领导讲话稿的特点有：

（1）权威性

领导讲话的目的是贯彻上级的指示精神，实施本级的决定，并对分管的工作提出指导性意见。因此，领导讲话具有一定的权威性和有效性。

（2）思想性

讲话就是要用自己的语言去思考、去总结，通过自己的思考和理解去分析问题，去说服人。领导的讲稿更应该体现出思想性，启发他人去思考问题。

（3）鼓动性

领导要通过讲话起到激励、鼓舞的作用。因此，讲话稿要针对形势、问题或某种思想动态展开富有启发性的演说。

3. 领导讲话稿的结构

（1）“三段论”结构

第一部分是情况、工作；第二部分是问题、原因；第三部分是措施、建议。

（2）“独联体”结构

领导讲话稿的每一部分都独立成篇，各个部分可连接起来成文。这种结构的讲话稿有以下两个好处：

第一，领导讲话稿的长短可以依据讲话的时间要求进行调整。

第二，领导可以根据讲话的重点，合理安排结构。

4. 领导讲话稿的起草

起草领导讲话稿一般要经过明确起草目的即审题，收集、整理资料，确定主题和设计提纲，写作、修改、成文等过程。

（1）确定提纲

提纲的确定有以下三点需要做好：

第一，要事先征求领导本人的意见，拟出提纲后交给领导本人审定。

第二，提纲最好是比较详细的纲目式。

第三，拟定提纲要尽量有新意。

（2）起草讲话稿

起草领导讲话稿要注意以下几点：

① 要注意提炼观点；

② 要高度概括内容；

③ 要特别强调逻辑性；

④ 要准确拟定标题。

（3）修改

在领导审定前、领导提出修改意见之后、正式印刷之前及形成正式文件之前需要对领导讲话稿进行修改。

领导讲话稿修改的重点有：

① 主题思想方面：领导讲话稿的主题和提出的观念、观点、思路、目标、口号以及引申等，是否符合领导意图？是否符合客观形势和工作实际的要求？是否非常重要而又非讲不可？

② 政策措施方面：包括方案、意见、政策、措施等方面，是否符合国家的法律、法规？是否符合党和政府的方针、政策及有关规定？是否符合本地实际？是否具有较大的适用性和可操作性？

③ 文字表达方面：包括结构、层次、标题、语言、材料、引文、典型事例等方面，是否符合事实、符合逻辑、符合语法。

④ 文面要求方面：体式、款式、字体、字号、书写、序号、时间、页码、署名等是否规范？

5. 领导讲话稿的语言风格

（1）权威与平易并存

领导讲话无疑要具有权威性，但是如果一个领导者在讲话中，处处炫耀自己的身份、地位，居高临下发号施令，就会拉远与听众的距离，阻碍双方情感上的交流，就得不到思想上的共鸣。因此，领导讲话稿不仅要言之成理，还要善于把“理”说白说透，尽量使用平易近人的语言。

（2）庄重与幽默并存

领导讲话要庄重，要认真、准确地传达上级的指示精神，阐明自己的思想。但是，过于沉重的语言风格往往会使讲稿枯燥无味，无法打动听众。如果在讲话中适当增强语言的幽默性，不但会提高语言的艺术魅力，而且也会为领导者的风度增添异彩。

（3）深入与浅出并存

领导讲话，总是要通过阐明一定的道理“以理服人”，可以说是讲话所必须遵循的一条原则，但是说理并不代表通篇使用晦涩难懂的语言。只有将理论性与通俗性结合起来，才能使所要阐明的道理生动、明了，听众易于接受，从而达到讲话预期的效果。

6. 领导讲话稿的注意事项

（1）避免雷同

领导参加会议应邀讲话，常常会遇到多位领导人讲同一个问题，作为秘书要充分考虑到这一点，尽量使领导的讲话既全面又独特。

（2）树立独特的风格

给领导起草讲话稿，最好根据领导的办事风格确立讲话稿的风格。

二、开幕词的写作

开幕词是非常重要的大中型会议开幕的时候，主要领导使用的会务文书。一些小型会议的“开幕词”又称“开场白”，由会议主持人或者领导在会议开始前说出。

1. 开幕词的作用

开幕词具有提示性和指导性的重要作用。开幕词对会议的性质、背景、作用、议程、主要任务和会议希望达到的目的等用概括性的语言说出，它是会议的前奏，为会议的顺利进行打下基础。

开幕词具有宣传、提醒和指导作用。在开幕词中要正式宣布会议开始，营造会议严肃的气氛。开幕词对会议需要探讨的一些问题进行了概括性的提示，为与会者了解会议讨论的议题，为其参与议题的讨论做心理准备。

2. 开幕词的写作

开幕词字数很少，但涉及的内容很多，它的结构方式独特。开幕词由标题、时间、署名、称呼和正文组成。

（1）标题

开幕词的标题往往是以会议的名称加“开幕词”三个字组成，例如《××公司第十六届股东大会开幕词》。另一种是将致词人的姓名加进标题中，既能放在会议名称前面，还可放在会议名称后面，比如“××在××会议上的开幕词”或者“在××会议上××的开幕词”。有些开幕词另写主标题，会议的全称加开幕词是副标题，或者只写主标题，不写副标题。

（2）时间

时间应写在标题的下边，加上括号。时间是发言人在会议上说话的时间，不要任意改变。

（3）署名

署名就是致开幕词者的名字，需写在开幕时间的下边。

（4）称呼

称呼就是对与会者的称呼。对不同的听众应该使用不同的称呼。

听众多，称呼应该笼统；听众少，称呼应该相对具体。就是说，职工代表会议的称呼应该用“同事们”，董事会议应用“董事们”，各级经理应用“经理们”。

如果有嘉宾参加会议，应在称呼中加上“先生们、女士们”等。称呼在署名的下一行顶格写，后面加冒号。

（5）正文

开幕词的正文由开头、主体和结尾组成。

A. 开头要写宣布会议开始或者对与会者表示欢迎的语句。有时可以简单地交代会议的筹备情况，或者介绍与会者的情况，或者介绍来宾的情况。

B. 主体应该说清会议的背景，帮助与会者理解会议的意义。交代会议的主要议题，使与会者心中有数，使会议顺利进行。还应简单地介绍会议的指导思想，提出会议的任务，使与会者在讨论议题时有所认识。

C. 结尾应用带有鼓动性的语句对与会者提出要求，调动与会者的积极性。

结尾一般用“预祝大会取得成功”作为结束语，从而表达对会议的良好祝愿。语气应该振奋人心。

3. 开幕词的注意事项

将举行会议的目的、任务说清楚；否则无法起到开幕词的作用。

开幕词应该写得简洁、一目了然。开幕词只是提示性地介绍大会的有关事项，达到提示的目的就行了，不能长篇大论。

语言应该明快热情，多写口语，多写简短、有力的句子，这样讲起来才能流畅，才能表达热烈的感情，与会者听起来才会觉得亲切，振奋人心。

三、闭幕词的写作

闭幕词是重大的大中型会议结束时，主要领导向会议做的总结性文书。闭幕词是整个会议的结束语，与开幕词相对应。

1. 闭幕词的作用

闭幕词是对会议的进程、步骤和取得会议成果的概括，对与会者的期望与鼓励。

闭幕词对会议进行宣传、评估、总结。闭幕词中首先要表明会议胜利结束，接着应对会议做出评价、总结会议的成果使与会者对会议有更深入的了解，有利于贯彻会议的主要内容。

2. 闭幕词的写作

闭幕词由标题、时间、署名、称呼和正文组成。

（1）标题

标题的写法与“开幕词”相同，比如《公司第×次员工代表大会的闭幕词》。

（2）时间

所写时间是主持人说结尾语的时间，即会议的闭幕时间。

（3）署名与称呼

署名和称呼的写法与开幕词相同。

（4）正文

正文是由开头、主体和结尾组成。

A. 开头要简单地指出会议完成了预定的任务。

B. 主体是总结大会讨论、通过的重要议题，以及对会议的评估。评估会议的成果时，写出执行会议精神的要求。主体部分内容较多，写作的时候要突出会议的重点、一目了然，使会议的成果进一步深化。如果会议的内容太多，应该多分层次、段落来写。

C. 结尾用生动的语言表示祝愿，使与会者受到鼓舞，增强为了完成新任务而奋斗的信心。还应该对为会议胜利闭幕而辛苦工作的全体会务人员表达真挚的谢意。最后，用一句话宣布会议圆满结束。

3. 闭幕词的注意事项

① 写闭幕词应该全面地了解会议的情况，掌握会议的主要精神，写最主要的问题。

② 应与会议中的日程、议题相对应，要写出会议的内容与气氛。

③ 闭幕词篇幅要短小精悍，语言简洁。

④ 闭幕词的语言应该充满激情，语气激昂，振奋人心，鼓舞士气，使会议在热烈的气氛中胜利结束。

四、会议提案的写作

会议提案指的是有关部门在举行重大会议的时候，与会者以书面的形式向大会提出的，提交大会讨论的积极主张或者意见。

1. 会议提案的作用

会议提案是体现民主的一种好形式，能够发挥与会者的积极性，调动与会者的凝聚力，具有建议性的特点。提案的内容十分广泛，凡是在与会者的权限内应当解决的问题，都能够列入会议提案。

2. 会议提案的写作

会议提案通常由案由、提案人、理由和办法等部分构成。

（1）案由

案由部分相当于文章的标题，简洁地概括提案的主要内容，比如“关于……提案”，即“关于××问题的提案”。若这个提案被会议接受了，那么由会议的有关负责人在该提案的前边加一个编号，常常写上“第×次会议第××号提案”的字样。

案由的另一个写法就是把“案由”改为“提案”，后边加冒号，写上要求会议解决或者讨论什么问题。

（2）提案人

提案人又叫作提议人，在“案由”的下边写提案人的姓名。另外，提案人的姓名也可以写在提案的最后。若有人赞同这一提案，还可在提案人的名单后边填上姓名，作为附议人。若是以部门的名义提出的提案，应该把部门的全称写出来。

（3）理由

理由是提案的重要组成部分。若要写清提出建议或者意见的理由，往往是先举出事实，再说明性质，最后提出处理问题的必要性。写理由部分的时候应该诚恳，讲究分寸，实事求是，使与会者听了觉得言之有物，认为有提出的必要性。

（4）办法

写办法时应该写清事先所提出的主张的措施。表述应该有层次，要分条或者分段写。要使与会者觉得经过努力后这些建议是能够实现的。

另外，应该在“提案人”的下面写清具体的日期。最后由会议提案审查委员会提出审查的意见。

3. 会议提案的注意事项

秘书写会议提案时应注意：

（1）对公司的方针和政策应该了解

写提案以前，应该了解和熟悉相关的方针和政策，认真阅读文件，仔细研究，使提案有章可循。

（2）对于提案有关的情况应该了解

就是说，提案一般是针对不良倾向或者待办事项而提出的办法，为了让人相信，在提案中应该概括地写出与提案有关的情况，用来证实所提的主张的必要性。

（3）所提的提案要属于领导的权限之内

所提的提案如果超出了领导的职权范围，领导也没有办法实现。

（4）不通过领导就能够解决的难题，不应该列为提案

（5）事实应该准确，要突出重点

提案中提出的问题要可信，不要为了求得解决问题而说谎。问题的重点一定要写出，不要与一般的问题混在一起写，要写得条理分明。

（6）写提案的时候，应与写请示一样，做到一事一案

若有两个问题应提出两件提案，再把提案转交会议负责人研究。

（7）要注意提案与一般文章的格式区别

提案的格式与一般文章不同。为了醒目，应该把“案由”、“提案人”、“理由”、“办法”几个字顶格写在每个部分的前面，后边加冒号。

五、会议记录的写作

会议记录是当事人记录会议情况以供备查的一种文体。

1. 会议记录的写作

一般会议记录包括两部分：一部分是会议的组织情况；另一部分是会议的内容。

2. 会议的组织情况

要求写明会议名称、时间、地点、出席人数、缺席人数、列席人数、主持人、记录人等。有些会议还要写清楚会议的起讫时间（年、月、日）。

3. 会议的内容

内容上要求写明发言、决议、问题，这些是会议记录的核心部分。

另外，要写明发言人的姓名，发言的内容，包括讨论的内容、提出的建议、通过的决议等。必要时，还要记下表决情况（如全体通过或多少人同意，多少人异议，多少人弃权）。

记录还要记下会议的有关动态，如发言中的插话、笑声、掌声，临时中断以及会场重要情况等。

会议的记录在方法上有详细记录和摘要记录两种。这两种记录，采用哪一种，要根据会议的性质和内容来定。

详细记录：要求尽量记录原话，主要用于比较重要的会议和重要的发言。

摘要记录：只记录会议要点和中心内容，多用于一般性会议。

会议结束，记录完毕，要另起一行写“散会”二字；如中途休会，要写明“休会”字样。重要的会议记录，要有主持人和记录人在正文结尾右下方签字。

4. 会议记录的范本

会议名称：　　　　会议时间：

会议地点：　　　　记录人：

出席与列席会议人员：

缺席人员：

会议主持人：　　　　审阅：　　　　签字：

主要议题：

发言记录：

散会

主持人签名：

记录人签名：

六、请柬的写作

请柬是用于婚嫁、庆贺、丧葬、普通应酬等场合的各种礼帖的总称。请柬的“柬”同“简”。简是战国时期至三国魏时期的书写材料，是削刮成的狭长竹片或木片，竹片称简，木片称札或牍，统称为简，亦是信札、名帖的通称。

1. 请柬的种类

请柬种类很多，大致可分婚嫁请柬、庆贺请柬、丧葬请柬、普通应酬请柬四种。普通应酬请柬又分请帖、送礼帖、谢帖三种。

2. 请柬的作用

请柬是邀请单位或个人参加某种活动所使用的文体。它具有通知和邀请信双重的性质，但又与通知和邀请信有别。通知可以是口头的，也可以是书面的。

请柬则只用书面形式，哪怕被邀者近在咫尺，也须送至其手中（邮寄亦可）。邀请信虽有邀请之意，但既是信函，内容可复杂些，而请柬内容要单一；发出者也不尽相同，邀请信的发出者大多是单位或团体，请柬则比较灵活，有不少是个人发出的。

送请柬是公共关系活动中最为庄重、礼貌而又简便的交往方式，在沟通信息、联络感情方面起着不可低估的作用。请柬的用语如何、书写如何、纸质如何、装帧如何，直接反映一个单位、团体或个人的综合实力和精神风貌。

3. 请柬的写作

请柬由标题、正文两部分组成。

（1）标题

标题多用“请柬”、“请帖”等字样，常用较大的字体写在正面，要醒目、居中。最好绘上与内容相应的图案、花纹，使其美观、大方。若有封套，第一行中间位置写“请柬”字样，第二行写被邀请人的姓名和称呼。

（2）正文

正文包括被邀请者、邀请事由、结束语、邀请者、日期五方面内容，写在请柬背面（如不分正、背面，则写在标题之下）。

A. 邀请事由除写是什么活动外，还要写清楚活动的具体时间和详细地点。

B. 邀请者的署名写在结束语右下方。如果是单位邀请的话，须在单位名称上加盖公章；如果是个人邀请的话，则写姓名便可。若是结婚请柬，在邀请者两人的姓名之后，宜写上“鞠躬”等字样。

C. 请柬的书写，还可用直式，即由右写到左。

4. 请柬的注意事项

如果请柬用于非正式场合，秘书人员可以购买现成的空白请柬，加以简单填写即可使用。但是，如果请柬用于重要和庄重的场合，举办方最好还是制作专用的请柬，这样可以显示出举办方的诚意和对活动的重视。

5. 请柬的范文

尊敬的女士、先生：

由中国国际贸易促进委员会、河北省人民政府、中国轻工业联合会、中国建筑材料工业协会主办，中国陶瓷工业协会、中国建筑卫生陶瓷协会和中国经济联络中心主办的第六届唐山中国陶瓷博览会于××××年××月××日至××日在唐山举行。

敬请光临

第六届唐山中国陶瓷博览会筹备委员会

××××年××月××日

七、贺信的书写

贺信是表示庆贺的书信的总称。贺信可以直接寄送给对方，也可通过传媒播发。

1. 贺信的种类

贺信的种类包括：

① 上级单位对下级单位或所属员工、群众发出的贺信，这种祝贺一般是对有关的节日或所取得的成绩表示祝贺，并提出希望和要求。

② 同级单位之间的贺信。这种贺信除了表示祝贺之外，还表示要向对方学习。

③ 下级单位、员工给领导机关的贺信。这种贺信除表示祝贺之外，还表示下级单位或员工对完成某项任务的决心、行动。

④ 对重要领导人、科学家、艺术家等名人寿辰的祝贺。

2. 贺信的写作

贺信的写作格式为：

（1）标题

居中写“贺信”两个字。

（2）开头

顶格写被祝贺单位或个人称呼，称呼后加冒号。

（3）正文

另起一行空两格写贺信的内容。简要叙述对方取得成绩的社会背景，或重要会议召开的历史条件等；概述对方取得的成绩，并简要分析其取得成绩的有关因素；如果是祝贺重要会议的召开，应说明会议的内容及其重要性；如果是寿辰贺信，应精练、概括地赞美对方的贡献和品德；另外，还须写上热情的鼓励、殷切的希望和双方的共同理想。

（4）结尾

写上表示祝愿的话。

（5）署名

另起一行，在右下方写发信单位或个人姓名。署名下边写年、月、日。

3. 贺信的注意事项

写作贺信的注意事项有：

① 感情要饱满、充沛，给人以鼓舞的感受。

② 内容要实事求是，评价要恰如其分，表示决心要切实可行，切忌言过其实，空喊口号。

③ 语言要精练、明快、通俗流畅，不要堆砌华丽的辞藻，篇幅要短小。

八、祝词的写作

祝词也称祝辞，是指在吉庆佳节、迎送宴会以及各种集会场合，主宾各方发表祝贺或答谢讲话的礼仪文书。

1. 祝词的种类

祝词的结构形式有简约型和书面型两种。简约型多用一两句精粹的词语，把自己最美好的祝愿表达出来，有时也可以引用诗句或名言来表达自己的心意。

书面型全文由标题、称呼、正文和祝愿语等部分构成。

祝词的形式有祝贺词和祝酒词两种。

（1）祝贺词

祝贺词也叫贺词，是用于各种集会或聚会场合的讲话。从中央的外事活动到民间的团体聚会，从重大工程的剪彩到个体营业的开张，不管是身居要职的领导，还是普通百姓，都可以使用。

（2）祝酒词

在酒席宴会的开始，主人需要表示热烈地欢迎、亲切地问候、诚挚地感谢客人，而进行答谢并表示衷心的祝愿的应酬之词。

2. 祝词的写作

（1）标题

书面型标题可以直接写为“祝词”、“祝酒词”等，也可以由讲话者姓名、会议名称和文种构成，如“×××在××会上的祝酒词”、“×××在××宴会上的讲话”等。

（2）称呼

称呼一般用泛称，可以根据到会者的身份来定，如“各位先生、各位女士”、“朋友们”、“同事们”等。为了表示热情、亲切、友好之意，前面可以加修饰语“亲爱的”、“尊敬的”、“尊贵的”等。

（3）正文

正文包括以下几层意思：

一是表明自己的身份及代表谁讲话；

二是对与会者的问候；

三是表示欢迎、欢送或祝贺；

四是说明集会或聚会的原因；

五是对过去的概括评价；

六是对未来的希望；

最后是祝愿语，再次表示祝贺，结束全文。

3. 祝贺词的范文

祝贺词

××百货商场：

正值我市被定为沿海开放城市之际，贵商场落成开业，这是我们商业界、也是全市人民生活中的一件喜事。借此向贵商场同人致以热烈的祝贺！

商业部门是沟通产销渠道的桥梁，是联结千家万户的纽带。贵商场营业面积居全市各大商场之冠，加上人才济济，对促进生产发展、满足人民群众物质需求、繁荣我市经贸事业等方面，定会起到重要作用。

祝开业大吉，生意兴隆！

××市××商场全体职工

××××年××月××日

4. 祝酒词的范文

祝酒词

尊敬的××总经理，

尊敬的××实业公司代表团的先生们：

今天，我很荣幸地代表××省××进出口公司为以张总经理为首的香港××实业公司代表团接风。

各位来宾，随着中国内地经济的逐步好转和投资环境的日益改善，香港××实业公司在内地的投资活动也日趋活跃。仅今年第一、第二季度，与内地签订的投资额就达2亿美元。张总经理为香港和内地经贸关系的进一步拓展所作出的贡献，功不可没，令人景仰。

此次张总经理率团来我省考察，并准备签订《“十五”期间投资意向书》。我相信，在互利互惠原则指引下，在多年来亲密合作的基础上，以张总经理为首的代表团一定会不虚此行，满载而归的。

我很高兴今天能与老朋友张总经理在这里重叙友情，我还很高兴地结识了代表团的各位新朋友。此刻，窗外寒意袭人，而室内却春意盎然，这象征着我们内地与香港地区的经贸合作关系面临一个百花争艳的春天。

为此，我提议：

为张总经理的身体健康，

为代表团成员们的身体健康，

为我们互为最大贸易伙伴地位的进一步巩固，

为我们双方在更为广阔领域里的合作，

干杯！

如何写凭证性文书

凭证性文书，包括企业各部门上报的、在日常活动中形成的原始记录和凭证，如财产状况、房屋销售、合同书、协议书等的原始记录和文本。

一、介绍信的写作

公司或其他团体、机构用以向有关单位介绍前去联系的派遣人的情况与任务的专用信件，叫介绍信。介绍信具有介绍和证明的双重作用。

1. 介绍信的种类

常见的介绍信有两种：

（1）书信式介绍信

书信式介绍信按照需要临时书写，纸张采用公司的公用信笺。

（2）带有存根的介绍信

这种介绍信已被印刷好，有虚线和盖章，分为两联，一联是存根；另一联填写后供本公司人员使用。

2. 介绍信的写作

介绍信的基本格式为标题、称呼、正文和落款。

（1）标题

应该在首行印上或者写上“介绍信”三个字。

（2）称呼

应在信件开始处，顶格写收文单位或者收文者的名称，或者把收文单位的全称写在信件的最后一行，在全称的上一行写“此致”字样。

（3）正文

空两格起写被介绍者的姓名和职务、前往接洽的事项以及向接洽单位提出的要求。

正文写完时，另起一行，空两格写“此致”，下一行顶格写“敬礼”。

（4）落款

另起一行，写发出介绍信的公司全称、加盖印章。署名下边应写上年、月、日。

3. 介绍信的注意事项

① 介绍信一定要在填写前经过领导的批准。

② 应认真负责，写清派遣者的姓名和职务。一封介绍信只准写给一个单位，不准开“各有关部门”之类的介绍信。

③ 所联系办理的事情必须具体、清楚地填写，防止滥用介绍信。

④ 介绍信用毛笔或者钢笔书写，不准使用铅笔或者红色的墨水笔。书写工整，不准涂改；若有涂改，应另写。

二、证明信的写作

证明信是国家机关、社会团体、企事业单位为证明有关人员的身份、经历及其与某事件的关系，用可靠的材料表明或断定人或事物的真实性，证实和说明人或事物具体表现或特性的专用文书。

1. 证明信的种类

证明信可分为组织证明信和个人证明信，前者又可分为普通书写证明信和印刷证明信。

2. 证明信的格式

证明信有公文式、书信式、便条式三种格式。

3. 证明信的写作

不论是哪种类型的证明信，其结构都大致相同，一般都由标题、称呼、正文、署名和日期构成。

（1）标题

在第一行居中位置常以“证明信”、“证明”或写明“关于×××同志××情况（或问题）的证明”。

（2）称呼

顶格写上需要证明的单位的名称，之后加冒号。

（3）正文

另起一行，空两格写明被证明事项的全部事实，语言要准确、简明扼要。写完所证明的问题以后，另起一行空两格，加“特此证明”四字作结束语，不要写祝愿、勉励之类的话。

（4）署名、日期

在正文右下方署上证明单位（或个人）的名称（姓名），并由证明单位或证明人盖公章或签名、盖私章，否则证明无效。

4. 证明信的范本

证　明

××市研究院：

你院××同志，于××年至××年在我校××系××班进修，学习四年，全部学业成绩合格，已予毕业。

特此证明

××大学××系（盖章）

×××年××月××日

如何写生活性文书

生活性文书的特点决定了它的写作有以下几个要点。

第一，意思明确。明白无误地把要说的话写出来，让别人一目了然看得懂。

第二，文理通顺。逻辑结构顺畅。

第三，观点明确。有明确的观点。

第四，简明生动。生活性文书虽然也属公文，但描述及用语应尽可能简洁和生动，增加可读性或细腻感。否则，晦涩的语言，会让人觉得乏味。

第五，层次分明。段落清楚，让人赏心悦目。

第六，格式规范。生活性文书也同样有其固定的格式规范要求，不能随心所欲；否则会让看的人糊涂，更有可能把意思搞错。

一、聘请书的写作

聘请书（又称聘书）是聘请人的文书。

为了适应我国经济建设的需要，单位或部门以招聘制度为人事制度的补充手段，聘书也就成为一个单位需要延请外单位的人才担任本单位某项职务或承担某项工作时所使用的一种特殊文书。

1. 聘请书的作用

（1）可作为加强协作的纽带

当一个单位在承担了某项任务或开展某项工作，若本单位缺乏一些必要的人才，需从外单位延请时，这就需要使用聘书。

聘书也就成了互通有无、调剂力量、加强协作、互相支援的重要手段，起到把需要方和援助方紧紧地联系起来的纽带作用。

（2）可增强应聘者的责任感和促进人才交流

聘书要出于需求方对应聘者的信任和尊重。聘书的授予会加强应聘者的工作责任感，更好地发挥他们的聪明才智，使他们得到一个充分施展才能的机会和天地。

2. 聘请书的格式

（1）标题

在正中写上标题“聘书”或“聘请书”字样，被聘请者的姓名、称呼有的在开头写明，有的在正文中写明。

（2）正文

一般要交代聘请的原因和请去做什么事情，但也有的不交代聘请的原因，只说明聘请去做什么事情或担任什么职务。正文中还可写上对被聘者的希望。

(3) 结语

一般要写上表示敬意和祝颂的话。

(4) 署名

另起一行，在右下方写上聘请单位的名称，在署名下边写上年、月、日。

3. 聘请书的注意事项

① 对为什么聘请、聘请谁一定要交代清楚。特别是对聘请原因一定要有所交代；否则被聘请者就无法应聘或虽接受了聘书，也只能盲目应聘。

② 因聘书是以单位名义发出的，一定要加盖公章后方能生效。

二、慰问信的书写

慰问信是以组织或个人的名义向对方表示慰问的书信。

慰问信可以直接寄给本人，也可以一式两份：本人和本人所在单位各一份。

与此同时，也可以通过新闻媒体播发。

1. 被慰问对象和范围

被慰问对象和范围包括：

① 向作出贡献的集体或个人表示慰问，鼓励他们戒骄戒躁，继续前进。

② 向由于某种原因而遇到重大损失或巨大困难的广大群众表示同情和安慰，鼓励他们战胜眼前困难，提高信心，加倍努力，迅速改变现状。

③ 重要节日慰问。

2. 慰问信的写作

慰问信的写作格式结构有：

(1) 标题

居中写“慰问信”三个字，或者写“×××致×××慰问信”，其中“慰问信”三个字也可写在第二行正中，字体要大一些。

(2) 开头

顶格写被慰问的单位或个人的称呼。如果是写给个人，姓名之后应加相应的称呼，称呼后要加冒号。

（3）正文

另起一行，空两格写慰问的内容：

说明写慰问信的背景、原因。背景及有关形势要叙述具体，接着再写表示慰问的话语。

概括地叙述对方的先进思想、先进事迹，或者战胜困难、舍己为人、不怕牺牲的可贵品德和高尚风格，然后向对方表示慰问和学习。

（4）结尾

表示共同的愿望和决心，最后写祝颂语。

（5）署名

在慰问信的右下方署上单位名称或个人姓名，署名下方写年、月、日。

3. 慰问信的注意事项

① 要向对方表示出亲切、关怀的感情。

② 使对方有情谊深厚、温暖如春的感受。

③ 在热情地赞颂对方的可贵精神的同时，提出希望，鼓励他们继续前进。

④ 语气要诚恳，感情流露真切自然，文字要朴实、精练，篇幅要短小。

三、感谢信的写作

在日常生活中，公司或者个人之间需要互相帮助、互相支援，就会涌现出许多好人好事。受到援助的一方为了表达谢意，常常会采用感谢信的形式；对影响较大的事情或个人还可以登报或广播。

1. 感谢信的写作

感谢信应当由标题、称谓、正文、致敬语、署名和日期等部分组成。

（1）标题

在感谢信的第一行正中写“感谢信”三个字，字体要大一些。

（2）称谓

在第二行顶格写被感谢方的单位名称或者个人的称呼。在个人的姓后加“先生”、“女士”或者职务等，称谓后面加冒号。

（3）正文

第二行空两格写正文，正文分为两个部分。

一部分简单地描写事迹，说明事迹的效果。要写清人物、事件、时间、地点、背景和效果，概述在关键时刻对方的帮助或者支持所产生的作用。另一部分颂扬品德，表达日后会向对方学习的决心。

（4）致敬语

写上“此致、敬礼”等表达敬意的话。致敬语的前部分往往连接正文或者另起一行空两格；后部分另起一行顶格写，以示敬意。

（5）署名和日期

在右下角写公司的名称或者个人的姓名，下一行写年、月、日。

2. 感谢信的注意事项

内容要真实。叙述事迹应该具体，人物、时间和地点等应该绝对真实，关键的部分应该重点写，给对方以真实的评价。

要以事迹来引情，以情来感人。要充满感情，讲究写作方法，既不要平铺直叙，也不要过于修饰。表达谢意的行动应当切实可行。

信头的称呼、文中的用词、结尾的敬语应该与双方的身份相符，还要符合社交习惯。

书写规范。篇幅应简短精悍，语句要简洁，应符合书信的格式。

第六章

公关能力，好秘书离不开交际应酬

任何企业的发展都离不开具有良好公关能力的秘书，更何况现代的秘书不再是简单的打打字，接接电话，整整材料了，秘书必须经常增强自身的基本素质、拥有较强的业务能力、较强的文化素质以及要注意一些社交礼仪的禁忌。

建立良好的人脉网络

作为秘书，你的办事能力跟你的人际平均值有着直接关系。俗话说“众人拾柴火焰高”，你是否有人脉，是否有宽广的人际关系网是衡量你能否找对人办对事的标准。人脉有多大，办事的能力就会有多大，没有人脉的人，是绝对成不了大事的！

人际交往可以培养、锻炼人的能力。没有交际，很多能力就不会被开发出来，而最终被埋没。因此，秘书应该牢固树立“在交际中学习”，把交际当作是培养能力、学习技能的机会。

要在“交际中学习”还必须树立在“学习中交际”的态度。“人生有限，知识、经验无涯，不断地学习是取得能力的基础。”一个人只要不断向他人学习，他的能力便会更上一层楼。

总之，在与他人相处中，你可以学到很多东西。这些东西是在书本上学不到的。只要留心，交际中“处处皆学问”，因为不同的人会有不同的想法、不同的观念。

人脉圈作为一种资源，不仅能在你需要帮助时伸手扶你一把，而且在相互交往中能使你学到许多东西，从圈子中获得一种受益终生的“人生资源”。在与人交往中，我们可以学到以下三个方面的知识和经验。

（1）了解自己

一般人都爱犯一个毛病，就是自以为最了解自己。事实上，我们对自己的认识极为有限，几乎无法具体地描述自己的个性、能力、长处和短处。当你以为“这就是真正的自己”时，通常只看到“有意识的自我”和“行动的自我”，而这些都只是自我的一部分而已。

我们很难掌握自己，唯一的办法只有拿自己与周围的人比较，或者从与人的交往中逐渐看清楚别人眼中的自己，有时候必须在多次受到长辈的斥责和朋友的规劝之后，才能恍然大悟，真正达到自知之明。“以人为镜，可以明得失。”除非拿别人作为镜子；否则你很难知道自己是什么样子。

（2）了解社会

我们习惯于从日常生活中了解这个社会，别人的生活经验、书报杂志和传播媒介也可以帮助我们了解社会。从生活体验中获得的社会知识毕竟太狭窄了，就如“井蛙窥天”一样，使我们难以做出准确的判断。报纸和其他传播媒体所提供的也只不过是一张“地图”，光靠这张地图，当然掌握不到活生生的现实。像这样经由较狭隘的个人经验塑造出来的世界观，随着人脉资源的扩大，有可能慢慢得到修正。

简单地说，只有与人交往才有可能掌握真正的现实社会。

（3）了解人生

我们的一生中无时无刻不在受着他人的影响，这些人可能是父母亲友，也可能是自己的上司和同事。从他们身上，我们不仅可以更全面地认识自己，更能了解整个社会，同时也因为他们的生活态度而认识人生是什么。

人脉圈是你的一面镜子。你可以在交际中审视自己，在交际中了解自己，在交际中了解自己的特长、亮点所在，从而为自己人生的成功打下基础。那么，如何找到属于自己的人脉呢？

（1）找到品质优良的人脉

有一点是不可忽视的，那就是圈子里的口口相传！

但是如何实现口口相传呢？这就需要挑选合适的人脉！保证自己的人脉都是品质优良的。

这个道理很简单，如果你所接触的人品质优良，他就不会做出伤害你的事情，也不会给你介绍一些没有把握的工作。你信得过他，他也信得过你，你们之间的相处和交往才能是长远和互利的。而如果你的人脉品质恶劣，遇到一点事就将责任推到别人身上，大家口口相传的就会是不利于你的一些东西，这对你只能造成负面的影响，而没有其他任何好的影响。

（2）保持对对方的责任心

在和对方相处的过程中，我们不能只要求别人有责任心，而自己没有责任心。比如，如果我们和对方合作的项目是按时间计费的，那么我们不能因为蝇头小利而故意拖延时间，或者建议客户做不必要的开销。

一个长远而强硬的人脉关系网需要的是长期的合作，因此，保持对对方的责任心是非常重要的。比如，在处理一些事情的时候应懂得从对方的角度去考虑问题。不要以为这些事情都是小事，它会起到“润物细无声”的效应，时间久了，口碑自然就有了。

（3）坚持信任的原则

我们前面讲过，人脉的交往讲究“君子之交”，而不要奉行“小人之交”。这就需要彼此的信任，其实这也是建立深厚人脉的基础。

有一个广告公司，在已经接受一个客户的广告业务后发现，该客户为视力残障人士捐赠的产品中，有很多都即将到保质期了。于是广告公司要求换货，却遭到了拒绝。为此，该广告公司放弃了为对方做宣传的活动，同时也损失了前期已经垫付的部分资金。

广告公司虽然损失了资金，却保住了信誉，人脉资源也开始越发广泛了！当其他的客户知道这件事情后，都意识到这是一个值得信任的广告公司，因为他们不会为了自己的利益而出卖或损害他人的利益。

通过分析，我们可以发现，找到属于自己的人脉资源其实一点都不难。难的是如何把握好属于自己的人脉，如何让自己同时也成为对方的可贵人脉。虽然人脉能变成财富，但是我们也不能将人脉财富化。所有将人脉看成生钱工具的人，最终都会被财富生吞，而不能有所建树。而懂得经营人脉的人必须是品质优良又有责任心的人，如此，才能真正地建立起自己的人脉，真正地拥有自己的财富！

学会倾听的艺术

有研究表明，同一件事情，如果一个人重复说到第三遍，就会感到厌烦和烦躁。领导也是如此，当他第一次交办一件任务时，他可能踌躇满志，心情愉快；当他第二次重复同一件事情时，他会感到自尊和自信受到影响，怀疑是否自己说错了；而当他第三次重复这一议题时，他就会失去耐心，也失去了对秘书的信心。

因此，要想进行有效的倾听，就要采用积极倾听的方法。

积极倾听是指倾听人必须时常对对方的和自己的价值判断提出质疑。尤其是要对自己的价值判断质疑，努力把自己放到说话者的位置上设身处地去为说话者考虑一下。

积极地倾听可以最大限度地调动说话者的积极性，同时能够更好地拉近说话者与倾听者之间的距离，从而为领导和秘书之间的融洽共处提供坚实的基础。

那么，怎样才能作到积极倾听呢？

1. 要听说话者所说的全部意义，而不是断章取义

仅仅听说话者在说些什么是不够的，积极地倾听要听出“弦外之音”，包括说话的感情和语气对他所说的内容的润色，也应当毫无遗漏地一一听进去。

作为秘书，应该总是努力去找出自己的领导想要什么、需要什么和渴望得到什么，与领导达成心灵上的共鸣。

比如说，你的领导与你谈及他如何度过了一个愉快的假期，他给你绘声绘色地描述细节，告诉你，他去了些什么地方、又都干了些什么。这时候，你必须投入极大的专注去听，努力找出你的领导者的好恶，为你的领

导者平等地对待你而感到高兴，并且要兴致勃勃尽力延长这种谈话。

2. 要对所听到的情感作出反应

仅仅听到说话者所表达的情感是不够的，还应当对说话者的情感作出适当的反应，这样才能使说话者知道，他所要表达的内容你都明白了。有时候，说话者所要表达的感情远比他们所表述的内容重要。

例如，当有人说："我简直想把这台该死的电脑扔到垃圾堆里"时，对这句话本身的内容作出任何反应都是荒谬的。因为说话者根本不是对电脑发火，在这种情况下，你应该明白真正的原因是说话人"很灰心或累坏了"的表现。

3. 注意说话者在传达信息中所使用的所有暗示

这些暗示可能是非语言的也可能是语言的，身体语言、说话的语调以及面部表情均属于这种暗示之列。

积极倾听是人们应该发展的一种特殊技巧。我们每个人在这方面都有天赋。但是，你首先必须愿意对他人的意见持开放的态度，并且愿意冒自己的观点被这种开放态度所改变的"危险"。

一个能够很好地检验自己是否认真地听了别人的说话的方法是：你能否把说话者所说的话用自己的话再重复一遍，不但要包含他所说的内容，而且要包含他字面下所隐含的意义。还可以用这样的方法：用"你的意思是……"来重述别人的话，自我检测一下。

尽管秘书在倾听领导的指示或是单纯地与领导沟通时，属于自下而上的沟通。但是，倾听在所有方式的沟通中都是很重要的，不论这种沟通是自上而下、自下而上还是横向的，积极倾听总是十分重要的。

4. 非必要时，避免打断他人的谈话

善于听别人说话的人不会因为自己想强调一些细枝末节、想修正对方话中一些无关紧要的部分、想突然转变话题，或者想说完一句刚刚没说完的话，就随便打断对方的话。经常打断别人说话就表示我们不善于听人说话，个性激进、礼貌不周，很难和人沟通。

虽然说打断别人的话是一种不礼貌的行为，但是"乒乓效应"则是例外。所谓的"乒乓效应"是指听人说话的一方要适时地提出许多切中要点的问题或发表一些意见感想，来响应对方的说法。还有一旦听漏了一些地方，或者是不懂的时候，要在对方的话暂时告一段落时，迅速地提出疑问之处。

5. 暗中回顾，整理出重点，并提出自己的结论

当你和他人谈话的时候，通常都会有几秒钟的时间，可以在心里回顾一下对方的话，整理出其中的重点所在。

必要时，作一点记录，要知道“好记性不如烂笔头”，一份完整的谈话记录，不仅可以使你准确地领会领导的意图，还可以向领导发出这样的信息，那就是：我非常重视您的讲话，您讲得非常精彩，我会完整、准确地将您的指示传达和实施下去。

另外，我们必须删去无关紧要的细节，把注意力集中在对方想说的重点和对方主要的想法上，并且在心中熟记这些重点和想法。

暗中回顾并整理出重点，也可以帮助你继续提出问题。如果你能指出对方有些地方话只说到一半或者语焉不详，说话的人就知道，你一直都在听他讲话，而且也很努力地想完全了解他的话。如果你不太确定对方比较重视哪些重点或想法，就可以利用询问的方式，来让他知道你对谈话的内容有所注意。

秘书要有一定的演说能力

有些公关活动虽是由领导主持的，但领导的演说稿往往由秘书起草，秘书则必须懂得演说稿的特点、要求，才能成功地起草一份演说稿。而有些活动需要秘书传达领导指示，说服公众，发布组织的新闻或举办讲座宣传活动，欢庆、纪念和交际活动，这都需要亲自演说。

俗话说，“好的开始是成功的一半”，演讲更是这样。无论何种演讲，开头总是关键。

演讲的开场白最不易把握，想要三言两语抓住听众的心，并非易事。如果在演讲的开始听众对你的话就不感兴趣，注意力被分散了，

那后面再精彩的言论也将黯然失色。因此只有匠心独具的开场白，以其新颖、奇趣、敏慧之美，才能给听众留下深刻印象，才能立即控制场上气氛，在瞬间集中听众注意力，从而为接下来的演讲内容顺利地搭梯架桥。

想要做好开场工作，以下几点对演讲者可能有所帮助：

（1）借景生题

一上台就开始演讲，相信很少有人会有兴趣听下去。可以借助眼前的人、事、情、景，把听众融入到演讲中来。

1863年，美国葛底斯堡国家烈士公墓竣工。落成典礼那天，国务卿埃弗雷特站在主席台上，只见人群、麦田、牧场、果园、连绵的丘陵和高远的山峰历历在目，他心潮起伏，感慨万千，立即改变了原先想好的开头，开始从此情此景谈起：

站在明净的长天之下，从这片经过人们终年耕耘而今已安静憩息的辽阔田野放眼望去，那雄伟的阿勒格尼山隐隐约约地耸立在我们的前方，兄弟们的坟墓就在我们脚下，我真不敢用我这微不足道的声音打破上帝和大自然所安排的这意味无穷的平静。但是我必须完成你们交给我的责任，我祈求你们，祈求你们的宽容和同情……

这段开场白语言优美，节奏舒缓，感情深沉，人、景、物、情是那么完美而又自然地融合在一起。当埃弗雷特刚刚讲完这段话时，不少听众已泪水盈眶。

（2）引人入胜

演讲开头成败的关键在于能否吸引并集中听众的注意力。演讲时获取听众注意力的方式随题材、听众和场景的不同而改变，一般可以运用事例、逸闻、经历、反诘、引言、幽默等手段达此目的。

麦克米兰石油公司副总裁迈克斯·艾萨克松在一次演讲的开头便运用了引言和反诘的方法来吸引听众：

“我们都知道，演讲是件很难的事。但是请听听丹尼尔·韦伯斯特是怎么说的吧：‘如果有人要拿走我所有的财富而只剩下一样，那么我会选择口才，因为有了它我不久便可以拥有其他一切财富。’那么，为什么许多有才华的人偏偏害怕演讲呢?”

（3）激发听众兴趣

人们都有好奇的天性，一旦有了疑问就非得弄个水落石出。为了激发听众们的兴趣，可以采用悬念手法，制造悬念，会收到很好的效果。在对美国会计协会罗切斯特分会的一次演讲中，演讲顾问唐纳德·罗杰斯通过表达他对听众需要的关心而激发起了听众的兴趣：

“我今晚要演讲的题目是‘信息的透露’。确定这个题目之前，我先是查阅了本地的会计年鉴分册和全国会计协会的学术专刊，然后又询问了我的同事亚历克斯·莱文斯顿和戴夫·汉森：‘今晚来听演讲的人都有哪些?他们希望我讲什么?’他们告诉我在座的各位都是些很热心的人，希望我的演讲有趣而富有启发性。

“因此，我将告诉大家一些有用的知识，我也同时希望我的演讲简明扼要，并留给大家一定的提问时间。”

（4）抓紧人心

看看英国文学家纪伯伦在开始演讲时，是怎样逗引听众大笑的。

他所讲的并不是编造出来的故事，而是自己真实的经历，并且用戏谑的口吻，指出自身的矛盾。

纪伯伦说：“诸位，我年轻的时候，一直住在印度，我常常为某家报馆采访刑事新闻，这工作是非常有趣的，因为它使我有机会认识一些伪造货币、盗窃、杀人犯等这一类富有冒险精神的天才。（听众大笑）有时我采访到他们被审判的情形后，还要到监狱里去，拜访一下我那些正在受罪的朋友。（听众又发出笑声）我记得，有一位因为杀人而被判无期徒刑的人，是个很聪明且善于说话的年轻人，他告诉我他的高见：‘我觉得一个人如果一失足跌入罪恶的深渊里，就非得从此为非作歹不可，最后他会以为只有把其他人都挤到邪路上，才可表现自己的正直。’这句话，正好可以贴切比喻当时的内阁!”（听众的笑声和鼓掌同时响起）

（5）直入式开场

演讲时，大多数情况下，演讲者都是某个领域的专家或权威。因此，如果听众对演讲的主题不熟悉或是知之甚少，那么很有必要在开头部分对听众讲述与主题有关的背景知识，它们不仅是听众理解演讲所必需的，而且还可以体现出主题的重要性。

美国空军少将鲁弗斯·L．比拉普斯在夏努特空军基地的一次宴会上作演讲时，就对“黑人遗产周”的有关背景知识及其对美国空军的重要性作了介绍：

“我很高兴来到此地，同时我也很感谢应邀和在座各位讨论有关美国黑人问题。为保持和增进民族间的理解，美国各大州又开始纪念‘黑人遗产周’。在夏努特空军基地，我们庆祝它则可以对美国空军进行完整无缺的教育。

“我们民族的主旋律是‘黑人历史，未来的火炬’。

“这个已成为美国人民生活一部分的纪念活动，是弗吉尼亚州纽坎顿市卡特·G．伍德森最先提出并计划的，他现在被誉为美国‘黑人历史之父’。

“伍德森先生于1915年成立了‘美国黑人生活和历史协会’。后来，他又于1926年发起了‘黑人遗产周’纪念活动……”

秘书要掌握送礼的艺术

李秘书是经济管理专业的高才生，应聘到一家公司做总经理秘书已经两年了。这两年李秘书凭借扎实的专业基本功，再加上他的勤奋好学、努力敬业，各项工作开展得很不错，深得总经理的赏识和同事们的信任。

这几天，公司正接待日本一家公司的客人，接待工作当然落到了李秘书身上。因为公司主要是做国内贸易的，这两年很少接待外国客人，李秘书在涉外接待工作上的经验不是很多。谈判进行得很顺利，已经接近尾声，总经理让李秘书为日本客人选件礼物，在客人离开时送给他。

李秘书特地查了一下馈赠外国人礼品的知识和礼节，觉得为外国客人选送合适的礼物真是件很困难的事情。他翻来覆去考虑到底送日本客人什么礼物最合适。这礼物既不能太贵重，又不能太随便；要有中国特色，又能让日本人喜欢；还得考虑到日本人的礼节和馈赠礼品的禁忌，真是很困难。

李秘书在礼品市场逛了一天，最后决定还是购买一套中国古代的文房四宝。因为他听说日本人很喜欢中国传统的东西。他让售货员给包装得漂亮一点，售货员说："那就用绿色包装纸吧，这个颜色今年最受欢迎。"边说边麻利地拿出一张绿色的包装纸想用它来包装礼物。李秘书赶紧说："别用绿色纸，用红色的吧，还有别打蝴蝶结。"看到售货员有些疑惑，李秘书说："这是送日本客人的礼物，你照我说的话做吧。"李秘书把精心挑选的礼物拿回来交给了总经理。总经理是个平时喜欢舞文弄墨的人，看到李秘书选的礼物感到非常满意。

在给日本客人饯行的晚宴上，总经理拿出礼物，双手奉上，对日本客人说："这是本公司的一点薄礼，不成敬意，请笑纳。"翻译一时语塞，不知如何准确翻译。李秘书在旁边马上说道："我们总经理的意思是，这是我们公司特意为日本客人选的礼物，希望他能喜欢。"

翻译说完，日本客人非常高兴，连用中文说："谢谢，谢谢。"

为外国客人挑选合适的礼物的确是一件费思量的事情。诚如案例中李秘书考虑到的那样，所选的礼物既不能太贵重，又不能太随便，要有中国特色，又要让外国客人喜欢，还得考虑到外国的礼节和馈赠礼品的禁忌。因此，秘书一定要掌握送礼的艺术和要求。

一、选择礼物

1. 挑选恰如其分的礼物

在公务送礼场合中，人们过高估计了使人惊喜这个因素，他们在试图寻找"与众不同的东西"、"不寻常的东西"以及"世所罕见的东西"时常常铸成大错。与其事后后悔，还不如做得安全、稳妥一些。

作为秘书，假如要给领导送礼，不要以为自己天天和受礼的领导一起共事自然就能投其所好地选择礼物。工作的性质通常使人们无法展露诸如品位和兴趣等个人爱好。

挑选合适的礼品不仅需要对受礼人有所了解，还需要花费时间。考虑到办公礼物的象征意义，最好不要冒冒失失地碰到什么就买什么。通常应该在事先就计划好，尤其是在买节日礼物、婴儿礼物、工作周年纪念以及退休纪念品时更应该如此。

要逐渐熟悉周围出售精美商务礼物的商店，并要经常光顾。百货商店的礼物部常有许多礼物可供选择，特别是节前节后。其他可能的礼物来源包括书店、专门的礼品店、古玩店以及文具店等。

常用的送礼有两类：一类是非耐用品与耐用品；一类是私用与公用。

礼物的使用寿命长短不一。非耐用品适用于短期情况，退休礼物通常属于永久纪念品。但是，该怎么选择，要由秘书自己判断决定。

在非耐用礼物中，最常见的是鲜花和食品。

鲜花是问候、祝贺、慰问和感谢的象征。鲜花的价格选择范围很大，有时候人们会把鲜花和某个耐用礼物放在一块送人，比如咖啡壶或别致的花瓶。

一般情况下，除了通常隐含着某种浪漫关系的长梗玫瑰之外，谁都可以给对方送鲜花。在公务活动中，女士也可以给男士送鲜花。

2. 如何挑选给女领导的礼物

可以给女领导办公室送插花或植物。

食品作为礼物受到普遍欢迎。因为它可以根据收礼人的个人口味来挑选。食品和鲜花一样价格选择范围也很大。食品的优点在于收礼人可以跟同事或家人分享。

能够作为商务礼品的食物有“听装”烘烤食品、新鲜水果篮、糖果、坚果以及盒装奶酪和饼干等。

3. 如何挑选给男领导的礼物

葡萄酒和烈性酒通常是送给男领导的好礼物，也是很好的节日礼物。不过，要小心从事。如果把葡萄酒作为礼物带给男领导，应该事先弄清收礼人是否会喝酒，即使领导会喝酒，他们喜欢喝什么样的酒也要弄清楚。

如果对葡萄酒或烈性酒了解不多，可以向酒店的服务员讨教。

可以选择适合私人使用的礼物，这样的礼物往往能体现出对方的爱好和兴趣；也可以选择有益于对方职业的实用品。

要想挑选到合适的私人礼物，需要对领导的品位（现代的还是时髦的）、生活方式（随意的还是正统的）、嗜好和兴趣都有所了解。在所选择的礼物范围内要做到尽可能的具体化，比如爱好古玩的人可能会偏爱某一时期或一种风格的古玩。

4. 送礼时不要超越与对方的实际关系

有时赠送过于个人化的礼物如衣服会显得很不礼貌。有些小装饰物可以被人接受，如女士用的围巾或别针，男士用的链扣。

5. 办公用的礼物要在工作场所使用

如袖珍日历、名片盒、套笔、办公文具盒（内装纸夹、橡皮、胶带等）、开信的工具、相框、商业杂志或商务书籍等。

出差旅行的人可能愿意有一本通信录用于记录通信地址、一个国际旅行用的闹钟（显示国内的时间及旅行目的地的时间）、一个用于记录旅途见闻的日记本或是一个能用作钱包和放护照的夹子。

需要提醒注意的是，如果准备送给某领导一件办公用的礼物，就要考虑对方用不用得着这件礼品。问对方把送的礼物放在哪儿了是不礼貌的，这会迫使对方不管是否需要，都不得不把礼品摆在明处。

无论选择什么样的礼物，在决定购买之前，都要认真想一想这件礼物可能包含的象征意义。如果它不能正确表达自己的本意，那就改买别的东西。

商务旅行，最好送所去异国带来的礼物。这种礼物既具有个人特色，又有异国情调，因为它在收礼人的国家里可能买不到。如果去美国想送“中国的”礼物，要确认它的确是“中国制造”。

二、送礼的场合与时机

身为文秘工作人员，不论因公事或私情，就扮演的角色来说，在送礼这件事情上都是“主角”，但具体到送礼对象，应当怎样送、送什么及什么时机送礼呢？现就商业活动作一简单分析、提示，以供文秘工作人员开展公关活动时参考。

在商业活动中，送礼的场合与时机主要有家庭场合、私人场合、单位场合、表示感谢以及逢年过节等场合。每种场合都有其送礼的行为准则。

1. 家庭场合

家庭场合包括员工及其家人的生日、婚礼、葬礼等。正是这些特别的时刻打破了家庭生活与工作之间的隔膜。尽管它们本身与工作没有关系，但它们是员工家庭成员重要的聚集机会。

因此，忽视它们或者不送相应的礼物都是不礼貌的。例如，如果单位没有对某位员工孩子的出生表示祝贺，不管这位员工是男员工还是女员工，在单位与这位员工之间难免会产生思想上的裂痕。如果夫妻双方在不同的单位工作，那么，他们会把双方单位送来的礼物暗自进行比较。

2. 个人事件

个人事件是指对员工个人有直接影响的事件，包括生日以及严重的疾病。在这些事件中，不管对方是谁，都可以借机送个人礼仪卡。

3. 探望病人

探望病人所带的礼物要根据对象和病情而定。选择探望病人的礼物，应更多地注重精神效应。如一本美丽的画册、一封充满情意的信，都能使病人享受到生活的乐趣，增强战胜疾病的信心。无须人照料的各种植物是送给住院病人的好礼物。不过，在送花草之前得先问明白，有些医院是不准给病人送花草的。病人康复回家后可以送些插花。

4. 单位场合

单位场合包括员工提升、退休及特殊的就业周年纪念日等场合。

在这些场合里，通常礼品都由部门或单位提供统一的官方礼物，送给工作 5 年的员工一套由钢笔和铅笔组成的套笔；送给退休员工一座壁炉挂钟。也可以送个人礼仪卡，在礼仪卡商店里有大量可供挑选的、印有得体赠言的“商务”礼仪卡。有时候，根据送礼人同收礼人之间的关系，除代表单位送礼仪卡外，还可以送上一份个人礼物。

5. 节日礼物

节日礼物是季节性的年终纪念。重要的是，要记住并不是所有人都过圣诞节。因此，应该明确是为朋友送礼而不是为某个特定的节日送礼。送礼时间最好是在感恩节和新年之间。

送节日贺卡总是很恰当的，不过，如果送贺卡，千万留心贺卡上的赠言，要确认节日贺卡上写的是“节日快乐”等节日问候用语。手写的附言要突出节日贺卡的个人色彩，使它们看起来更加与众不同。

只要与收礼人之间的关系允许，可以给对方送上一个节日礼物。各种节日为人们保持和谐的关系提供了便利的机会，通常人们都利用每年的节假日与那些平时难得见面的人联系，以送点小礼物而促成大业。

三、国外赠送礼物的礼仪

许多单位都有出国人员或接待外国客人的任务，无论是人员出国还是接待外国客人来访，双方都要互送礼品。作为秘书，在选择向外国客人赠送礼物时，要了解和熟悉不同国家的赠礼礼仪。

① 在挪威，普通的礼物如酒或巧克力，在第一次见面时是可以接受的。

② 在日本，第一次见面要让日本人先送礼物，如果中方先送礼物，日本人会觉得很丢面子。在中国，在第一次见面时赠送礼物能加深友谊，不赠送礼物可能会对将来的关系产生消极影响。

③ 第一次去阿拉伯国家一般不送礼。如果与他们见了几次面，送件小礼物是可以的。

④ 在拉丁美洲，交换礼物是普遍的，但在商务活动中却不送礼。人们往往在轻松的社交场合送礼。

⑤ 在中国香港地区和英语国家如英国、爱尔兰、加拿大和澳大利亚，与美国相似，公司之间很少赠送礼物，大多数商务礼品是公司作为奖励送给雇员的。

⑥ 在法国公司之间很少互赠礼物；在西班牙一般不送礼。然而，商务礼物在欧洲虽然不是必需的，但是做客送礼物却必不可少。在欧洲应邀去某人家里做客，一般都要送礼物，巧克力和鲜花总是比较合适的。

如果要给几个人送礼，一般来讲，最好他们同时在场时送。职位最高的人一般最先得到礼物。

⑦ 在日本和马来西亚，送礼要双手递给职位最高的人，这表示对对方的尊敬。对方可能会迟疑再三不肯接，但要坚持，并言明礼物并不值钱，自己心里很过意不去，对方最终会接受礼物。

女士应注意，送给男性外国客人的任何礼物均不要代表个人，单位对单位的礼物一般要选择最好的，以免带来自己所不希望包含的信息。

赠送的礼物应该包装起来，否则会被认为不讲究形式。在有些国家，礼物的包装几乎与礼物本身同样重要。这样做，显示出不仅做事周密细致，而且具有艺术修养。

包装之前，一定要去除礼物上的价格标签。

⑧ 如果送礼人所送礼物当场未被收礼人打开，就表示收礼人接受礼物，这样做是对送礼人表示尊重。在日本、新加坡、韩国、马来西亚，收礼人一般不当着送礼人的面打开礼物。他们不急于打开礼物，说明他们重视的是送礼这一行动，而不是礼物本身。

国家不同，送礼时人们期望对方讲话的内容也不同。

如果临别时向对方送礼，要明确告知送礼的原因：由于受到对方热情地接待，而且谈判有望成功，赠送薄礼，不成敬意，以示谢意。如果指名道姓，则不要漏掉任何人。此外，还要注意职务方面的礼仪，一般应先说最重要的人，而且明确表示对他们特别感谢。

如果对方抵达时送礼，可以对对方为自己提供这项共同工作的机会表示感谢，同时，还可以加上对礼物本身的一点解释。

当身处海外，称赞别人的物品时应慎重。在某些国家的文化中，这种称赞将使送礼者误认为自己失礼。

提高谈判的语言能力

谈判是一个智力和实力较量的过程，在较量之中有技巧，秘书要提高谈判能力，就必须掌握谈判的技巧：

1. 交锋前的铺垫

谈判交锋前的铺垫，系指双方在对实质内容（即与交易相关的各种条件）进行谈判前的铺垫。该阶段的表述要实现三个功效：营造主题氛围、调度心理趋向和集中思维方向。谈判者的表述实现了这三个功效，即为表述成功。如何才算表述成功？或者说，怎么表述才能成功呢？

（1）营造主题氛围

营造主题氛围，是指谈判者根据总体谈判策略的需要，通过表达形成相应的谈判氛围。所谓主题，是强调总体策略的特征，如冷与热，紧与松等总体性、基本性的特征。要实现主题氛围的营造，在表达上需要考虑话题选择、语句选择和表情的配合。

① 话题选择。谈判者在铺垫时讲什么话题更适合主题氛围，即为话题选择。话题有许多，而许多话题是带“煽情性”的。例如，关心体贴之类的话题，歌功颂德的话题，怀旧、叙旧的话题，祝福期盼的话题，情谊表达的话题等，均属“煽情性”的话题。还有“伤情性”的话题。例如，揭伤疤之类的话题，声明性的话题，贬低性的话题，为难之类的话题等。此外，还有“平淡性”的话题，如就事论事的话题及所有不带褒贬、不带好恶感情的话题等。

在铺垫中，正确选择不同类型的话题，才可正确营造所需的主题氛围，正确选择了话题，才可以带出相应的语句为相应的主题氛围服务。显然，伤感的话题是绝不可能营造友好热烈的氛围的；反之，煽情性的话题也不可能获得冷静的谈判气氛。

② 语句选择。语句与话题相关。语句本身也有特性，故选择时必须符合话题的需要。具体讲，需先分清语句的类别与特性后决定选择。语句有华丽、朴素、硬板之分。

华丽的语句，多指构造复杂、修饰丰富、表述细腻的语句。

例如，“若不介意，我十分愿意用这宝贵的时间表达我们对面临问题的忧虑”；“有贵方如此大力的配合，我坚信在你我之间将不会存在解决不了的困难和逾越不了的障碍”；“尽管外面天寒地冻，而室内我们的工作热情更高。这是我们克服困难的有力保障”；“你我双方已有悠久、成功的合作历史，我坚信在新的合作中，不论出现什么误会都容易消除；无论有什么困难，都会有办法解决”。

朴素语句，多指构造简单，不加修饰的语句。如：

“我很高兴认识您”；“要谈的议题很复杂”；“下午我们继续商量”；

“我建议用两天时间谈完”；“由于你我双方都很忙，日程安排应紧凑些”；“由于我不熟悉贵方习惯，请贵方先说吧”等。

硬板语句系指简洁干脆、常带祈使语的语句。例如，“对不起，我看难办”；“等等，别急，听我说完”；“您好！幸会。希望能配合好”；“是吗？我听错了？我实在太忙，请贵方能抓紧时间”等。

③ 表情的配合。指谈判者在进行铺垫时面部表现的感情。铺垫时，谈判者的面部表情可以是“春风荡漾”，即面带微笑；也可能是“秋风萧萧”，即面显愁容且眼皮沉重；还可能是“风平浪静”，即面部平静且眼神平淡。不同的表情可以按铺垫时营造的主题氛围而选择。“春风荡漾”的表情自应与煽情话题相配；“秋风萧萧”更适合伤情话题；而“风平浪静”的表情适合平淡话题。不过，由于策略需要，常常会进行复合式的运用。如软中带硬时，会把“春风与秋风”交汇一起；相反，在冷漠之中，也会吹点春风。但应注意：这里讲的交汇，是整体的交汇，即“春风荡漾”的表情与煽情性话题整体上和“秋风萧萧”的表情和伤情话题交汇使用，而不是将“春风荡漾”的表情与伤情话题交汇，或“秋风萧萧”的表情与煽情的话题交汇。当然，仅在说俏皮话和幸灾乐祸时，才会有表情与话题的反向交汇。例如，面带笑容却大谈伤情事。

（2）调度心理趋向

交锋前的铺垫中，心理的调度非常重要，它主要是指使对手的情感与欲望适合谈判实质条件的需要，或者说，调理谈判对手的情感和欲望，使之符合谈判实际。

① 情感调度。情感调度有两种情况，一是己方意欲成交；一是己方无意成交。前者需要对方热情投入；后者是要扼制对方的成交热情。两种情况，调度表达并不一样。

需要调动对方热情时，首先，要采用营造氛围的技巧，诸如煽情性的话题、语句及表情。其次，要促使成交的可能性。例如，强调双方的实力、双方的关系、双方的诚意、双方的长远利益等条件，借以燃起对方势在必得的谈判热情。不过，当对手恃强自傲，而你又需与之成交时，调动其谈判热情的手法就要变化。首先，营造氛围就要变成“平淡”。从话题和用语及表情反映出“非强求”之意，以保持己方的主动地位。此外，说出结局——可能失败，以伤情的表述预测以后的谈判结果，使其反省自己，调整态度，拿出谈判热情来。

要扼制对方成交热情时，首先，氛围营造应为平淡。其次，要讲不能交易的条件，如竞争、对方产品的缺陷等。同时，话语礼貌，以表达尊敬及爱护对方之意，以免谈判未如其愿时，对方产生误会。

② 欲望调整。这里也有两种典型情况：期待值过高（卖方要价太高或买方给价太低）和不期望结果（即抱着一试而已的态度）。

对于前者，表述中氛围可以自由选用，因为各有其用。煽情——表达友好，伤情——表达担忧，平淡——表达不抱希望，三者对于期待值过高的对手，铺垫的表述均可以采用。主要是要表达出期待值对应的条件——困难，让对手有一个思想准备——付出代价（实际条件和谈判的诚意）。

对于后者，主要看他对己方谈判的需要。若是“货比三家”中的一家，从策略需要，表达的主张应是煽情的：鼓励其全力以赴，或获得交易，或获得友情——未来的交易希望。若与谈判策略无关，则平淡对之，以节省时间，但表述中的友情与礼貌仍不可缺。

典型表述有：“十分感谢，您给了我这个机会与贵方谈判该笔交易”；“请原谅，我方有自知之明，提前告退了。希望没给贵方带来不便”；“看来，这次你我双方无缘成交了。我们下次再见”；“本来我们也没指望会有什么结果，但让我们认识一下吧”；“感谢您来我国访问。希望这是我们交往的开始，而不是结束”等。

（3）集中思维方向

铺垫中集中思维方向，系指将谈判双方的谈判注意力集中到统一的部署上来。换句话说，就是选定共同的谈判路线。这是大战前的必修工程，应是解决的问题。在这个表述中，要使用侦察—了解、磋商—判断、集中—结论等表达手法。

① 侦察—了解。该手法是让谈判各方相互表明各自有关时间、地点、议题顺序和人员安排等想法，是敞开的思维。敞开思维多以平淡性的语句阐述，个别时候加点煽情的语言，点缀一下。

例如，“我方认为，要使谈判有效率，应从技术性问题谈起。当然，如果贵方愿意跳跃而行，也可提出来讨论。青蛙式的跳跃行进也是很有效的”。在平淡的叙述中，加点比喻，既表达了思维，又煽了点情。

② 磋商—判断。在思维敞开后，梳理思绪即为表述中的磋商或判断。

双方针对各自的表述内容进行对比，以判断取舍。此时的表述，沉浸在平淡表述之中，以保持严肃认真的气氛。陈述的思维是对各自长短的评价，利弊与可能的分析，例如，分组谈判的建议。该方式在谈判中很有效率。而一方认为，自己没有足够的人员参与分组谈判，使该方式成为不可能。也许双方会有评判的分歧，在铺垫时，只要任何一方有余地，均应做出让步，使铺垫工作尽早完成，如上述分组建议，对方说没有人力，即应撤回。

③ 集中—结论。该手法是梳理、汇集评判的思维，也就是做出结论。铺垫中的集中表述，是在平淡中进行，要朴素而清晰地描述，使双方对统一的谈判路线无任何误解。若集中做不好，可能造成双方准备工作、谈判日程的混乱。

2. 交锋中的铺垫

在谈判过程中，尤其是在对交易实质条件（价格、合同条款、附件）谈判间隙中，仍然会有铺垫性的表述。其表达的要求多为廓清概念，明确态度。

进入实质谈判后，双方的意见会往来不断，有的表示反对，有的表示赞同，有的是询问问题，有的则是打岔或干脆纠缠。在它们之后，或各种意见交锋之间，常有铺垫性表达出现。此时的意思就在于廓清概念。这一概念是界定谈判内容，包括两层含义：所言之物（事与话）的定义及其后所反映的言者的真正立场和明确态度。

（1）所言之物的定义

为确保谈判的效率，交锋中铺垫首先要说明的问题是双方谈的应是同一物。若你谈你的理解，我谈我的理解，而理解的非同一物就会使谈判陷于徒劳之中。此时，表达的技巧是运用确认和重复的表述方式来实现定义的一致性。

确认系谈判议题定义的明示追问，或对理解要求的认同。

（2）确立真正立场

为了掌握谈判的进展，必须掌握言者的真正立场。有的谈判者含蓄，或为了刺探对方情报，在明确双方讲话的同时，对谈话引申出的要求与立场也要予以界定。对此，表述的手法主要是追问对方表态。其典型的语句有："如果我没理解错贵方的意见，您是要求 B 条件，不同意 C 条件，对吗?”“您讲了这么多，那么您到底是赞同，还是反对我方的条件呢?”“我理解，到目前为止，你我双方并未就H问题达成一致（差距自然很大），是吗?”“你我双方唇枪舌剑很长时间了，应该静下来清理一下各自的立场，看双方靠近了多少。”“我听贵方这么说，也就是不同意（同意）啦。”

（3）明确态度

明确态度，是指要说明谈判双方对面临的谈判问题所持的主观愿望。廓清概念是铺垫的基础性的一步，而明确态度是更近的一步，由表及里的一步，是究其根源的一步，对谈判的发展影响很大。谈判过程中，典型的状况有气氛紧张、谈判激烈时，也有扭转融洽、彼此理解时，还有平淡之时。在这三种状况下的铺垫中，其态度的表述不同。

① 紧张时。此时的铺垫是要说明：“你想怎么样”以及“我对此的看法”，以达到调整双方态度的目的，使消极化为积极，战争转为和平，破坏变成建设。典型的表述有：“贵方怎么啦？若这么激动是无法交换看法的”；“我不知什么地方得罪了贵方。有话请慢慢讲；您讲话太快，我听不清，您的嗓门太高，也不一定加强了您讲话的正确性。再说，有的是时间让贵方讲话，我方也愿意听”；“贵方的学识与地位有能力把谈判从战争状态拖回来。不知为什么今天（昨天）谈判桌上出现如此情况，这使我十分惊讶和遗憾”；“我认为，分歧在所难免，但吵不能解决问题。解决问题还需双方拿出诚意，拿出力量（条件）来”；“我认为，双方均应重新审视一下各自的条件和态度，冷静以后再继续该问题的谈判”；“如果贵方认为继续吵下去（或维持双方间的紧张状态）能解决问题，这是贵方的看法和权利，但后果请贵方予以充分考虑”；“打并不完全是坏事，不打不相识嘛；但打而不停，非要在谈判桌上争出高低，损失恐怕要大些”；“我认为，贵方若想保持谈判桌上的强势，甚至欲以势压人，那就错了。弱者可以不要强势，但却要交易，而能得到交易才是真正的强者”；“说一千道一万，以理服人才可以赢得友谊和合同”等。

② 融洽时。此时铺垫是要说明，双方是如何利用这种积极性加快交易的谈判，使谈判尽早达到目标。典型的表述有：“你我双方的坦诚和合作态度使谈判充满了活力，使所有与会者很受鼓舞”；“既然双方均有诚意实现交易，我建议在下面的谈判中，贵方能尽早拿出可行的成交方案来”；

“虽然贵方的方案已表明了贵方的努力，但仍有些缺陷还没有纠正，如我方在上午（或昨天）谈判中提到的××问题等，尚未见答复”；“在听到贵方完整的意见后，我方一定会将我方的意见告诉贵方”；“贵方若有困难，也请讲出来，看我方能否配合解决”；“既然贵方这么真诚，我不妨利用这个机会告诉贵方，该交易须抓紧进行，否则夜长梦多”；“我很想告诉贵方某些细节，但出于商业信誉，我不能讲。但我可以说的是，我方将积极配合贵方尽早结束谈判”；“我方的条件，不知贵方听明白了没有？若没听明白，我方可以再重复一次；若有意见，我方愿意听，只是希望贵方抓紧时间告诉我方您的态度”；“我希望你我双方借东风加快谈判速度，创造一个良好合作的案例”；“既然大家是朋友，各方提出的条件应公平友好，若有不足之处，自我纠正。这样就避免朋友之间互相批判”；“请放心，对朋友的合作，我们会替对方着想，绝不会因为关系好，谈判就粗糙，权责就不分明”等。

③ 平淡时。此时说明的是：双方这样谈判下去行不行？或谈判为什么这样没有朝气？如果谈判并未全面展开，或仅属相互介绍阶段，还未到条件的讨论阶段，则可以随日程往下谈判。若在实现条件交锋中，谈判既无大的进展，双方交锋也不积极时，需要做上述铺垫的说明。造成该种情况的原因有两种：一种是没有成交的热情，即我的条件就这样，爱接受不接受，随你。另一种是没有准备修改条件的余地，即听了有理、无理的批驳，可以表态的条件不多或根本没有。此时典型的态度说明有：“我们谈了很长时间了，贵方的意见没有讲，不知为什么”；“我们的谈判毫无进展，贵方是否无意该交易，还是有别的考虑”；“交易成与不成，对我方没有关系，但我方仍然希望了解到贵方的态度”；“贵方如果不愿意考虑我方意见，只要明确讲出来，我们可以重新审视下面的谈判”；“贵方明显没有道理，但仍这么坚持，使我方不理解。如您无权表态，我方可以等您向有关方面汇报后再谈”；“我知道，我方提出了一个难题，不知是否在您的授权范围内？若不在，您可以请示后再表态”；“你我双方都是自由的，不必对该交易负责，但对你我双方彼此提出的问题应有个合理的答复”等。

提高说服力的七大窍门

作为秘书，想要说服别人，就要不断地学习说服口才，提高自己的说服力。任何人都希望能轻松地说服他人，尤其是担任说服职务的人，更有这样的愿望。有的人能不费口舌就自然有说服力；有的人即使滔滔不绝，也没有洗耳恭听的听众。因此说服力并不取决于是否能言善道，而决定于能适时说出适当的言辞。当然有人天生就具有说服力，但是一般来说，说服力是靠后天的经验和努力培养而成。提高说服力需要认真加以学习和训练。

1. 掌握说服要点

大部分人只考虑到如何巧妙地说服他人，但能掌握“要点”的人却非常少。例如告诉对方“如果不这么做，公司就会有危险”，“这样会给大家添麻烦”，“如此才可以拓展前途”，“必须拉拢他加入我方的阵营”等，这样才算符合说服的需要。和人见面，想不费吹灰之力就说服对方是不可能的。必须彻底检讨自己的意见，表明自己最低限度的要求。若抓不住意见的重点，不但无法说服对方，反会遭到对方的反击不得不知难而退。这就是因为该说的话表达得不够明确的原因。如果一开始就心生胆怯，心想“我真的能顺利说服对方吗”或“万一遭到拒绝怎么办”，甚至认为“对方说得也有道理”等，这些都是因为说服的基础不够稳固，才想不出“如何说服对方”的手段和方法。所以说服前先检查一下谈论的内容是否必要，再开始进行说服，才可事半功倍。

2. 说服前先听对方说

不考虑对方，只单方面谈论自己的事，不但无法打动对方，反会显得疏远。因为从感情与理性两方面来说，强迫性的做法会使对方在感情上产生不悦，而脱离要点会使对方在理性上无法理解。此时，首先需要训练的是倾听。任何人都希望站在说服者的立场，不喜欢被人说服，更有甚者认为让别人说服是一种耻辱，所以努力先使对方保持平静，消除其压迫感，否则说服就无法成功。因此，与其自己先发言，不如先听对方的，从谈话内容中了解他。给予对方发表意见的机会，可以缓和他的紧张，进一步使对方对你产生亲切感；更重要的是，能根据对方谈话找到说服的重点。那么要如何才能让对方发表意见呢？可以先诱导对方谈论他感兴趣及关心的话题；至于对方有兴趣及关心的话题，则多半是他个人身边发生的事。

有人认为，抓住对方自己认为所喜欢和关心的问题，而且也是最切身的话题。由此而找出对方关心的目标，他就会道出自己的看法，这也就是我们必须侧耳倾听的内容。从对方的谈话中，也可以了解对方的嗜好、个性及说服重点。

3. 建立信任的关系

有的人在做说服工作时，特意向对方表示亲密的态度或用甜蜜的语言与之接近，不仅无法达成说服目的，还会引起对方警觉，甚至受其轻视。所以信任非常重要。古人说：言必信，行必果。有的人用人朝前，不用人朝后，这种观念是错误的。所以如果有意与人交流，保持信任的关系，是必不可少的条件。信任的关系，寓于日常生活中。只要得到他人认同，而你也自认不辜负他人时，如此就能建立信任，达到圆满的说服。做到这些，相信你将能发现说服的乐趣与效果。

4. 周密的论证

不具体地表明说服的要点会失去说服力；而不得要领的要求，也无法得到充分的效果。对部下有所期望，希望达到目的时，必须周密论证以使对方正确了解。有些时候虽然下命令的人知道自己的意思，但执行命令的人却不容易了解。在工作方面，说服特别要具体地制订计划，说明理由、内容、完成日期及要求的成果，不如此就很难说动对方去办，再怎么激励他，他也不知从何下手。人之所以会有积极的意愿，是因为总想有发挥自己能力的机会。只有凭自己的才智能力参与整体工作时，才能体会工作的意义。

5. 指示要明确

若没有确切的指示，对方就会在不明事理的情况下产生不满，或者发牢骚，破坏了工作环境的和谐。因此必须以具体的办法告诉对方，使其了解情况，他才愿意去干。例如告诉对方“你的立场是……你的行动是……最后的目标是……”如此提示，并要求对方“我想借助你的智慧，请你务必尽力”，说服到此地步，就能巩固对方想做的意愿。毕竟了解了情况，做起事来就容易。例如明示对方“这件事的结果是……”“你下次应该这么做”等，把自己想获得的结果具体地告诉对方，同时在明示对方的过程中，也要经常参考对方的意见，提高对方的参与意识。如此才能称之为周密的说服。

6. 恳切地引导对方

说服就是恳切地引导对方，按自己的意图办事。如果不以恳切的态度说服对方，而利用暂时的策略瞒骗对方，就无法使说服者与被说服者间有长久的和谐。恳切地引导对方，使对方了解与满足，这时双方的满足度各为50%，要被说服者再做10%的让步，更须让其有这种满足感；否则被说服者无法心服口服，彼此根本无法谈拢，这一点须特别注意。

7. 适当的让步必不可少

说服必须有令双方满意的结果，否则不算说服成功。换句话说，说服者必须让对方认为有满足感，才是恳切引导的最好效果。说服者应向对方表示“真谢谢你”，“没有你的帮助我就完了”，“你如此帮我忙，我会铭记在心”等，如此表示谢意，以实际行动满足对方的虚荣心。能证明自己的谢意行动，还可在旅途中表现。比如写封明信片给对方，简单说明“因为正好到你住处附近旅行，所以特地写此信向你问候，最近好吗?”被说服者收到明信片后，心中一定会感到“啊！他还记得那时我帮他的事”，如此可向对方表示好感；因为在他帮你忙时，已经做了虚心的让步，所以，礼仪一定要考虑周到，才能表示真诚的心。唯有如此仔细诚挚地表达自己，才能称得上真正的说服。

第七章

办公自动化，秘书不可缺少的工具

由于科技的进步和互联网的渗透，办公自动化程度已经越来越高；办公自动化设备大大提高了工作效率，并将秘书从大量重复性的劳动中解脱出来。如过去没有计算机、打印机和复印机，领导的日程安排只要出现一点变化，秘书就得重新制表，之后再用复写纸写多份分发，这样一来不仅工作量大，而且非常耗时间；现在有了计算机、打印机和复印机，修改日程表就变得非常容易，而且可以通过在线办公把修改的情况及时通知领导及有关人员。办公自动化设备对秘书来说已经是不可缺少的工具，可以说它们是秘书的笔和笔记本的延伸。如何有效运用办公自动化设备为领导的决策服务，实际上反映了秘书自身工作能力的强弱。

打印机的使用与维护

别看小王已经是晨曦乳业集团股份有限公司市场营销部的一名秘书，平时办起事来独当一面的，可他其实却还只是一个二十五六岁的小伙子，有时候也不免有些心浮气躁，冒冒失失的。所以，部门经理虽然对他青睐有加，但也总是会叮嘱他，“年轻人一定要静下心来，踏踏实实稳扎稳打才行”。

一次，小王接到部门经理的指示，要求他马上打印出公司与天健乳业集团股份有限公司关于共同研制某产品所需签署的一份协议，可不巧的是他自己办公桌上的打印机昨天刚刚坏掉了，今天还没来得及找人修理。于是，小王只好来到同事小李的办公桌前准备借用一下他的打印机。当时小李恰好有事不在，小王也顾不了那么多了，急急忙忙地打开电脑和打印机就开始工作了。可是不一会儿，他发现小李的打印机也出现了故障。打印机出现了卡纸的现象，这可把急性子的小王给急坏了，再说部门经理那里还急等着要用呢！于是，小王便不停地按“进纸/退纸”按钮，可是机器并没有什么响应，着急上火的他便索性开始强行拽拉纸张，希望能靠自己的力量“帮助”打印机解决问题。正当他在那里鼓捣得热火朝天的时候，小李办完事回来了，看到在他办公桌前这样摆弄打印机的小王，赶忙制止他。并对小王说：“打印机出了毛病可不是你这个修法啊，你这样做很容易损伤打印机内部的部件，知道吗?”小王心急如焚地解释说：“我实在是太着急了，又没有别的什么办法，就只好这样硬拽了。你来得正好，赶快来教教我怎么办!”小李不慌不忙地说：“打印机出现这种情况还是比较常见的，这时，只要用一只手扳动‘单页/连续纸’转换杆，另一只手轻轻拉出被卡住的纸张，就像这样……”小李一边说一边给小王示范。果然，经小李这么一整，打印机恢复了正常。然后，小李对小王说："年轻人做事风风火火固然没有什么不好，但有时候也要讲究方式和方法，单纯靠蛮力可不是解决问题之道啊！"

小王听着这话有点别扭，但也无话可说。

打印机是秘书日常工作中经常使用的办公设备，一定要懂得日常使用和维护常识。

一、打印机的有关知识

① 打印机是现代办公设备中最常用的外部设备，打印机的功能就是把已存储在计算机内的办公文稿的内容打印输出，形成书面文件。

② 打印机主要有针式打印机、喷墨打印机和激光打印机三种。

Ⓐ 针式打印机主要由印字机构（打印头）、横移机构、走纸机构、色带机构组成，具有耐用、耗材便宜、可打印多种类型的纸张等优点。

Ⓑ 喷墨打印机主要由喷头和墨盒、清洁单元、小车单元、送纸单元组成，具有价格低、噪声小、可打印彩色图像等优点。

Ⓒ 激光打印机主要由感光鼓、墨粉、盒组件以及精密机械组成，具有打印效果好、速度快、噪声小、可打印不同类型的纸张和彩色图像等优点。

二、打印机的操作

1. 连接

① 将打印机与计算机主机的电源均置于关闭状态。

② 将电缆信号线的两端分别连接在打印机和计算机上。

③ 将打印机与计算机电源线分别接在插座上。

2. 准备

① 打开打印机电源，再打开计算机电源。

② 如果未安装驱动程序，应将随打印机附带的驱动程序安装软盘或光盘插入计算机中，计算机会自动检测到打印机硬件，并出现安装驱动程序向导，依据提示进行安装。

③ 根据打印要求，把相关打印纸装入打印机送纸架上，用纸盒两边的

纸导板将打印纸夹紧，以防止打印时打印纸发生偏移。

3. 打印

① 在计算机主机上打开要打印的文件（如 Word 文档），单击菜单“文件”—“打印”，弹出打印窗口。

② 设置打印范围。如果打印全文，则不需要设置，因为默认就是打印全部；如果要打印当前页的内容，则选择打印范围中的“当前页”；如果要打印的内容是跳跃的，可以在“页码范围”中输入要打印的页码，用“-”或“,”分隔页码范围。

③ 单击“打印窗口”中的“确定”按钮，打印机即开始打印。

④ 观察打印效果，如果打印效果不理想，应立即暂停取消打印，退出纸张，分析原因解决后再另行打印；如果打印正常，在结束后取出打印稿。

三、打印机常用故障及处理

1. 针式打印机

① 不打印：检查打印机是否打开，联机灯亮否，打印机是否与计算机连接正确。如果没有，则打开相应打印机，或按一次联机键，或重新连接打印机与计算机。

② 打印模糊或不均匀：检查色带安装是否正确，不然则取出重新安装；纸厚调节器是否正确，不然则重新调节；打印机头是否损坏，如果损坏需维修或重新购买。

2. 喷墨打印机

① 缺纸：在送纸器上装入打印纸，然后按“进纸/退纸”键，将指示灯关闭，即可恢复打印。

② 夹纸：取出并重新安装打印纸，然后按“进纸/退纸”键，打印机弹出夹住的纸并恢复打印。如果错误仍未清除，打开打印机盖，取出打印纸，然后重新在送纸器中装入打印纸，按下“进纸/退纸”键，即可恢复打印。

③ 墨少：预备新墨盒，待墨尽后进行更换。

④ 未知打印错误：关闭打印机，几秒钟后再打开它。如果问题还没有清除，则需请专业人员进行维修。

3. 激光打印机

① 未打印自检页：检查打印机是否装有打印纸，打印机指示灯是否正确，依次判断故障并解决。

② 夹纸：如果被夹的纸张大部分都在进纸盒中，可用两手小心地将卡住的纸张向上拉出；如果进纸区看不到夹纸，则需打开机盖，取出硒鼓，向后推绿色的松纸杆，然后将手伸进打印机内，将其小心地向前直接拉出，安装硒鼓并关上打印机盖。

③ 计算机发出“打印”命令后，打印机不响应：可能打印机暂停、打印机与计算机之间的电缆连接不正确，或在计算机中选择了另一台打印机。可相应从状态窗口或打印机管理器恢复打印；断开并重新连接打印机和计算机之间的电缆；检查计算机中的打印机选择菜单，选择正确的打印机。

④ 错误灯亮：可能缺少打印纸、打印机盖未盖好、硒鼓未装好、打印机内有夹纸。可相应地添加打印纸、将机盖关严、重新安装硒鼓、清除夹纸。

⑤ 错误灯闪烁：可能打印页太复杂，超出打印机的内存容量，或打印机创建图像的速度赶不上打印进程。可按一下前面板按钮来恢复打印。

⑥ 输出质量不佳：硒鼓墨粉不足或布粉不均，此时需更换墨粉，也可能打印机需要清洁。

复印机的使用与维护

小李刚从学校毕业，经过层层筛选、过关斩将，在天地公司获得一份秘书工作。小李也雄心勃勃，想要干出一番成绩来。

这天，经理给小李一份《倡导企业文化，推崇公司理念——效率至上》的文稿让他复印1000份，然后分发给企业员工。因为已临近下班时间，小李把这个工作留到了第二天。

第二天早上，他急急忙忙赶到公司准备将这个事情完成。他一手将包丢在椅子上，一手装纸、开机，设定好自动复印程序，说干就风风火火，机器马上复印了起来。接着，他又是拖地，又是擦桌子，忙得不亦乐乎。过了一会儿，经理进来，见复印出来的文稿掉了一地，便紧皱眉头，但没说什么，又递给小李一份合同说："这份急着要用，你赶紧复印3份。"小李见文稿还没印完，心想：按着程序来还得"暂停"、"设定"等，这太麻烦。他灵机一动，想出一个更快的方法，于是，他一下子拔掉了电插头，迫使复印机停了下来。然后再次插上，让复印机回到默认设置，他想：这样就快多了。但当他把复印好的合同交给经理时，看到全过程的经理捡起地上的文稿，语重心长地说："小李啊，'效率至上'固然重要，按部就班也是前提啊!"

小李想高效率地完成本职工作的想法固然正确，可有些做法却很不妥当。正确使用和维护复印机，既可以提高工作效率，又可以延长机器的使用寿命。所以秘书人员一定要掌握复印机的日常护理和维护方法。

一、复印机的有关知识

① 复印机是现代办公自动化中最为常见的信息复制设备，它融合了机械技术、电子技术、电摄影技术和光学技术四方面的技术。

② 复印机的基本组成包括曝光系统、成像系统、输纸系统、控制系统和机械驱动系统五大系统。

③ 静电复印机其复印过程通常包括充电、曝光、显影、转印和定影五个基本工序。

④ 复印机属精密设备，需经常性保养与维护，如及时清洁易污染的部件（感光板、电极丝、镜头、输纸辊等），做好机件的全面清洁、润滑、调整，以及更换易损件或失效的零部件，补充墨粉与复印纸。

二、复印机的操作

1. 预热

① 将复印机电源插头插入专用插座，接通电源。

② 打开复印机电源开关（ON），机器开始预热，大约需要 80 秒。

2. 加纸

① 抽出纸盒，轻轻按压纸盒底部的金属底板到适当位置。

② 将纸张的右上角置于纸盒右上角的金属挡块之下。

③ 推动左边挡板，使盒中的纸张固定不动。

④ 将纸盒推进去。

3. 放置原稿

① 打开复印机盖。

② 将原稿面朝下（需要复印的部分），沿左下角（按稿台纸张尺寸刻度）放置在复印玻璃上。

③ 盖严复印机盖。

4. 选择复印倍率

根据原稿和复印件的尺寸规格，选择适当的复印倍率来放大或缩小复印件，也可选择相同的倍率。

5. 调节复印浓度

根据原稿的纸张、字迹色调深浅来选择复印浓度。如果原稿纸张底色较浓（如图 片、报纸等），可将复印浓度调浅些。

6. 设定复印份数

① 试印一份，检查其质量。

② 用数字键输入所需复印的份数，如果输入的数据有误，可按下“清除”键，重新输入。

7. 复印

① 按下“复印”键，复印机开始复印，复印数量将显示在操作面板的显示屏上。

② 在连续复印过程中，如果需暂停，可按下“清除”（或“暂停”）键，这时机器将完成当前一张复印件的全过程后停止运转。

三、复印机的保养与维护

1. 日常清洁

使用复印机，每周至少要进行一次日常清洁以保证复印品清晰，日常清洁主要清洁以下部位。

① 复印玻璃。用蘸有水或中性清洁剂的干净湿布小心擦拭玻璃表面，然后用柔软的干布将其擦干。如果玻璃粘有灰尘，最好先用橡皮吹气球将灰吹掉然后再擦，以免擦花玻璃。

② 文件盖。用蘸有水或中性清洁剂的干净湿布擦拭文件盖的白色表面，然后再用干布将其擦干。

③ 清洁电晕组件。先关闭电源开关，然后打开前盖，用手握住电晕组件清洁器的把手，将其拉出、推进五六次，这样便能清洁电晕组件。最后将电晕组件清洁器推入并关好前盖，接通电源开关。

2. 定期保养

复印机经过一段时间的使用后，应对感光鼓、显影装置、光学系统、供输纸机构等进行检查、清洁、润滑、调整或更换。定期保养的操作步骤如下：

① 切断电源，打开各机门，卸下复印玻璃。

② 分别将清洁器、显影器、电晕装置、消电灯等取出。

③ 将定影器及纸盒等相继拉出。

④ 取感光鼓。

传真机的使用与维护

盟达服装有限公司成立已有五六年的时间，经过全公司员工的不懈努力和执着追求，渐渐地从只有几十人的小厂，发展为集设计、生产、销售、服务为一体的现代化优秀服装企业。

周晟是销售部的秘书。这天，他提交的传真机设备更新的申请批复了下来，周秘书兴冲冲地到行政科领来了一台崭新的三洋 SFX－11B 传真机，搬到办公室安装了起来。刚刚装好，电话铃突然响了，原来是正在北京参加“服装流行趋势”研讨会的销售部王经理，他忘记把研发部最新设计出来的服装设计样稿带在身上，让周秘书赶紧用传真机发给他。

小周立即从总经理办公室把样稿取来，卸下装订针，用手舒展开了样稿纸上面的卷边。然后放上第一张，传真机进纸，刚走到一半，纸卡住了。周秘书情急之下，拎着纸头向外拽，一拽不要紧，扯成了里一半儿外一半儿。刚开始的时候，王经理在电话里还耐着性子让周秘书慢慢地弄，可等了半个小时见还没弄好，下午的会议马上就开始了，王经理情急之下撂了电话。周秘书更是又躁又急。

传真机卡纸问题已经是老生常谈了。卡纸是传真机很容易出现的故障，特别是使用新的纸张或使用过了的纸张时都比较容易产生卡纸现象。所以，秘书人员一定要掌握传真机的日常使用和维护技巧。

一、传真机的有关知识

① 所谓传真通信就是把记录在纸上的文字、图表、相片等静止的图像变换成电信号，经传输线路传递到远处，在接收方获得与发送原稿相同记录图像的通信方式。传真机则是用来实现传真通信的终端设备，是完成传真通信的工具。

② 传真机的基本工作过程可以归纳为五个环节，即发送扫描、光电变换、传真信号的调制解调、记录变换、接收扫描。

③ 传真机对原稿的要求有：一是纸张厚度若大于 0.15mm 或小于 0.06mm 则不能使用；二是纸上若有大头针等一些硬物时不能使用；三是大于技术规格规定最大幅面的原稿不能使用。

④ 在传真机的使用过程中，为延长传真机的使用寿命，保证传真质量，需要对传真机进行日常维护和保养，如保持机器表面的清洁、做好记录头的清洁、不要长时间不开机及注意供电电源的稳定。

二、传真机的操作

1. 发送

① 检查机器是否处于“准备好”（READY）状态。

② 将原稿正面朝下靠右装入传真机引导板。

③ 选择扫描线密度和对比度。

④ 摘取话机手柄，拨打对方号码。如果对方不接电话并设定自动接收方式，则会听到对方的应答信号（长鸣音），此时按下“启动”（START）键，机器即开始发送；如果双方通话，在通话结束后，由收方先按“启动”键，当听到收方的应答信号时，发方按“启动”键，开始发送文件。

⑤ 挂上话机，等待发送结束。

2. 接收

① 使传真机处于“准备好”状态。

② 当电话铃响后，拿起话机与对方通话。

③ 按发方要求，按“启动”键，开始接收。

④ 挂上话机。

⑤ 若接收出差错或质量不好，可与对方联系，要求重发。

3. 复印

① 接通电源，使传真机处于“准备好”状态。

② 将欲复印的原稿字面朝下放在引导板上。

③ 选择扫描线密度的档次（清晰度或对比度）。

④ 按下“复印”钮（COPY），开始复印。

三、传真机常见故障与处理

① 卡纸

使用新的纸张或使用过了的纸张较易发生卡纸情况。如果发生卡纸现象，只可扳动说明书允许动的部件，而且尽可能一次将整纸取出，注意不要把破碎的纸片留在传真机内。

② 传真或复印时纸张为全白

如果是热感式传真机，可能记录纸正反面安装错误，因热感式传真机所用的记录纸只有一面涂有化学药剂，此时只需将记录纸反面放置即可；如果是喷墨式传真机，则有可能是喷头堵住，需清洁或更换墨盒。

③ 在传真或复印时纸张出现黑线

如果是 CCD 传真机一般为反射镜头有脏物；如果是 CIS 传真机则是其透光玻璃上有脏物。出现这种情况用棉球或软布蘸酒精擦清即可。

④ 传真或复印时纸张出现白线

说明热敏头（TPH）断线或粘有污脏物。如果是断丝，则应更换相同型号的热敏头；如果有脏物，可用棉球清除。

⑤ 纸张无法正常退出

检查进纸器是否有异物阻塞、原稿位置扫描传感器失效、进纸滚轴间隙过大等，同时应检查发送电机是否转动，如果不转动则需检查与电机有关的电路及电机本身是否损坏。

⑥ 电话无法收发传真

检查电话线是否连接错误，应将电话线插入传真机“LINE”插孔，电话分机插入“TEL”插孔。

⑦ 传真机功能键无效

先检查按键是否被锁定，然后检查电源，并重新开机，让传真机再一次进行复位检测，则清除死循环程序。

⑧ 传真机接通电源后报警声响个不停

通常是主电路板检测到整机有异常情况。先检查纸仓里是否有记录纸，且记录纸是否放置到位；再检查纸仓盖、前盖是否打开或未合到位；然后检查传感器是否完好；最后检查主控电路板是否有短路等异常情况。

扫描仪的使用与维护

一年一度的新年汽车新品发布、展览大会明天就要隆重举行了。

腾飞汽车制造有限公司的老总郑达成吩咐他的秘书马小辉明天与随行人员一同前往，并让他到时收集一下各公司的新品宣传材料，作为公司的参考与评估资料。车展上，各个品牌的汽车相继亮相，中央舞台上，配合着汽车的主题各式各样的节目异彩纷呈。小马没有被这些所吸引而忘记上司下达的任务，他穿梭在各展台之间专心致志地收集着相关的资料，又是记录，又是拍照。

会展结束后，郑总对马秘书的工作很满意，让他把这些素材扫描成电子文档，以便在明天的技术研讨会上使用。得到了领导赏识的小马，干起工作来更起劲儿了。他关闭了计算机以及与其相连接的所有设备，然后找出扫描仪，将信号线的一端连接到计算机主机背面的接口上，另一端连接到扫描仪上的计算机接口。将扫描仪电源插头插到合适的电源输出插座上，接通扫描仪电源。打开计算机电源，等待计算机启动完毕。然后先安装驱动程序，再安装扫描软件。用扫描仪完成图像扫描任务后，小马看移动硬盘剩余内存太小了，便灵机一动把图像压缩比设置为20%，然后存了进去。

一心想得到领导表扬的马秘书怎么也没想到，开会时当要调出车展新款车的图片时，存在移动硬盘中的图片竟然找不到了。小马慌慌张张查找了十几分钟也没找到，郑总更是气得愤然离席，会议被迫中止了。

会议室里，只剩下瘫坐在椅子上的小马。他怎么也想不明白，明明好好存在移动硬盘中的图片，怎么就不翼而飞了呢？

上述案例说明了秘书离不开办公设备，熟练使用和维护办公设备是秘书的一项基本职业技能，只有熟练掌握常用的办公设备，才能把工作做得更快、更好。

一、扫描仪的有关知识

① 扫描仪是一种捕获图像并将之转换为计算机可以显示、编辑、储存和输出的数字化输入设备。这里所说的图像是指照片、文本页面、图画和图例等。

② 使用扫描仪必须有配套的图像处理软件，例如 Windows 98 中的 I：maging，Office 软件中的 Photo Editor 和图像处理软件 Photoshop 等。

③ 扫描仪在使用过程中要注意维护，保持清洁，避免将物件放在扫描仪的扫描板玻璃和外盖上，不要拆开扫描仪或给一些部件加润滑剂等。

④ 光学文字识别系统就是通过扫描仪对文字稿件进行扫描后，利用计算机识别系统对稿件的图像信息进行识别，并转化成为文字信息的计算机软件。

以汉王公司的“汉王文本王”为例，它就是一款采用了印刷体字符识别技术，集成文本阅读校对开发的一套高效输入、快捷办公的光学文字识别软件系统。

二、扫描仪操作

1. 图像扫描

① 将扫描仪与计算机连接。

② 接通扫描仪电源，观察指示灯。

③ 启动计算机，计算机会自动检测到扫描仪硬件，并出现安装驱动程序向导，此时可依据提示安装随机附带的扫描仪驱动程序。

④ 打开扫描仪的机盖，将原稿面朝下，顶部与扫描板前端对齐，并盖上扫描仪机盖。

⑤ 启动配套的图像处理软件（如 Photoshop），在其文件菜单下可找到输入的命令项，在其中即可找到扫描仪相对应的命令项，选择它即可打开扫描仪的驱动程序界面。

⑥ 在窗口中进行分辨率（解析度）调整。

⑦ 调整比例，通常选取 100%。

⑧ 选择扫描模式（彩色、灰阶渐变、黑白线条、文字、半色调）。

⑨ 选择图像品质（快速、正常、精细、高品质）。

⑩ 预览图像，使用选择工具来确定图像的位置与大小。

⑪ 按“扫描”按钮，开始扫描。

2. 文字识别

利用光学字符识别（OCR）技术，可通过扫描仪对文字稿件进行扫描，然后在计算机上进行编辑、存储和输出，如“汉王文本王”。其操作步骤如下：

① 将扫描仪与计算机连接。

② 接通扫描仪电源，观察指示灯。

③ 启动计算机，计算机会自动检测到扫描仪硬件，并出现安装驱动程序向导，此时可依据提示安装随机附带的扫描仪驱动程序。

④ 打开扫描仪的机盖，将原稿面朝下，顶部与扫描板前端对齐，并盖上扫描仪机盖。

⑤ 启动文字识别系统。

⑥ 单击文字识别系统中菜单上的“扫描”按钮，扫描完成后，文稿会自动显示在计算机屏幕上。

⑦ 单击“图像处理”按钮，自动或手工校正扫描后的文稿位置。

⑧ 用选取工具将不识别的部分去除。

⑨ 单击菜单上的“提交识别”选项进行文字识别。对文字进行识别后，系统自动弹出识别后的校对窗口。

⑩ 在文稿校对窗口中，可将系统识别错误的字改过来。将光标插在这些字的前面，系统上方候选字里有许多字供你选择，并且在它的下方有一个放大的原稿图，可看稿选字改正。

⑪ 修改结束后，单击“插入到 WORD”按钮。

三、扫描仪的保养与维护

① 扫描仪应避免震动和碰撞。

② 不要将物件放在扫描仪稿台和机盖上。

③ 在扫描时如果原稿不平整，可轻压机盖，注意用力不可过猛。

④ 应保持扫描仪的清洁，稿台上如果有污垢，可用蘸少量清水的软布擦拭。

数码相机的使用与维护

这几天北京国际车展正如火如荼地进行着。迅达汽车制造有限公司作为国内一家新兴的汽车制造公司也参加了这次的展会，并以其产品新颖奇特的构思和良好的性能在业界取得了很好的口碑。

这天，公司宣传部的部门经理在秘书宋玮芳的陪同下驱车前往车展中心，计划将本公司的展出车辆和展台设计以及其他公司展出的情况用数码相机以图片的形式作一个记录，以作为以后公司的对外宣传和研究开发的资料。宋玮芳之前并没有经常接触数码相机之类的数码产品，也是在工作之后才对数码相机的使用有了大概的了解，但她觉得也足够应付日常的工作了。到了车展中心后，部门经理对她交代说："拍出的照片一定要清晰而全面啊，这对将来的使用和研究很重要，明白吗?"宋玮芳点点头说："经理您就放心吧，我准备得很充分。"说干就干，宋玮芳拿出数码相机，按照部门经理的要求，将相机的图片分辨率调到了最高的1280×960，又对相机的光圈、快门等进行了合适的设置，一切准备就绪她就开始工作了。在拍摄工作进行到了一半儿的时候，数码相机就快没有电了，还好宋玮芳事先准备了备用的电池，在换了电池之后，她又马上进入到忙碌的工作之中……然而回到公司后，宋玮芳却发现自己拍摄的照片在换电池前后有着很大的不同。换电池后的照片分辨率明显比之前要低，根本没有达到预期的效果，可是她之前是设置好的呀，宋玮芳困惑了。

一、数码相机的有关知识

数码相机，也叫"数字式相机"，是数字技术与照相机原理相结合的产物。数码相机集成了影像信息的转换、存储、传输等部件，采用数字化存取模式，可在计算机上直接处理。

数码相机的最大优点就是不会造成浪费，可以随时观看到刚刚拍摄的照片效果。

如果拍摄效果好，可很方便地向计算机传输所拍的照片图像；如果拍摄得不好，可以随时删除。

二、数码相机的操作

① 充电或装入适合型号的电池。

② 打开数码相机开关。

③ 设定自动（A）或手动（M）。

④ 设定分辨率或文件格式。

⑤ 当亮度不足时，可设定使用闪光灯，或使用机器自动调节功能。

⑥ 取景构图，变焦按（选择景别）"T－W 变焦"按钮。

⑦ 按动快门拍摄，此时可听到相机“沙沙”声，大约2秒时间，图像可以储备完毕。

⑧ 观察拍摄效果，将拍摄的图像存储到计算机或删除。

三、数码相机的保养

如果保养合理，一台数码相机至少可以拍摄100 000张照片。在正常的工作环境下，相机和镜头并不需要过于频繁的清洗，因为在清洗过程中很可能会损坏相机和镜头，但一定要定期检查，及时保养。

1. 清洗相机机身

相机外部可以用一块柔软的棉绒布清洗。打开存储仓和电池仓的挡板，用软刷和吹气球清除尘埃。如果有必要，可用酒精来擦洗相机的金属部分。

2. 清洗镜头

只有在非常必要时才清洗镜头。镜头上的微量尘埃并不会影响图像质量，在清洗时，用软刷和吹气球清除尘埃。由于指印对镜头的色料涂层有害，应尽快清除。不用时最好盖上镜头盖，以减少清洗的次数。

在清洗镜头时，先使用软刷和吹气球去除尘埃颗粒，然后使用镜头清洗布，滴一小滴清洗液在拭纸上（注意不要将清洗液直接滴在镜头上），并用专用棉纸反复擦拭镜头表面，然后用干净的棉纱布擦净镜头，直至镜头干爽为止。如果没有专用的清洗液，那可以在镜头表面呵口气，虽然效果不如清洗液，但同样能使镜头干净。注意：务必使用棉纸，而且在擦洗时，不要用力挤压，因为镜头表面有较易受损的涂层。

3. 防热

相机不能直接暴露于高温环境下。不要将相机放在被太阳晒得炙热的汽车里。在室内时，不要把相机放在取暖器旁或其他高温或潮湿的地方。

4. 防寒

因为相机在低温下可能会停止工作，所以可将相机藏于口袋，让相机保持适宜的温度。在将相机从寒冷区带入温暖区时，往往会有“倒汗”现象发生。解决“倒汗”现象的方法是用报纸或塑料袋将相机包好，直至相机温度升至与室内温度接近时才使用相机。将相机从高温放到低温的地方，还会使相机出现一些收缩现象，虽然肉眼看不出来，但切勿使相机的温度在骤然间变化。

5. 防水、防雾和防沙

防止相机接触到水、灰尘和沙粒，拍摄结束后，应及时放入相机盒里。在不影响拍摄的情况下，加上一个滤色镜有利于防止雾和压缩情况出现。

6. 旅行防护

随时用镜头盖保护镜头，小器件和配件用软物隔开，避免碰撞。

7. 相机保藏

保藏相机要远离灰尘和潮湿的地方，并在保藏前取出电池。不要将相机直接对准太阳，否则在取景时，可能会灼伤你的眼睛。

数码摄像机的使用与维护

再过几天就是隆泰车床机械厂建厂30周年的日子了。厂长决定为了回顾过去的点点滴滴，要筹办一个30周年庆典。这次也把历届的老厂长和那些已经退休的老技工请回来，请他们在会上讲一讲建厂到至今一步一步的发展变化。

摄像的任务就落在了胡丹秘书的身上。小胡虽然没有用过摄像机，但她翻看了使用操作说明书之后，觉得与普通相机的方法大同小异，便自信地承担下了这个任务。

庆典开始了，礼堂里人声鼎沸、锣鼓喧天。胡秘书更是看得眼花缭乱。舞台上员工们自己编排的歌舞异彩纷呈，台下觥筹交错，每个人的脸上都洋溢着说不尽的喜悦。小胡一会儿拍拍老工人们的激动重聚，一会儿又拍拍老领导们的倾心叙旧，走到哪儿都不空手。晚上，喧闹了一天的厂子终于安静了下来。小胡累得瘫在床上，不过，她心想：值得，总算明天可以顺利交差了。

可当第二天早上兴冲冲地把录像带回放的时候，她发现镜头跳跃不说，很多场景画面东倒西歪很不连贯，而且镜头的画面非常模糊，拍摄得全无章法。这下胡秘书可没辙了，怎么向领导交代呢？

一、数码摄像机的有关知识

数码摄像机是目前使用比较广泛的一种动态影像记录设备，一般由镜头、机身、录像部分、取景器和辅助部分组成。它在拍摄时，将影像存储在随机携带的磁带中，而且可在摄像机上回放，进行各种剪辑、合成等。数码摄像机大多可以通过线路与计算机进行连接，将影像转换为电子文件在计算机中进行编辑。

二、数码摄像机的操作

① 将电池装入电池仓。
② 打开镜头盖。
③ 调节电子录像器位置。
④ 打开整机电源。
⑤ 观察录像器指示，调节日期时间。
⑥ 调节录像器目镜校正器（清晰度）。
⑦ 将磁带装入磁带盒。
⑧ 拨动“摄录像转换”开关至摄像位置。
⑨ 按压“动力变焦”钮或调节变焦杆，选定画幅景别。
⑩ 调整白平衡。
⑪ 启动“录像”钮，开始摄像。
⑫ 拍摄完毕，退出磁带。
⑬ 关闭整机电源开关。
⑭ 盖上镜头盖。
⑮ 将录像器调回原位置。
⑯ 取出电池。

三、数码摄像机的注意事项

① 拍摄时避免镜头长时间直对阳光，否则可能损伤 CCD 板，造成不

可恢复的损伤。

② 拍摄完毕后要取出磁带，卸下电池；否则可能导致电池电压过低，以至于无法使用。

③ 避开磁性设备，如电视机、计算机、扬声器和大型电动机等。

④ 谨防受潮，尽量避免在雨、雪天拍摄，在海边或沙尘较大的地方使用时，小心勿让沙子或微小尘埃进入摄像机内。

⑤ 回避高温、低温环境，否则可能影响拍摄效果，甚至引起故障。

⑥ 防止凝露，寒冷天气从室外进入室内，应将摄像机罩在密封的塑料袋中，等机器与室内温度一致时再取出。

⑦ 定期清洗磁头（磁带式 DV），一般拍摄 30 ~ 50 小时后清洗磁头一次。

⑧ 避免电池的记忆效应，电池使用前一定要充足电。

碎纸机的使用与维护

周雅婷是万华广告公司总经理的秘书。她是一个爱美的姑娘，古典气息的五官、淡雅的修饰，再配上一身干练的职业装，显得整个人清秀端庄、亭亭玉立，不过最抢眼的还属她那一头乌黑飘逸的长发。雅婷平时就很爱惜，也非常注意保养。因为平日里怕在直直的头发上留下印迹，她很少扎起来。然而恐怕让她没有想到的，就是因为这头秀发，给她闯下了大祸。

这天，经理让雅婷把为惠通公司所做的广告企划案，除了运营资金的部分输入到电脑里存档外，其余的都销毁掉。雅婷便拿着要销毁的资料，把碎纸机的电源接通，准备进行处理。正当她弯下腰想看看碎纸箱满没满时，没想到垂下来的头发卷进了碎纸机进纸口里，尽管她当机立断关闭了电源，可头发已经缠绕在碎纸机的轴上好几圈了，怎么也拽不出来。她的同事们听见了雅婷的求救声，一拥而上。这时，雅婷的脑袋与碎纸机已经成为一体。再看看她那被拽得变了形的脸，七扭八歪的身体，将周围的人吓得魂飞魄散，同事李莫琼在拨打119时，手都在颤抖。

最后还是119的工作人员用电锯将碎纸机“大卸八块”，雅婷才得以脱身。

医生说，幸好电源关闭得及时，只伤着了头部的表皮，不然后果不堪设想。雅婷望着镜中只剩下半边的头发，伤心得没了表情。

碎纸机是由一组旋转的刀刃、纸梳和驱动马达组成的。纸张从相互咬合的刀刃中间送入，被分割成很多的细小纸片，以达到保密的目的。碎纸方式是指当纸张经过碎纸机处理后被碎纸刀切碎后的形状。根据碎纸刀的组成方式，现有的碎纸方式有：碎状、粒状、段状、末状、条状、丝状等。

一、碎纸机的保养

① 机器内刀具精密、锐利，使用时注意，请勿将衣角、领带、头发等卷入进纸口以免造成意外损伤。

② 碎纸桶纸满后，请及时清除，以免影响机器正常工作。

③ 请勿放入碎布料、塑料、硬金属等。

④ 为了延长机器寿命，每次碎纸量应低于机器规定的最大碎纸量为宜，没说明可碎光盘、磁盘、信用卡的机器，请勿擅自放入机器内。

⑤ 清洁机器外壳，请先切断电源，用软布蘸上清洁剂或软性肥皂水轻擦，切勿让溶液进入机器内部，不可使用漂白粉、汽油或稀液刷洗。

⑥ 请勿让锋利物碰到外壳，以免影响机器外观。

二、常见问题

① 碎纸机不进纸。检查传感器是否工作正常。检查电路板是否工作正常。检查电机是否工作正常。

② 碎纸机卡纸有倒退功能的键，先试试倒退键看看是否可自行退出。实在不行就切断电源，然后将碎纸那部分提出来倒一个头，倒几下，然后

再开。切记要断电操作。倘若还不行的话，可以尝试倒过来时用螺丝刀拨掉一些碎纸。

③ 不能碎纸，但拨通开关时马达运转的声音异常。这是碎纸机传动系统出了毛病，保修期内应送到指定厂商处修理。

④ 碎纸机不通电。请检查电源是否接好。请检查是否把开关打开。检查保险管是否被击穿。检查电路板是否被击穿。检查碎纸桶是否放好。

⑤ 碎纸机有异响。请检查刀具是否有损坏。请检查是否碎纸末太多，影响刀具正常工作。检查皮带是否有松动（在一些老机型中有皮带）。带电检查整机是否有摆动。

⑥ 碎纸机工作时有辐射吗？有电磁辐射。但碎纸机使用低压电，属于低频辐射，因此电场强度很小，可以忽略不计。它是通电后由电机带动刀片旋转将纸打碎，原理和我们平时用的豆浆机相同。普通电器利用电机发电，频段一般维持在多少赫兹左右，最多也不会超过多少赫兹，这部分家用电器电磁波很难辐射出来。

第八章

职业习惯，高效率地开展工作

具有良好的职业习惯对每一个职场人士来说都至关重要，因为它是支配人生的一种力量，甚至可以主宰你的一生，决定你的命运。秘书应在工作中有意识地培养一些良好的职业习惯，从而达到事半功倍的效果。

把敬业当成一种习惯

敬业，是秘书事业成功的源泉，是一种职业素质、职业精神的表现，是一种做事做人的境界。敬业，是一种高尚的品德，对自己所从事的职业怀着一份热爱、珍惜和敬重的心情，不惜为之付出和奉献。

敬业，就是尊敬、尊崇自己的职业。如果一个人以一种尊敬、虔诚的心灵对待职业，甚至对职业有一种敬畏的态度，那他就已经具有了敬业精神。但是，他的敬畏心态如果没有上升到敬畏这个冥冥之中的神圣安排，没有上升到视自己职业为天职的高度，那么他的敬业精神就还不彻底，还没有掌握精髓。天职的观念使自己的职业具有了神圣感和使命感，也使自己的生命信仰与自己的工作联系在了一起。“只有将自己的职业视为自己的生命信仰，那才是真正掌握了敬业的本质。”这是詹姆斯·H．罗宾斯所说的敬业所要达到的高度。可是，因为没有几个人可以做到敬业如敬生命一样，因此也就没有几个人能够取得真正意义上的成功。

敬业意味着追求卓越。明朝著名思想家朱熹曾说：“敬业者，专心致志以事其业也。”关于敬业，我们可以从两个层次去理解。低层次来讲，敬业是为了对领导有个交代。如果我们上升到一个高度来讲，那就是把工作当成自己的事业，要具备一定的使命感和道德感。不管从哪个层次来讲，“敬业”所表现出来的就是以认真负责的态度做事，一丝不苟，并且有始有终地完成自己的工作。

敬业者将工作当成自己的事，他们忠于职守、认真负责、尽职尽责、一丝不苟、善始善终，在工作中取得巨大的成就。如果他们对工作总是处在追逐名利，凡事斤斤计较之中，他们就会成为工作的附庸，在工作中也就不会取得任何成就。这就是说，只有那些忠诚敬业的人才有可能达到工作的顶点。如果一个人没有正确的工作观，必然在工作中不认真负责，松懈怠惰，最后导致自己对公司的不满，从而阻碍了公司的发展。因为，公司是建立在合作的基础上的，而加强这种合作的纽带的方法就是促进企业的发展。公司有可能会出现问题，领导也会有些问题，关键在于你对待问题的方式。如果你发现问题后幸灾乐祸，非要辱骂、诅咒和没完没了地贬损不可，那么不如辞职。因为当你身处局外时，你可以尽情发泄。但是，身在其中时，不要诅咒它。当你贬损它时，你身置其中，那么你也是在贬损自己。不仅如此，你还是在松懈把自己与这个机构联系起来的纽带。当然，辞职不应该是轻易决定的事，因为每个领导对是否解雇某个员工都会进行慎重的考虑。如果你轻易就辞职的话，就意味着公司也可以轻易地将你辞退。

所以说，一个敬业的秘书会将敬业意识记在心中，实践于行动中，做事积极主动，勤奋认真，这样他就不仅能获得更多宝贵的经验和成就，还能从中体会到快乐。

周娜是一家公司的秘书，她的工作就是整理、撰写、打印一些材料。很多人都认为周娜的工作单调而乏味。

但周娜并不觉得，她说："检验工作的唯一标准就是你做得好不好，是否尽职尽责，不是别的。"

周娜整天做着这些工作，做久了，就发现公司的文件中存在着很多问题，甚至公司在经营运作方面也存在着不足。

于是，周娜除了完成每天必做的工作之外，还细心地收集一些资料，就连过期的资料也不放过。她把这些资料整理分类，然后进行分析，写出建议。为此，她还查询了很多有关经营方面的书籍。

最后，她把打印好的分析结果和有关资料一并交给了领导。领导起初并没有在意。一次偶然的机会，领导读到了周娜的这份建议，他感到非常吃惊：这个年轻的秘书，居然有这样缜密的心思，而且她的分析有理有据，细致入微。后来，周娜建议中的很多条都被公司采纳了。领导很欣慰，他觉得有这样的员工是公司的骄傲。

当然，随后周娜也被领导委以重任，这完全出乎她的意料，因为她觉得，一个员工尽职尽责地做好工作是天经地义的，何况她已养成了敬业的习惯。

这个世界，一直是缺少什么才提倡什么，物以稀为贵。敬业精神在公司里、在我们的身上已经不多见了。你想得到好的发展，就必须敬业、敬业、再敬业。也许你要问了：我在公司里一直很敬业啊，不迟到，不早退，努力完成自己分内的事，这还不算敬业吗？你是在为自己辩解，为自己的现状找借口。

具体地说，敬业的秘书应有以下几种表现：

第一，忠于职守。

什么是忠于职守？世界上有三种事，第一种是想做的事；第二种是能做的事，第三种是应该做的事。对于我们来说，想做的事太多了，我甚至想做美国总统；能做的事也很多，可能，叫你当州长你也可能做得了。但是，想做的和能做的和工作都没有关系，最重要的是要把该做的事做好。这就是忠于职守。

第二，一丝不苟。

有人说，成功取决于细节。对此，我非常相信。我们学数学，就是从0开始的，我们学语言，是从字母A开始的。对细节关注的人，本身就是一个有心的人。对工作一丝不苟，就是对自己一丝不苟。

第三，尽职尽责。

全心全意就等于尽职尽责。如果工作没有完成，我们要首先问自己这样一个问题，我尽力了吗？我尽心了吗？如果你尽力了，尽心了，没有人会指责你。什么叫问心无愧，尽职尽责就是问心无愧。要做到尽心尽责，我们有责任做下面的事：努力学习，提高完善自己的能力和素质。学习不仅是自己的事，也是公司的事。能力的提高，会反映在工作的结果上，最终会在你的收入上体现出来。

第四，自动自发。

什么是自动自发？就是两个字：主动。主动，就是不用别人说就会出色地完成任务。没有成功会自动送上门来，也没有幸福会自动降临到一个人身上。这个世界上所有美好的东西都需要我们主动去争取。天上绝对不会掉下馅饼。

你在羡慕别人青云直上的时候，只是怀着嫉妒进行自我安慰和麻醉，认为那只是别人的运气而已，借此来平衡自己的心态。其实人家得到晋升，是他们知道“业精于勤，而荒于嬉”。他们明白，只有全力以赴、尽忠尽职才能使自己渐渐获得晋升的机会。

你不知道职位的晋升是建立在忠实履行日常工作职责的基础上的，不知道成才的关键在于是否具有敬业精神。你只是机械性地去完成工作而已，你的激情、你的创造力已经在时间的磨刀石上被磨得差不多了。

钢铁巨子安德鲁·卡内基说："我可以告诉你通往事业成功之路的秘密，那就是勤奋、敬业、忠诚地工作。"假如你能真正地懂得这个道理的话，你也早已经不是现在这个样子了。

不要怨天尤人，不要怨怪你的父母没有给你机会，不要埋怨领导没有眼睛去识别你这个天才。要怨就怨你自己，怨你自己没有敬业的职业精神。不要以为自己的地位低微就没有机会了，不要以为你已经发展得可以了，要知道前进无止境！不管你现在处于什么位置，你要明白：只要你坚持敬业精神，你的工作之中就蕴藏着巨大的机会。

一位总统演讲时说："比其他事情更重要的是，知道怎样将一件事情做好；与其他有能力做这件事的人相比，如果你能做得更好，那么，你就永远不会失业。"

没有真正的敬业精神，就不会将眼前的普通工作与自己的人生意义联系起来，就不会对工作崇敬和尊重，当然就不会有神圣感和使命感产生。

敬业就像虔诚的教徒尊敬冥冥之中的神一样——没有丝毫的杂念和怠慢的情绪。

作为职员，就需要"干一行，爱一行"，这样，行行才能出"状元"，敬业的人在公司里不但能学到许多专业知识，还能赢得好人缘，因为人们都尊重和仰慕对工作认真负责的人。把敬业变成一种良好的习惯去付诸行动，这时成功和财富就会在不远处等着你！

工作面前无小事

著名企业海尔公司总裁张瑞敏提到员工精神时说：“如果让员工每天擦桌子6次，日本员工会不折不扣地执行，每天都会坚持擦6次；可是中国员工在第一天可能擦6次，第二天可能擦6次，但到了第三天，可能就会擦5次、4次、3次，到后来，也许就会不了了之了。与日本员工的认真、精细相比，中国员工确实有大而化之、马马虎虎的毛病。”有鉴于此，他表示：“把每一件简单的事做好就是不简单，把每一件平凡的事做好就是不平凡。”

花岗岩与佛像同处一间庙宇，人们常常踩着花岗岩去拜佛像，花岗岩觉得很不公平，有一天，它对佛像说：“我们都是从一个采石场里出来，为什么人们总是将我踩在脚底而去跪拜你呢?”佛像笑了笑说：“从采石场出来时，你只经过四刀就成型，而我是经过千刀万凿才成佛的。”

平时看似普通平凡的秘书工作，只要我们一直坚持下去，也能够取得很大的成绩，以促使我们走向成功，从而改变我们的命运。

《细节决定成败》里有这么一句话：“把简单的招式练到极致就是绝招。”细微之处见精神。有做小事的精神，才能产生做大事的气魄。坚持将简单的工作重复做，而且能把简单的工作、琐碎的事情做到最好，就能体现出这份工作存在的意义，这份工作因此变得不平凡，做这份工作的人更是了不起。

不要小看小事，不要讨厌小事，做小事情粗粗糙糙、马马虎虎、对付迁就、敷衍拖延的人，不可能成为伟大的人；同样，这样的企业，哪怕一时轰轰烈烈，终将有土崩瓦解的一天。只要有益于自己的工作和事业，无论什么事情我们都应该全力以赴。用小事堆砌起来的工作才是真正有质量的工作，用小事堆砌起来的事业大厦才是坚不可摧的。

“玛丽，如果马总打出租车方便，他还会打电话来问你怎么坐车吗？你们都是有几年工作经验的秘书了，应该熟悉北京市的交通情况。你们对北京市的交通情况的了解，就应该像熟悉自己的掌纹一样。”

“有这个必要吗？”玛丽小声嘟囔着，“像马总这样的客人一年能碰上几个？”

“玛丽，我要求你们熟悉交通情况，并不单纯是为客人指路。”头儿的神情本来缓和下来了，听玛丽这么一嘀咕，又变得严肃起来。

“给公司领导安排日程是秘书一项很重要的工作！领导外出办事乘车，你不熟悉交通情况，不知道什么地方容易堵车，不知道什么时候是车流高峰期，不知道哪个地方是单行线，你怎么计算领导在路上所花的时间？你安排的路上的时间多了，是浪费领导的时间；你安排的时间不够，把领导搞得像去机场赶飞机一样紧张，还有可能因堵车而误事。这样行吗？”

“哇！”玛丽夸张地叫了起来，“除了我家门口的几条公交线，我只知道坐长安街上的1路和4路。像中关村那边，我很少去，即使去，也是打出租去，谁还坐公共汽车？”

“就是呀，我们怎么去了解？”平时话不是很多的珍妮，这时也插话进来，“北京有几百条公共汽车线路，而且现在几乎每天都还在增加线路，原有的线路也都在变。听说从动物园到颐和园的老332路就改线了。”

“头儿，我如果能背下这几百条公交汽车线路，我早就考托福和GRE去了。”玛丽说，“我要是考上托福和GRE，还不跟你‘拜拜’了？”

“我让你们熟悉北京市的公交情况，并不是要你们像准备考托福和GRE那样，搞突击和死记硬背。秘书的知识和经验，不能靠突击和死记硬背，只能靠你们平时的积累。比如说，你们坐在出租车里就应该留心哪个路口容易堵车，什么时候容易堵车，这样在工作中就心里有数了。要想成为一个优秀的职业秘书，没有什么诀窍，也没有什么捷径，除了向别人请教外，就是自己多留心和多积累。积累多了，悟性也就高了。”

头儿似乎意犹未尽，接着说：“我们做秘书的，不仅要了解本市的交通情况，对全国的交通情况也应有相当的了解。比如说，从北京到上海，到广州，到昆明，到乌鲁木齐，到哈尔滨，乘飞机一般要多长时间，坐火车又要多长时间，这些都要心里有数。”

说完，头儿起身要走。

“头儿，按您的意思，我们是不是还要了解全世界的交通情况?”玛丽似乎有意跟头儿抬杠。

“那当然。”头儿一本正经地说：“比方说，从北京到美国东海岸的纽约，乘飞机一般要多长时间；你到奥地利的维也纳，如果没有直飞航班，在哪里转机比较合适等。作为秘书，在为上司安排时间日程的时候，脑子里都要有个大概。”

工作面前无小事，处处留心皆学问。理智的领导，常会从细微之处观察员工，评判员工。比如，站在领导的立场上，一个缺乏时间观念的员工，不可能约束自己勤奋工作；一个自以为是、目中无人的员工，在工作中无法与别人沟通合作；一个做事有始无终的员工，他的做事效率实在令人怀疑……一旦你因这些小小的不良习惯，给领导留下这些印象，你的发展道路就会越走越狭窄。因为你对领导而言，已不再是可用之人。

如今，社会上的人们逐渐变得浮躁起来了，总是不停地追求各种自己期望的东西，却对追求过程中的“小”问题极少或者根本不去理会。殊不知，这正是可以带来好结果的关键所在。

很多秘书对待工作的态度总是“做得差不多”就可以了，一般是对工作不感兴趣，是为了“混”而工作。用类似的心态，又如何能够关注得到“小”事情呢? 这里给出的建议是，要么重新选择工作，要么在目前这个工作岗位上做得非常优秀。更详细地说有如下三点：

① 工作上无小事。世事皆无“小事”，事事都是工作，只要是能产生工作结果的一部分，无论大小，都值得我们去重视。

② 密切关注自己的工作流程，只要觉得没有达到最佳效果，无论是多么“小”的细节都应该被关注并获得改善。

③ 差距往往从细节开始，造成不同结果的，通常是那些很容易被忽略的“小”事。任何小事，只要你敢忽略它的存在，它就会在你不注意时给你狠狠一击。

美国前国务卿鲍威尔就把“注重小事”当成人生信条。而另一位美国人，世界上唯一依靠股市成为亿万富豪的沃伦·巴菲特就极其赞同“工作无小事”的观点。他认为，无论在投资策略还是商务策略上，都必须谨记“细节决定成败”。

能够在那些司空见惯的事情里，发现值得关注和提升的小事，并能在它们未变成大问题前加以解决，这就是最了不起的本领，也是成就大事业的关键能力之一。

秘书不要陷入网络泥潭

高效率是一个成功秘书必备的技能，而在现代社会中，充满了许多诱惑的因素，很可能使秘书的工作陷入泥潭与被动，电脑的引入就带来这样的问题。

王红可以算得上公司的“网络高手”了，工作上的一切网络问题在她的手上都不成问题；在生活中，所有的同事也都愿意向她请教一二。所以，虽然王红只是一个秘书，但是在公司内部，很多人都把她当成技术部主任来看待。

但是好景不长，虽然王红的电脑知识不错，可是领导发现没过多少时间，王红的工作效率就非常低了，而且作为秘书的她常常迟到一两个小时，整个人的状态也懒懒散散，让人一看就没有什么好评价。

在与王红谈了几次话以后，领导不得不辞退了这个不称职的“网络高手”。原来，王红一直迷恋于网络世界，刚开始工作的一段时间内，她还能控制住自己，但是随着同事们的信任和表扬越来越多，王红渐渐放松了对自己的要求，重新投入了网络的“花花世界”，一直无法自拔。

在我们这个 e 时代，对于超级网虫来说，只要鼠标轻轻一点，就可以不费吹灰之力收集到各种信息。多得数不清的各种国内外信息，瞬间在你电脑上显现，你几乎完全有可能在“第一时间”里，了解这个地球上所发生的一切。

一切是如此之快、如此之多地呈现在你眼前，你几乎可以与世界同步……当然，网络世界里，不只有时尚，还包括了人类活动的各方面内容，上至天文地理，下至衣食住行，只要你有兴趣，里面吃喝玩乐、卡拉OK、网吧、VCD，什么信息都有，特别是通过互联网络，可以与一些看不见的朋友进行思想、感情交流，而不是简单的“人机对话”；一些网上的伙伴，成了难以割舍的网友……

对于一个现代秘书来说，网络学习是一个互动的过程，最突出的特点就是可以及时地进行交流。在网络上，大家可以互相借鉴，互帮互助，而不受时间和空间的限制，用最有效率的方式达到学习的目的。网络学习面对的是一个无边无际的网络，在这个自由的空间里，我们可以最大限度地，也是最快捷地得到自己所需的资源，促进自己的学习。

当然，网络的负面影响同样不容忽视。适当上网是有益的，但每天以大量时间上网，或上一些不健康的网站，极有可能诱发上网人群的心理疾病。

如长期上网聊天、游戏、交友、网恋，极有可能导致上网者因思想长期处于虚拟状态中，而影响其正常的认知、情感和心理定位，严重的会导致上网者在网上和现实中产生人格分裂。现代人一旦染上网瘾（西方发达国家将每天上网超过4小时称为染上网瘾），其后果更加严重，正如美国心理学博士金伯力所说：“网瘾就如鸦片瘾、烟瘾一样，其危害性极大，一旦染上是难以根治的。”由此可见，染上网瘾不但对人的心理有极大的危害，而且对人的身体也是危害极大的。

秘书一旦迷上网络，很难想象他（她）还能有充分的精力和注意力来应对烦琐而又需要很高情感投入的工作。

对于秘书来说，上网要把握好时间，不能流连忘返，乐不思蜀，因为你连自己的时间都管理不好，就更不能替领导安排好时间，而给领导安排日程，是秘书工作中最重要的一项工作。另外，在热爱网络的同时，要注意丰富自己的日常生活，注意自我心理调整，逐渐学会处理好复杂的人际关系，千万不能将与电脑交流的准则引入人际交往中；否则根本无法从事秘书工作。

科学有效地利用时间

每个人从事各种工作都要在一定时间内进行，这就有一个办事效率的问题。作为秘书，如果能学会把时间据为己有，善于科学有效地利用自己的时间，会使工作变得更加精彩。

一位成功的职业秘书在谈到自己的工作诀窍时说："我每天都会提前20分钟出门，合理掌控自己的时间。"实际工作中，每个人都精力充沛，业务能力大体相当，但是利用时间的差异导致了工作绩效的不同。一些人之所以会成功，是因为他在24小时中做了与他人不一样的事情。

"时间就是金钱"已经成为人们普遍接受的观点，然而我们还要懂得，"管好时间胜过管好金钱"。只有把握好自己的时间，我们才能真正实践"时间就是金钱"的座右铭，获得相应的回报。

提到浪费时间，人们首先想到的是工作中的拖延。但事实并不仅限于此，它还表现为人们在工作中的无所作为。比如，在现代繁忙紧张的环境中，许多人不清楚自己的工作目标到底是什么，也没有事先设定优先顺序和制订详细的工作计划，这都是浪费时间的表现。要知道，随着时间的流逝，我们已经失去了采取行动的良好时机，而机遇的丧失是一种战略失误，是更大的损失。

"兵贵神速"，商业世界里瞬息之间会实现巨额财富的转移。当我们的工作处于高效运作的时候，时间观念就成为检验一个人能否担当重任的"试金石"。珍惜时间，善于有效利用自己的时间，才能有所作为；否则任何豪言壮语都是无稽之谈，是水中月、镜中花。因此，养成科学有效利用时间的习惯，是现代秘书在工作上取得进展的根本保证。

作为一个优秀的秘书，不仅要善于抓住点点滴滴的时间进行工作，还应该懂得把时间进行合理的规划。也可以从以下几个方面驾驭时间，提高工作效率：

（1）善于集中时间

千万不要平均分配时间，应该把你有限的时间集中到处理最重要的事情上，不可以每一样工作都去做，要机智而勇敢地拒绝不必要的事和次要的事。

一件事情发生了，开始就要问："这件事情值不值得去做？"千万不能碰到什么事都做，更不可以因为反正我没闲着，没有偷懒，就心安理得。

（2）要善于把握时间

每一个机会都是引起事情转折的关键，有效地抓住时机可以牵一发而动全身，用最小的代价取得最大的成功，促使事物的转变，推动事情向前发展。

如果没有抓住时机，常常会使已经快到手的胜利付诸东流，导致"一着不慎，满盘皆输"的严重后果。因此，取得成功的人必须要审时度势，捕捉时机，把握"关节"，做到恰到"火候"，赢得机会。

（3）要善于协调两种时间

对于一个取得成功的人来说，存在着两种时间：一种是可以由自己控制的时间，我们叫作"自由时间"；另外一种是属于对他人他事的反应时间，不由自己支配，叫作"应对时间"。

这两种时间都是客观存在的，都是必要的。没有"自由时间"，完完全全处于被动、应付状态，不会自己支配时间，就不是一名成功的时间管理者。

可是，要想绝对控制自己的时间在客观上也是不可能的。想把"应对时间"变为"自由时间"，实际上也就侵犯了别人的时间，这是因为每一个人的完全自由必然会造成他人的不自由。

（4）要善于利用零散时间

时间不可能集中，常常出现许多零碎的时间。要珍惜并且充分利用大大小小的零散时间，把零散时间用来去做零碎的工作，从而最大限度地提高工作效率。

（5）善于运用会议时间

召开会议是为了沟通信息、讨论问题、安排工作、协调意见、作出决定。很好地运用会议的时间，就会提高工作效率，节约大家的时间；运用得不好，则会降低工作效率，浪费大家的时间。

时间对每一个人都是均等的，成功与否，关键就在于你怎么利用每天的24小时。会用的，时间就会为你服务；不会用的，你就为时间服务。

今日事，今日毕

作为秘书，在工作中，你是否有这样的习惯呢：今天的工作拖到明天完成，现在该打的电话等到一两个小时以后才打，这个月该完成的报表拖到下个月，这个季度该达到的进度要等到下一个季度……凡事都留待明天处理，都在拖延。

令人遗憾的是，我们每个人在工作中都拖延过。拖延的表现形式多种多样，轻重也有所不同。比如：琐事缠身，无法将精力集中到工作上，只有被上司逼着才向前走；不愿意自己主动开拓，反复修改计划，有着极端的完美主义倾向，该实施的行动被无休止的“完善”所拖延；虽然下定决心立即行动，但就是找不到行动的方向；做事情总是磨磨蹭蹭，有着一种病态的悠闲，以致问题久拖不决；情绪低落，对任何工作都没有兴趣，也没有什么人生的憧憬。

喜欢拖延的人往往意志薄弱，他们不敢面对现实，习惯于逃避困难，惧怕艰苦，缺乏约束自我的毅力；或者目标和想法太多，导致无从下手，缺乏应有的计划性和条理性；或者没有目标，甚至不知道应该确定什么样的目标。另外，认为条件不成熟，无法开始行动也是导致拖延的原因之一。

对每一个渴望拥有较强执行力的人来说，拖延是最致命的，是一种危险的恶习。一旦遇事开始推拖，就很容易再次拖延，直到变成一种根深蒂固的习惯，以至于很多工作根本没法开展。

我们常常因为拖延时间而心生悔意，然而下一次又会习惯性地拖延下去。几次三番之后，我们会视这种恶习为平常之事，以致漠视了它对工作的危害。

传说五台山上有一种鸟，长着四只脚和一对翅膀，人们叫它“寒号鸟”。春天，百花盛开，寒号鸟身上长满了羽毛。寒号鸟懒得动，也不去找食物，饿了吃树叶，渴了喝露水。春、夏、秋就这么过去了！

冬天来了，天气冷极了，小鸟们都回到自己温暖的巢里。这时的寒号鸟，身上漂亮的羽毛都脱落了。夜间，它躲在岩石缝里，冻得浑身直哆嗦，它不停地叫着：“好冷啊，好冷啊，等到天亮了就造个窝啊！”

等到天亮后，太阳出来了，温暖的阳光一照，寒号鸟又忘记了夜晚的寒冷，于是它又不停地唱着：“得过且过！得过且过！太阳下面暖和！太阳下面暖和！”

寒号鸟就这样一天天地混着，过一天是一天，一直没能给自己造个窝。最后，它没能混过寒冷的冬天，冻死在了岩石缝里。

现实生活中，有些人只顾眼前，得过且过。他们行动拖拖拉拉，做事情喜欢推诿，总是拖一天算一天，跟寒号鸟没有多大区别。他们把一切行动拖延到明天、后天……这样一直拖下去，结果最后可以想见。

拖延的坏习惯是高效执行的最大敌人，关键时刻的拖延甚至会带来致命的后果，历史多次以血的教训证明了这一事实。

大家都知道，拖延并不能使问题消失，也不能使解决问题变得容易，而只会使问题恶化，给工作造成更严重的危害。我们没解决的问题，会由小变大、由简单变复杂，像滚雪球那样越滚越大，解决起来也就越来越难。而且，没有任何人会为我们承担拖延的损失，所以，我们应该立即行动起来，不要被拖延缚住手脚。

生活就像一盘棋赛，坐在你旁边的就是“时间”。只要你犹豫不决，就将被淘汰出局。像围棋比赛中一样，每一步都有时间限制的，超时了，你就自动出局吧！职场就是战场，你不冲就是死路一条。

可是我们每个人都或多或少地存在着一种不良习惯——拖延。对任何一个秘书人员来讲，拖延都是最具破坏性、最具危险性的恶习，因为它使人丧失了主动的进取心。而更为可怕的是，拖延的恶习具有积累性，那么，我们如何摆脱这一恶习呢？

下面是几种克服拖延的实用小技巧，希望能够对你有帮助。

（1）分类找原因

是什么原因使我们无法做某项工作？优柔寡断？害羞？无聊？无知？散漫？恐惧？疲倦？无法忍受不愉快？缺乏必备的工具？一字一句具体指出拖延某事的原因，区分类别。如果正确地认清问题，则解决方法就会变得相当明确。如信息不足，则可以开始寻找必需的资料。

（2）大腊肠切片

工作似乎相当艰巨，则稍稍暂缓，拿出纸来思考。记下完成工作的所需步骤，步骤的幅度越小越好，即使它们只需要花费一两分钟，也须分别记下。

这个艰巨的工作就像一条未被切割的大腊肠，庞大、皮厚、油腻，难以入口，但如果切为薄片，则相当引人垂涎。将艰巨的工作分开对待，即分成每个小小的即时工作单，就像可以马上享用的腊肠片，而非整条腊肠。

（3）引导式工作

假设想拖延写信，不要试着去强迫自己，只要采取一小步骤，当做完此步骤，便可以决定是否要继续下去。这步骤可能是看看信的地址，或将纸转入打字机，或取下纸来，或写下想提出的要点。任何事皆可，只要是明显的身体行为。这是打破内心困顿的方式，其理论基于：事物静止时依旧是静止着，运动时依旧是运动着。

（4）5 分钟计划

有些工作难以分割小块，如想清理积压如山的公文，大约需要一小时，实在很难将它简单分割成“即时工作”。这时，可以试试 5 分钟计划，和自己做个约定，允许以 5 分钟做这工作，时间一到，便可自由去做想做的事，或是继续 5 分钟。不管工作多么令人厌烦，仍须常常去做 5 分钟。5 分钟后，若不想接着干，则不要继续干，约定就是约定。在将工作搁开之前，记下另一个 5 分钟的时间。

此外，记日记，和自己对话，让信得过的亲朋好友在固定时间督促检查你的工作，这些方法可以克服拖延。

视诚信如生命

社会交往、商业活动最基本的原则是诚实守信，我们不能因一己的私利而违背诚信的原则。医生在不能确诊病人病情的情况下，不要不懂装懂；律师不要为了代理费而说服客户进行不可能胜诉的诉讼；商人需要诚实正直、童叟无欺；记者不要为追求单纯的经济利益而写些下流无聊的花边新闻。如果简单地把敬业理解为简单地完成任务或创造收益，而不管其手段与过程是否合乎基本的道德标准，那么，作为公司，会因失去公信最终使自己陷入困境；作为员工，则很容易沦为赚钱的机器，完全丧失做人的准则，更别提什么敬业精神了。

2004 年夏天，刚从广州外经贸大学毕业的刘国被广州亚光亚装饰公司录用做秘书。年底的一次经历让他懂得了诚信对于一个人来说是多么地重要，诚信的力量真的是很伟大！

每年的 12 月份是亚光亚装饰公司的诚信月。亚光亚以“诚信家装，服务万户”为口号，全面开展诚信活动，为此公司领导在职工大会上一再强调，要树立良好的企业形象就必须以诚信为本。公司全体员工应该从自身做起，养成良好的诚信意识与习惯，以“诚信”来服务于每一位客户。

2004 年 12 月 15 日，在 11 月份与小刘签完家装合同的一位先生打来电话说橱柜有点问题，须尽快解决，否则会延误工期。但橱柜设计师的手机自从给客户测量完橱柜后就一直联系不上了。听得出来，客户在尽力控制怒气。小刘放下电话立马给橱柜厂打电话。厂长不在，另外一个负责人接听了电话，对方一个劲儿地说好好好。小刘满以为可以放心了。没想到过了 2 小时，小刘再给客户打电话，橱柜厂竟然根本就没和客户联系。

无奈之下，小刘又打电话给橱柜厂："为什么不给客户打电话？答应的事为什么不落实？怎么不讲诚信呢？"

"很忙，没来得及。"对方回答。

"可是也得分清主次缓急呀！"小刘差点儿喊起来了。

"这事我不知道。"对方不紧不慢地说着。

"请叫厂长接听电话。"

"不在。厂长很忙。"

为了不让客户失望，不让客户对亚光亚失去信心。不得已，一向对工作认真负责的小刘又给总公司廖总打了电话。廖总的电话通了，听完后，只说了一句："我叫厂长给你打电话。"几分钟后，厂长打来电话，问清客户的情况，说马上去解决。

一个多小时后，客户给小刘打来电话，这次的语调明显不同，言语间充满感激之情，说："厂长来了。问题立马给解决了。对你这种讲诚信的员工，我表示非常感谢！这才是我心目中的亚光亚公司。"

2005年1月底，在表彰总结大会上，总公司廖总在他的发言中专门提到了这件事，并对刘国的"诚信、敬业"精神予以3000元的物质奖励，号召亚光亚全体职工，特别是新来的大学生都应该向刘国学习。

通过这个例子，我们可以看到，如果我们每个人都能像刘国那样真诚地对待工作，那么，大对公司、小对个人的损失和惩罚将会大大降低。

诚信是一条自然法则，违背它的人会得到报应，受到应有的惩罚，就像万有引力定律不可违背一样，诚信的定律也是不可违背的。违背的结果就是受到惩罚，不可逃脱的惩罚。他们或许可以暂时地逃避，最终却无法逃避公理。

对领导和员工来说，诚信对双方都是有利的。如果领导不能诚实守信对待员工，那么领导就很难赢利；反之，如果员工不能诚实守信对待领导，那么员工也难以获得自己的利益。

人无信不立。良好的信誉会给你的生活和事业带来意想不到的好处。

以诚相待是人际交往中最重要的砝码。只要以诚待人，就会得到他人的信任，获得良好的赞誉，赢得和谐的人际关系。

人们都喜欢和诚实守信的人交往共事。因为"诚信"是不用设防的。

诚信的人会逐渐形成宽阔的胸怀，营造出友爱和欢乐的环境；心灵纯洁的人会自觉养成廉洁自律的良好习惯，营造出祥和安宁的氛围。

伊丽莎白是一家大型公司的领导，在招聘员工和晋升方面，特别注重金钱方面的问题。一旦对方有金钱上的不良记录，即使应聘者工作经验丰富、条件优越、工作能力强，也不予任用和提拔。

她说这样做的原因有四个：第一，一个人除了有家庭责任感以外，对领导守信是最重要的；第二，在金钱上不守信的人，对任何事都不会守信用；第三，一个不具备诚信的人，在工作岗位上也会玩忽职守；第四，一个频繁出现财务困难的人容易导致偷窃和挪用公款。

诚信是衡量人品行的"试金石"。诚实守信不仅反映出一个人的品行，而且能让人建立起对家庭、对社会的强烈责任感。

秘书要注重细节

老子曾说："天下难事，必做于易；天下大事，必做于细。"很多事情看起来庞大复杂、无法解决，但只要我们稍加留心、勤于思考，就会发现问题就出在细节上面。一个重视细节的秘书必定是个高度负责、留心生活的人，也是个精益求精、追求卓越的人。一个重视细节的秘书必定能够在工作中交出令人满意的答卷，为领导所赏识。

有3个人去一家公司应聘秘书主管，他们当中一人是某知名管理学院毕业的，一名毕业于某商院，而第三名则是一家民办高校的毕业生。在很多人看来，这场应聘的结果是很容易判断的，然而事情出乎人们的意料，经过一番测试后，最终留下的却是那个民办高校的毕业生。

在整个应聘过程中，他们经过一番测试后，在专业知识与经验上各有千秋，难分伯仲。随后，招聘公司总经理亲自面试，他提出了这样一个问题，题目为：假定公司派你到某工厂采购4999个信封，你需要从公司带去多少钱?

几分钟后，应试者都交了答卷。第一名应聘者的答案是430元。

总经理问："你是怎么计算的呢?"

"就当采购5000个信封计算，可能是要400元，其他杂费就30元吧!"应者对答如流，但总经理未置可否。

第二名应聘者的答案是415元。

对此他解释道："假设采购5000个信封，大概需要400元左右，另外可能需用15元其他费用。"

总经理对此答案同样没表态。他拿起第三个人的答卷，见上面写的答案是419.42元时，不觉有些诧异，立即问："你能解释一下你的答案吗?"

"当然可以，"该同学自信地回答道，"信封每个8分钱，4999个是399.92元；从公司到某工厂，乘车来回票价11元；午餐费5元；从工厂到汽车站有一里半路，请一辆三轮车搬信封，需用3.5元。因此，最后总费用为419.42元。"

总经理会心一笑，收起他们的试卷，说："好吧，今天到此为止，明天你们等通知。"结果，重视细节的第三个人胜出了。

这道题显然是专门用来考查求职者对细节的重视程度的。在这里，一个不经意的细节就决定了面试的成败。把每一个细节都考虑到的员工，才是公司需要的人。

只要你留心观察，就会发现我们身边有许多这样的人：他们不见得有很高的学历、聪明的头脑和过硬的后台，但他们谦虚、低调，留意生活的每一个细节，善于观察与思考，从别人的点点滴滴中学到有益的东西。就是这些看似不起眼的细微之处决定了他们与其他人的距离。

在美国一个大商业机关里，某一次新总经理刚刚到任，有一次人事上的变动，叫各个部门的秘书轮流去见他。

接见开始后，很长一段时间内，没有一个分部的秘书能和新总经理谈得投机。本来是满腔热情地进去，结果却都碰了一鼻子灰。

原来，没有一个人能使新总经理看得上眼。接下来轮到杰克去见了，他是宣传部的一位秘书，当他进去时，外面的人认为他将遭受同样的命运。谁知过了半个钟头之后，他却挂着微笑、兴冲冲地退出经理室。这自然引起了大家的注意，便有人向杰克问道："你接见的结果如何？可以告诉我们吗？"他欣然点头说："印象很不错。新总经理说明天请我共进午餐。"

"什么？"一片惊奇的声音从每一个人的嘴里吐出来。

大家弄不清是怎么回事，坚决要求解释缘由，杰克就将此事的始末一一讲了出来。

"要告诉你们实情吗？事情是这样的。当我推开总经理先生的门时，见房间的陈设跟先前完全不一样。现在房中的摆设井然有序，我立即猜透了新总经理是一个喜爱清洁的人，他的个性和脾气我由此摸着了几分。便和他打了个招呼，小心翼翼地在旁边的椅子上坐了下来。就在此时，我发现了地上掉了一枚曲别针，于是我把曲别针拾起来放到他的办公桌上，然后开始了我的第一句话：'经理先生，您有什么吩咐吗？'他那时对我很注意，看见我的细心便有所好感，于是对我很诚恳地笑了笑，立即讲到正经的事情上去。原来他是一个不喜欢看见针掉在地上却不把它拾起来的人。然后他和我谈了过去六个月中的费用问题。我在谈话中发现他喜欢了解详细数字和项目细节，我就尽我最大的努力满足他。"

杰克就是靠着自己注重细节，获得了新领导的喜爱。所以，你和别人接触的时候，一定要注重各种细节；否则，你可能就会引起某些人对你的反感。

一个积极进取的秘书必定是个注重细节的人，或在工作中精益求精，或从同事身上学习一切可学习的品质。他深刻地理解"细节决定成败"这一道理，知道任何一个细微之处都是不可小视的，都可能关系到产品与服务是优是劣，关系企业的声誉是好是坏。也只有注重细节的人，才能从小处不断积累，逐渐提升自我，最终取得事业上的成功。

虚心向身边的人学习

有研究表明，一般人的智商差别并不是很大，也不会因此给各自的生活道路造成多大的影响。而真正起决定作用的，是后天的努力。这些努力，其中就包括从他人那里得到的经验。

落后就要被淘汰。对于秘书来说，落后就有保不住职位的可能，所以大家都会意识到学习的重要性，忙着去充电，去拿必要或不必要的证书，而忽略了另外一种学习，从身边每个人身上学到有用的东西，从而提高自己。

秘书小王是个刚毕业不久的大学生，社会经验少，业务不熟练，所幸她是个谦虚好学的女孩，尽管目前工作还不熟练，工作效率也不是很高，但她并不气馁，一直注意向身边每一个人学习。一次她从饭店出来后打了一辆车说去机场，其实她去的是机场附近的一个小区。因为是个新兴的小区，一般人不知道。可是那个司机却说："你是不是要去某某小区啊?"

小王当时就吃惊地瞪圆了眼睛，连问你怎么知道。那个司机像个神探，给她推理说："我刚才看到你跟朋友道别，只是象征性地挥了挥手，看来你不是要出远门。一般人要是出差，都会有个行李箱，而你也没有，你的手里只拿着一本杂志，神情很悠闲，也不像是去接人。这么一分析，你去机场的可能性就不大，而那附近就那么一个小区，所以你只能是去那里了。"

小王非常佩服这个司机的职业水准，能够分析这么透彻，他一定是个很投入的司机。果然，在接下来的聊天中，司机说自己因为爱动脑子，比较职业化，收入比同行们都要高。

从这个师傅那里，小王学到了要对自己的工作投入和主动，才可能掌握好她所需要的技能和知识。

但也有一些年轻的秘书，总觉得向别人学习会降低身份。他们的问题是，将自己看得过高，自认样样都最好，而别人则个个不如自己，这样的人，怎么能够取得进步呢？尤其是对于刚刚踏入社会的职场新人，这个毛病将是致命的。

在向别人学习的过程中，不但要学习别人的经验，还要学习他失败的教训。借鉴吸取别人的教训，以人为镜，谨言慎行，就会少走许多弯路。

职业人士只有在勤学好问中，才能不断地提升自己的能力，孔子曰："敏而好学，不耻下问"，职业人士要在职场中进退自如，发展自己，获得尊重和地位升迁，就须多练多问，对工作勤勤恳恳，忠诚敬业，这样你不但能获得高薪，同时还能得到老板的信任、同事的拥护。

尤其是刚参加工作的你，初涉职场，对周围的环境和专业技巧都比较陌生，公司有许多经验比你丰富、技能比你强的老员工。你要聆听他们的教诲，多问一些工作中遇到的难题，或多参考一下他们的做事方式。切勿我行我素、刚愎自用、搞个人主义，最重要的是你要尊重你的老板，主动接近老板，在适当的时候，跟老板做正面的沟通，多领会老板的工作原则与做事风格，尊重老板的决策，即使你有新的创意，也不应直接否定老板的意图，你可以对老板做婉转的建议，而不能为了显示你的才能自命不凡。

无论你的学历多高，初涉职场千万别骄傲自满，因为学历只是你的理论教育的一种证明，而在生活、工作中你还得多积累经验；否则你会陷入孤立的状态，停滞不前。

冯志方是东邦集团有限公司企划部的一名老秘书，他可算得上是公司成长的见证人了，亲眼目睹了公司从无到有、从小到大、从弱到强这一路走来的风风雨雨，可以说是东邦集团中"元老级"人物了，因此在公司里他格外受人尊敬。而冯志方虽然有着别人无法比拟的对公司的了解和丰富的工作经验，但他也知道自己其实欠缺许多关于自动化办公设备的知识，所以他不但不摆"老革命"的架子，反而总是会非常诚恳地向年轻人虚心请教许多自己遇到的难题。

最近，冯志方发现自己办公桌上的打印机在执行打印任务的时候总是会出现无响应的情况，而且这时他还无法删除打印队列中的文件。每当出现这种状况，他在无奈之下都会选择重新启动计算机。虽然这样也确实能够解决问题，但冯志方心里却总觉得这样做对计算机的损害太大，而且也很影响办公的效率，更重要的是有时一些还未来得及保存的文件也因为重启计算机而不复存在了，这有时候会很误事。一次，打印机又出现了这种情况，冯志方不想再靠重启来解决问题了，正巧这时同办公室的年轻秘书小王也在。小王可算是这方面的专家了，于是，冯志方便虚心地向小王请教这个问题。小王观察了打印机的症状说："其实打印机出现这种情况还是比较常见的，直接重新启动计算机确实是可行的解决办法，但最好这样来解决……"小王一边说一边熟练地操作着。果然，打印机很快就恢复了正常，冯志方拍拍小王的肩膀说："年轻人还真是有一套啊，看来在这方面我以后还得多向你请教呢。"

不管你有多高的学历，那都只能代表过去。面对新的工作、新的环境，尊重经验是很重要的，这样就不至于栽跟头、走弯路了。

"三人行必有我师焉"是前辈留下的智慧结晶，在现实生活中，有许多东西是从书本上学不到的。社会是另一所大学，职场是培训工作能力的场所，学习一些经验，可以让你踩着别人的脚印朝前走，避免落水和跌倒。我们要学会从所有的人身上去学习他们的优点，不断创新，发挥个性特长，这样做了，你将是一个非常优秀的秘书。

要事第一，分清主次

工作中，并非所有的拖延者都是不负责任、懒散懈怠的人；相反，在拖延者中，有相当一部分的年轻秘书工作勤勤恳恳。他们之所以拖延，是因为他们分不清工作的轻重缓急，弄不清自己该先去做些什么，时而做做这，时而做做那，结果是什么都没做成。

对于这样的年轻人来说，在所有他要做的工作里，他很难说出一个“不”字，因为他分辨不清楚一件事情是重要还是不重要。不管碰到任何事情，他都会付出相似的时间和精力。而结果是，他总是有着太多的事情需要做；但却没有办法完成，所以他只好不断地拖延。

的确，工作需要章法，不能眉毛胡子一把抓，要分轻重缓急！这样才能一步一步地把工作做到位，避免拖延。

工作的一个基本原则是：把最重要的事情放在第一位。许多人通常不知道把工作按重要性排队。他们以为每项任务都一样重要，只要时间被工作填得满满的，他们就会很高兴。然而懂得安排工作的人却不是这样的，他们通常会按重要性顺序去展开工作，将要事摆在第一位。

要事第一，就是先做最重要的事情。这也是做事的一个基本原则。一个优秀的年轻人会非常明白轻重缓急的道理，在处理一年或一个月、一天的事情之前，总是按分清主次的办法来安排自己的工作。因此，开始做事之前，秘书总要好好地安排工作的顺序，谨慎地做好这件事。

刘丽是某私企经理秘书，几年前刚进公司时，刘丽还脱不了“学生气”，做事总分不清主次，每次经理布置工作时，她都认真记录，可到具体执行时便因种种原因“走样”：不是丢三落四，就是缺东少西。

有一次经理出差，临走前让刘丽起草一份重要的发言稿，以备一周后回来开会用。刘丽认为时间很充裕，可以慢慢准备。其后几天，刘丽只管忙着处理其他日常事务。转眼到了第六天，刘丽突然想到，经理第二天就要回来了，可报告还没有动笔，不巧的是，刘丽这天的事情又特别多，上午要替经理参加朋友的开业庆典，下午又要接待已提前预约的客户。

等一切处理妥当，已临近下班，刘丽只好准备回家连夜赶写报告。当刘丽坐到电脑前开始写报告时，却突然发现，有些背景资料忘记带回家了，这可怎么办？第二天，刘丽只好一早就冲到办公室狂赶报告，总算在经理上班前勉强把报告写完了。

开完会后，经理把刘丽叫到办公室，开门见山地质问她这一个星期的工作状况，然后严肃地说：“你有一个星期的时间，为什么交出这样没水平的报告，甚至还有一大堆错字？”刘丽这才意识到事情的严重性，便老老实实地讲述了报告的完成过程，等着被“炒鱿鱼”。不料，经理长叹一声说："你们这些刚毕业的年轻人，有热情但不够成熟，做事情完全分不清主次先后。"随后，经理一笔一画在白纸上写下十个字："要事第一，要务优于急务"，他语重心长地告诉刘丽："秘书的工作很琐碎，但是一定要分清主次，才能把工作做好。"

经理的一席话，让刘丽茅塞顿开。从那以后，她抱着"要事第一"的原则，做事前先安排好顺序，忙而不乱，最后受到了经理的表扬。

要事第一的观念如此重要，但却常常被我们遗忘。我们必须让这种重要的观念成为一种工作习惯，每当一项新工作开始时，都必须首先让自己明白什么是最重要的事，什么是我们应该花最大精力重点去做的事。

然而，分清什么事最重要并不是一件容易的事，工作中，我们常犯的一个错误就是将紧急的事情视为重要的事情。

其实，紧急只是意味着必须立即处理，比如电话铃响了，尽管你正忙得焦头烂额，也不得不放下手边的工作去接听，它们通常会给我们造成压力，逼迫我们马上采取行动，但它们却不一定很重要。

那么，什么才是重要的事情呢？通常来说，重要的事情应是那些与实现公司和个人目标有密切关联的事情。

根据紧迫性和重要性，年轻人可以将每天面对的事情分为四类：重要而且紧迫的事；重要但不紧迫的事；紧迫但不重要的事；不紧迫也不重要的事。

作为秘书，在工作中，只有积极合理高效地解决了重要而且紧迫的事情，才有可能顺利地完成其他工作；而重要但不紧迫的事情则要求我们应具有更多的主动性、积极性、自觉性，早做准备，防患于未然。剩下的两类事或许有一点价值，但对完成工作没有太大的影响。